Wahrnehmen, Urteilen und Entscheiden bei depressiver Bewusstseinslage

Klaus Rink

Wahrnehmen, Urteilen und Entscheiden bei depressiver Bewusstseinslage

Waxmann 2014
Münster · New York

Bibliografische Informationen der Deutschen Nationalbibliothek
Die Deutsche Nationalbibliothek verzeichnet diese Publikation in der Deutschen
Nationalbibliografie; detaillierte bibliografische Daten sind im Internet über
http://dnb.d-nb.de abrufbar.

Internationale Hochschulschriften, Bd. 616
Die Reihe für Habilitationen und sehr
gute und ausgezeichnete Dissertationen

ISSN 0932-4763
Print-ISBN 978-3-8309-3194-2
E-Book-ISBN 978-3-8309-8194-7

© Waxmann Verlag GmbH, 2014
Steinfurter Straße 555, 48159 Münster

www.waxmann.com
info@waxmann.com

Umschlaggestaltung: Christian Averbeck, Münster
Umschlagabbildung: trauer, © Sermon Fortapelsson – photocase.com

Gedruckt auf alterungsbeständigem Papier, säurefrei gemäß ISO 9706

Printed in Germany

Inhalt

Empirische Befunde

Einleitung

Es gibt wohl keine psychische Störung, über die so viel geschrieben und empirisch geforscht wurde, wie über Depression. Aus ganz unterschiedlichen theoretischen Perspektiven wurden Erklärungsmechanismen für die Entstehung, die Erscheinungsweise und die Aufrechterhaltung von Depressionen entworfen (neurophysiologische, hormonelle, genetische, psychoanalytische, lern- bzw. verstärkertheoretische, verschiedene kognitionspsychologische, sozial- oder interaktionstheoretische, feministische u.a.). Allen Ansätzen gemeinsam ist das Bemühen, zum Verständnis einer sehr verbreiteten und bedeutsamen psychischen Störung beizutragen. Ein Teil dieser Ansätze steht unüberprüft und mehr oder weniger plausibel begründet als theoretisches Modell im Raum. Andere haben inzwischen über viele Jahre hinweg eine Vielzahl empirischer, größtenteils experimenteller Studien angeregt und damit einen beachtlichen Fundus an Ergebnissen erzeugt. Zu letzteren gehören vor allem die kognitiven Modelle der Depression, wie Becks kognitive Theorie der Depression und die Hilflosigkeitstheorie der Depression (Seligman, 1975) und deren reformulierte Version (Abramson, Seligman & Teasdale, 1979) sowie die jüngste Variante dieser Theorienfamilie, die Hoffnungslosigkeitsdepression (Abramson, Alloy & Metalsky, 1995). Es wurden viele kognitionspsychologische Untersuchungen veröffentlicht, die sich explizit auf eine dieser Theorien beziehen. Viele andere sind allenfalls lose daran orientiert oder kaum theoriegeleitet, indem sie lediglich ein aus der nichtklinischen Forschung bekanntes, kognitives Forschungsparadigma auf die Untersuchung von Depressiven übertragen haben. Die überwiegende Mehrheit aller kognitionstheoretischen Studien verfolgte ein gemeinsames Ziel, nämlich Depressiven (depressiv gestimmten Personen) ein Defizit bei der Informationsverarbeitung nachzuweisen.

Die vorliegende Schrift will eine kritische Re-Analyse der Defizitthese in der empirischen Forschungsliteratur zum kognitiven Verhalten Depressiver leisten. Diese Re-Analyse umfasst eine Kritik der vorwiegend verwendeten Forschungsheuristik sowie den Bericht eigener experimenteller Untersuchungen und den Verweis auf Studien anderer Autoren, die gegen die These einer verzerrten oder fundamental gestörten Informationsverarbeitung sprechen. Es wäre angesichts der Fülle an Forschungsliteratur zur Depression und der dabei verwendeten, sehr unterschiedlichen kognitiven Paradigmen ein verwegener Anspruch, dies für alle Bereiche der Informationsverarbeitung bei Depressiven leisten zu wollen. Die Re-Analyse mit insgesamt 7 eigenen Untersuchungen konzentriert sich exemplarisch auf die Wahrnehmung selbstbezogener Ergebnisinformation im Rahmen von Leistungshandlungen oder von sozialen Interaktionen. Ergänzend werden 2 motivationstheoretische Studien zur Absichtsbildung und Zielverfolgung berichtet, ein Bereich der in der Depressionsforschung fast völlig vernachlässigt wurde. Kritik an der kognitionspsychologischen Forschung und der oft einseitigen Interpretation zu üben sowie auf widersprüchliche Befunde in der Depressionsforschung hinzuweisen, ist nicht neu. Dies haben bereits Coyne und Gotlib (1979) in einem Übersichtsreferat überzeugend getan. Die Kritik ist auch nur dann fruchtbar, wenn sie theoretische, wie auch forschungspraktische Alternativen aufzeigt bzw. einen theoretischen Rahmen zur Integration der bestehenden Forschung absteckt. Ein besonderes Anliegen dieser Monographie ist es deshalb, die kritische Diskussion bisheriger und den Bericht eigener Befunde zur Wahrnehmung Depressiver in den Entwurf eines affekttheoretischen Rahmens münden zu lassen, mit dem auch Ergebnisse aus anderen, hier nicht eingehend thematisierten Bereichen der Depressionsforschung reinterpretiert und sinnstiftend integriert werden können.

Experimentelle Untersuchungen mit depressiv gestimmten Personen stimulieren und messen kognitives Verhalten in einem spezifischen Kontext im Vergleich mit einer Gruppe nichtdepressiver Probanden. Dabei wird das eventuell depressionstypische Verhalten gleichzeitig mit dem Bestehen der Depressivität oder der depressiven Stimmung erhoben. Man kann deshalb für gefundene Unterschiede im Verhalten Nichtdepressiver nicht wissen, ob sie eine ursächliche Wirkung für die Entstehung oder Aufrechterhaltung der Depressivität haben oder ob sie lediglich Symptom oder Wirkung der depressiven Stimmungslage sind. Dazu bräuchte man aufwändige längsschnittliche Studien. Mit einmaligen experimentellen Studien allein kann man ätiologischen Theorien nicht angemessen prüfen. Es ist deshalb anzunehmen, dass die meisten Unterschiedsbefunde aus querschnittlichen Experimenten lediglich etwas zum nosologischen Wissen über depressive Zustände beitragen. Da sich die vorliegende Monographie mit der experimentellen Forschung zur Depression beschäftigt, ist nicht beabsichtigt, die vielen und sehr verschiedenen ätiologischen Theorien zur Verursachung von Depressionen eingehend darzustellen. Ich schließe mich der überwiegend geteilten Auffassung der Depressionsforschung an, dass es keinen universellen Ursachenpfad zur Depression gibt, sondern dass psychische (kognitive) und körperliche (hirnphysiologische/genetische) Vulnerabilitätsdispositionen sowie bestimmte Lebensumstände in ganz individuellen Konstellationen zur Entstehung einer Depression führen können. Das nicht ganz unbescheidene Ziel dieser Schrift ist es, einen Beitrag zur theoretischen Integration isoliert entstandener Forschungsbefunde zum Verständnis depressiver Zustände zu leisten und für künftige Forschung einen verbindenden theoretisch überzeugenden Rahmen bereit zu stellen.

Die hier beschriebenen 7 Studien durchzuführen, bei denen insgesamt Hunderte von mild depressiv verstimmten und nichtdepressiven Studierenden sowie depressiv erkrankten und nichtdepressiven Klinikpatienten teilgenommen haben, war natürlich nur mit intensiver Beteiligung vieler Personen möglich. Mein Dank gilt allen Studierenden, die im Rahmen ihrer Lizentiatsarbeit mit Sorgfalt und Ausdauer die Versuchspersonen rekrutiert, die Daten erhoben oder als Versuchsteilnehmer zur Durchführung meiner Untersuchungsideen beigetragen haben. Mein ganz besonderer Dank gilt den ärztlichen Leitungen, dem ärztlichen und nichtärztlichen Personal und vor allem den Patienten der psychiatrischen Klinik Hard in Embrach, der psychiatrischen Klinik Rheinau, der Forel Klinik in Ellikon, den psychiatrischen Kliniken in Luzern und St. Urban, der psychiatrischen Klinik Schlössli in Oetwil am See, der psychiatrischen Klinik Meisenberg in Zug, der psychiatrischen Klinik in Wil und der psychiatrischen Klinik Münsterlingen. Ohne ihre wertvolle und großzügige Unterstützung und Mitarbeit wäre die Durchführung der hier berichteten Studien undenkbar. Der Anhang (S. 254) enthält eine Auflistung der Institutionen und Personen, die bei den einzelnen Studien beteiligt waren, soweit sie mir bekannt sind bzw. sofern ich in persönlichem Kontakt mit ihnen stand. Entschuldigen muss ich mich bei allen, die dort nicht namentlich genannt sind, obwohl sie mitgewirkt haben. Ihnen allen bin ich ebenfalls zu großem Dank verpflichtet.

K.R.

Theoretische Ausgangslage

1. Depression als psychische Störung

Vom depressiv oder deprimiert sein, spricht man im Alltag sehr häufig, um eine unmittelbare und vorübergehende Stimmungs- oder Enttäuschungsreaktion auf einen unerwünschten Anlass auszudrücken, wie etwa das schlechte Abschneiden bei einer Prüfung, für die man sich gut vorbereitet glaubte. Der Begriff Depression ist aber gleichzeitig auch beim Laien viel eher mit der Vorstellung einer äußergewöhnlichen, massiven Störung des normalen Befindens assoziiert als beispielsweise Angst. Dies gilt, obwohl Depressionen ebenso wie Angststörungen die häufigsten psychischen Störungen sind. Dies hat vielleicht damit zu tun, dass man eher von schweren Depressionen anderer Menschen erfährt als von schweren Angststörungen. Personen mit einer schweren Depression sind nicht nur für sehr nahestehende Personen in den meisten Situationen augenfällig verändert, wohingegen eine schwere Angststörung in vielen Fällen und Situationen für andere „verborgen" bleibt. Eine schwere Depression scheint außerdem „vertrauter" bzw. nachvollziehbarer als beispielsweise eine schwere Zwangsstörung. Man sieht offenbar im krankhaften Depressivsein mehr Ähnlichkeit mit eigenen milden und sehr kurzen depressiven Stimmungen als zwischen dem Verhalten bei einer schweren Panikstörung und den Angstgefühlen aus dem eigenen Alltag.

Mehrere Gründe machen es zwingend, die Erscheinungsweise depressiver Episoden zu beschreiben, auch wenn diese Monographie sich überwiegend auf einen speziellen Bereich kognitionspsychologischer Forschung zur Depression, nämlich der Handlungs-Ergebnis-Wahrnehmung bezieht. Zum einen soll damit ein sinnfälliger Bezug der hier besprochenen Forschungsfragen zum derzeit aktuellen nosologisch-diagnostischen und ätiologischen Verständnis von Depressionen aufgezeigt werden. Zum anderen kann die Bedeutung der hier referierten Forschungsbefunde für das bestehende nosologische Wissen besser eingeschätzt werden, etwa ob die Ergebnisse eine bloße Bestätigung, eine Differenzierung oder eine bedeutsame Erweiterung diagnostischen und ätiologischen Wissens darstellen oder ob sie dem bisherigen Verständnis der Störung gar widersprechen. Ein weiterer ganz wesentlicher Grund ist die Tatsache, dass die modernen Diagnosemanuale für psychische Störungen (DSM-IV, ICD-10) den Anspruch haben, eine theoriefreie, rein deskriptive diagnostische Konzeption der Störungen, so auch der Depression, zu formulieren, so dass sie unabhängig von theoretischen Schulrichtungen diagnostizierbar und von anderen Störungen abgrenzbar ist. Die diagnostische Konzeption der Depression wird diesem Anspruch meines Erachtens nicht ganz gerecht. In manchen Aspekten ist eine medizinisch-psychiatrische Sicht- und Denkweise unverkennbar. Im Gegensatz dazu stützt sich die sehr umfangreiche experimentelle Forschung zur Depression fast ausschließlich auf die vielen verfügbaren kognitionspsychologischen Paradigmen, die einen allgemeinpsychologischen bzw. sozial-kognitiven Hintergrund haben und ignoriert oft das medizinische und epidemiologische Wissen zur Depression. Beide Sichtweisen können sicherlich auch unabhängig voneinander sehr fruchtbar und erkenntnisfördernd sein, sie können aber auch problematische Voreingenommenheiten mit sich bringen und die Integration von Wissen erschweren, was noch gezeigt werden soll.

Für klinisch relevante, behandlungsbedürftige Depressivität wurde im Rahmen der beiden international gebräuchlichen Diagnosesysteme ICD-10 (International Statistical Classification of Deseases and Related Health Problems, 10th revision, Ch. V: Mental and behavioral Disorders, World Health Organisation, 1992) und DSM-IV (Diagnostic and Statistical Manual of Mental Disorders, 4th Edition, American Psychiatric Association, 1994) diagnostische Kriterien formuliert. Dabei handelt es sich um konsensuell, von überwiegend psychiatrischen Experten formulierte Charakterisierungen des affektiven Erlebens, des Denkens und Handelns sowie des körperlichen Empfindens, wie es typischerweise bei depressiven Störungen vorkommt. In der diagnostischen Praxis trägt der Psychiater oder Psychologe die vom Patienten, den Angehörigen und gegebenenfalls dem Pflegepersonal erfragten Informationen sowie seine Verhaltensbeobachtungen im Kontakt mit dem Patienten zusammen, um zu entscheiden, welche Kriterien erfüllt sind und ob die Diagnose einer aktuellen oder früheren Depression gestellt werden kann. Obwohl das Prozedere für die Kodierung einer Depression zwischen ICD-10 und DSM-IV etwas verschieden ist, so stimmen die aufgelisteten Symptome, von leichten Formulierungsunterschieden abgesehen, überein. In beiden Systemen werden leichte, mittlere und schwere Depressionsepisoden unterschieden und geprüft, ob die Kriterien für ein sog. körperliches Syndrom (ICD-10) bzw. für den melancholischen Depressionstyp (DSM-IV) erfüllt sind. Dazu gehören Früherwachen, Morgentief, Gewichtsverlust oder starke psychomotorische Hemmung. Das

14

Vorliegen dieser Symptome wird (wurde) als Indikator für eine vorwiegend biologisch (endogen) verursachte Depression gewertet.

1.1 Syndromale Beschreibung depressiver Zustände

Beide Diagnosesysteme (DSM-IV, ICD-10) definieren übereinstimmend die depressiv niedergedrückte Stimmung und einen drastischen Verlust an Antrieb, Interesse und Freude bei fast allen Handlungen als die Kernsymptome einer Depression. Dabei wird gefordert, dass diese, wie auch die anderen möglichen Symptome der Depression vom Betroffenen selbst und von außenstehenden Personen als deutliche Veränderung zum sonst gewohnten Zustand erlebt werden. Diese Kern- und die weiteren 9 potentiellen, im DSM-IV aufgelisteten Symptome depressiver Episoden, sind in der nachfolgenden Auflistung kursiv gedruckt und nummeriert. Sie lassen sich in folgende psychologische Bereiche einordnen:

Stimmung / Emotionalität: Es herrscht eine *(1) depressive Stimmung,* die als quälend negativ, als anhaltend sorgenvoll, ängstlich, verzweifelt oder besonders bei intensiven Depressionen als leer und innerlich stumpf empfunden werden kann. Um dem Bild einer völlig gleich bleibenden und uniformen depressiven Gestimmtheit entgegenzuwirken, sei angemerkt, dass trotz der dauerhaft niedergedrückten, negativen (freudlosen) Stimmungslage – je nach Gedankeninhalt und situativem Kontext – Modulationen und Mischungen der Gefühlslage mit anderen (negativen) Emotionen wie Sorge, Angst, Schuld, Scham oder Selbstverachtung vorkommen können.

Motivation: Es ist ein *(2) Verlust von Freude und Interesse bei fast allen Aktivitäten,* eng verbunden mit einem allgemeinen Antriebsverlust gegeben, der sich unter das psychiatrische Konzept der *(5) psychomotorischen Gehemmtheit* subsumieren lässt *(in manchen Fällen kann aber auch „unruhige" Agitiertheit auftreten.).* Damit ist allerdings nicht nur die höhere Schwelle für die Initiierung von Handlungen, sondern mit zunehmender Depressivität auch eine tatsächliche Verlangsamung motorischer Aktivitäten gemeint. Ebenfalls zu den motivationalen Symptomen zu rechnen ist eine *(8b) erschwerte Entscheidungs- und Entschlussfähigkeit.* Es wäre naheliegend eine evtl. verringerte Ausdauer bei den meisten Aktivitäten ebenfalls den depressionstypischen motivationalen Symptomen zuzuordnen. Die verringerte

Ausdauer wird aber meist nur auf körperliche Aktivitäten bezogen und als Folge von körperlicher Erschöpfung und Ermüdung aufgefasst. Sie ist deshalb im Abschnitt „körperliche Veränderungen" aufgeführt.

Verhalten: Bei starker Depressivität ist eine allgemeine Aktivitätsarmut auffällig, die als Wirkung der Antriebshemmung und/oder der kognitiv-motivationalen Veränderung (Interesseverlust) betrachtet werden kann. Aus diesen und weiteren Gründen kommt es in der Regel zu einer Reduktion sozialer Kontakte, einer Vermeidung von sozialen Gruppen und Gesellschaften. Als Grund dafür wird bspw. genannt, dass man sich außerstande fühle, unterhaltsam zu sein bzw. dass man sich anderen so (schlecht gestimmt und wenig unterhaltsam) nicht zumuten könne. Für Außenstehende sichtbar ist die meistens deutlich verringerte mimisch-affektive Resonanz Depressiver in sozialen Interaktionen. Gegenüber nahestehenden Personen kann es zu einem häufigen Klagen über den affektiven Zustand bis hin zu einem verzweifelten, anklammernden und hilfesuchenden Verhalten kommen. Bei sehr starken depressiven Zuständen sind Suizidabsichten und -handlungen zu befürchten.

Kognitive Veränderungen: Als kognitive Merkmale einer Depression werden Berichte über *wiederkehrende Gedanken der Wertlosigkeit der eigenen Person (7a) und eine Neigung (unangemessenerweise) Schuld und Verantwortung für negative Ereignisse zu übernehmen (7b),* ebenso wie die Selbsteinschätzung *einer geringeren Aufmerksamkeit und Konzentrationsfähigkeit (8a)* aufgelistet. Zu ergänzen wäre aus kognitionstheoretischer Sicht eine unwillkürliche Neigung, die Aufmerksamkeit nach innen, auf die eigene Person und auf sorgenvolle Inhalte zu richten und zu Grübeln, sofern nicht die Ausführung zielgerichteter Aktivitäten die Aufmerksamkeit vollständig bindet. Dies führt zu einer deutlichen Zunahme negativer Gedanken (im Verhältnis zu neutralen und positiven) und mündet in wiederkehrende, negative Bewertungen der eigenen Person und in die Wahrnehmung der Hoffnungslosigkeit der eigenen Lage. Theoretisch erwartet wird auch eine Unterschätzung der eigenen Fähigkeiten und erhöhte Urteilsunsicherheit. Mit zunehmender Depressionsintensität ist mit wunschartigen Gedanken an den Tod und evtl. mit der Entstehung konkreter Suizidabsichten zu rechnen.

Körperliche Veränderungen: *Appetit- und Gewichtsverlust (3),* eine verminderte sexuelle Appetenz und *Schlafstörungen (4),* aber auch Verdauungsstörungen, ein verändertes Körperempfinden sowie *rasche Erschöpfbar-*

keit (6) zählen zu den häufigsten körperlichen Symptomen, die vor allem bei schweren, bei den sogenannten endogenen oder biologisch-vitalen Depressionen auftreten. In extremen Fällen kann die psychomotorische Hemmung bis zu kataton-stuporösen Zuständen gesteigert sein.

In beiden Diagnosesystemen (DSM-IV, ICD-10) ist gefordert, dass die vorgesehene Mindestzahl an Symptomen mindestens 2 Wochen lang bestanden hat. Derart kurze Episoden sind in aller Regel nur bei milden depressiven Verstimmungen zu erwarten. Die syndromale Beschreibung liefert also eine Auflistung obligatorischer und optionaler Symptome, die je nach individueller Ausprägung und Intensität der depressiven Episode gegeben sein können. Für die Diagnosestellung ist letztlich nicht ein festes Muster an Symptomen gefordert, sondern eine Mindestanzahl von Symptomen (DSM-IV: 5 von 9; ICD-10: zwischen 3 für leichte und 8 von 10 für schwere Depressionen). Mit der Symptomauflistung bzw. der syndromalen Beschreibung bekommt man einen ungefähren Eindruck von den Erscheinungsweisen einer Depression. Sie kann aber nicht wirklich die Vielfalt und Individualität des Erlebens, Empfindens, Denkens und Verhaltens Depressiver zum Ausdruck bringen. Die konkreten Inhalte der selbstbezogenen Sorgen, Ängste, Schuldgefühle und Bewertungen sind sehr stark von den persönlichen Zielvorstellungen, Wünschen, Ängsten und den eventuell (mit-)auslösenden Lebensumständen des Betroffenen geprägt. Auch das Maß, in dem sich Einzelne trotz erheblicher Depressivität noch zum Weiterführen von privaten und beruflichen Aktivitäten aufraffen können, kann sehr verschieden sein. Die von Woggon (1998) veröffentlichten, nicht systematisch erhobenen, freien Berichte von ehemals Depressiven liefern hierfür eine eindrucksvolle Evidenz.

1.2 Prävalenz und Verlauf von Depressionen

Die Punktprävalenz (Zahl Erkrankter am Stichtag) für eine majore depressive Episode wird nach einer Übersicht zu internationalen epidemiologischen Studien zwischen 4,6 und 7,4 % (für beide Geschlechter) geschätzt (Smith & Weissman, 1992). Für die Lebenszeitprävalenz schwanken die Schätzungen ganz erheblich. Demnach wird angenommen, dass zwischen 4,4 und 17 % der Menschen irgendwann im Leben mindestens einmal depressiv erkranken. Die großen

Schwankungen sind größtenteils auf unterschiedliche Methoden der diagnostischen Erhebung (Fragebogen-Selbsteinschätzungen, diagnostische Interviews) sowie auf Stichprobeneffekte zurückzuführen. Trotzdem kann sicher gesagt werden, dass Depressionen neben den Angsterkrankungen zu den häufigsten psychischen Störungen gehören. Entgegen früheren Annahmen erkranken jüngere Menschen häufiger als Ältere. Bisweilen wird spekuliert, dass zunehmend mehr jüngere Menschen in modernen Gesellschaften erkranken. Dies ist aber wegen unterschiedlichen Erhebungsmethoden und wegen der fraglichen diagnostischen Zuverlässigkeit sowie der geringen Vergleichbarkeit früherer und heutiger Untersuchungen kaum zu beweisen. Auch wenn die Schätzwerte aus genannten Gründen sehr unterschiedlich sind, so zeigt sich doch in fast allen Untersuchungen kultur- und landesunabhängig ein drastischer Geschlechtsunterschied. Frauen werden etwa doppelt so häufig depressiv wie Männer. So ergab sich für eine große Stichprobe in den USA mit einem Altersrange von 15-54 Jahren für Männer eine Punktprävalenz von 3,8 % und für Frauen von 6 %. Die Lebenszeitprävalenz lag für Männer bei 12,7 % und für Frauen bei 21,3 % (Blazer, Kessler, McGonagle & Swartz, 1994).

Was das *Alter bei der ersten Episode und die Rückfallneigung* betrifft, so gibt es folgende Befunde: Frauen scheinen durchschnittlich früher zu erkranken und ein höheres Rückfallrisiko zu haben. In einer Studie von Lewinsohn, Rohde und Seeley (1994) erkrankten von den Jugendlichen nach einer Erstmanifestation innerhalb eines Jahres 11 % der jungen Männer und 22 % der jungen Frauen erneut. Manchen Studien zufolge wird angenommen, dass auch die Phasendauer bei Frauen höher ist als bei Männern. Interessanterweise scheint es bei Kindern vor dem 12. Lebensjahr keinen Geschlechtsunterschied für die Prävalenz zu geben. Über mögliche Ursachen (biologische, soziokulturelle, Umgang mit Belastungen, und weitere) des Geschlechtsunterschiedes wurde viel spekuliert und theoretisiert. Überzeugende Beweise existieren bisher für keinen dieser Erklärungsversuche. Wenn eine Depression erstmals diagnostiziert oder behandelt wird, ist die aktuelle Depressionsepisode sehr oft nicht die erste. 25 % der Befragten mit einer aktuellen oder unlängst erlebten Depression gaben an, als Kind oder Jugendlicher erstmals depressiv geworden zu sein. 50 % gaben an, als junge Erwachsene bis zum 25. Lebensjahr erstmals depressiv gewesen zu sein. Frauen waren zum Zeitpunkt der Erstmanifestation durchschnittlich jünger als Männer. Manche Untersuchungen finden eine Korrelation von frühem Beginn und familiärer Übertragung (Häufung) der depressiven Erkrankung. Dabei ist unklar, ob dies für eine genetische oder für eine psychologisch-soziale Disposition der Familien spricht. Es wurde angenommen, dass ein frühes Auftreten der Erstepisode mit einer ungünstigen Langzeitprognose, mit einer längerer Phasendauer und als Folge davon mit Entwicklungsschwierigkeiten, vermehrtem Stress und hoher Rückfallneigung verbunden ist. Diese Annahmen konnten jedoch in repräsentativen Studien nicht bestätigt werden (Lewinsohn, Fenn, Stanton und Franklin, 1986; Lewinsohn, Zeiss und Duncan, 1986). Nach DSM-IV und ICD-10 wird für die Diagnose einer Depression eine Mindestdauer von 14 Tagen als Kriterium gefordert. Die tatsächliche *Episodendauer* ist meistens länger und sie variiert sehr stark. Die meisten Depressionen remittieren nach 4-6 Monaten auch ohne medikamentöse oder psychotherapeutische Behandlung. Kumulativ betrachtet sind etwa 57 % der bereits vor oder unmittelbar beim 1. Erhebungszeitpunkt Erkrankten nach 6 Monaten, 69-73 % nach einem Jahr, 83-87 % nach 2 Jahren und 97 % aller Erkrankten nach 3 Jahren remittiert. Das heißt, ein gewisser Teil der Erkrankten weist eine erschreckend hohe Phasendauer auf, die ein Vielfaches der durchschnittlichen Dauer beträgt. Bei wiederholt Erkrankten ist die individuelle Episodendauer in der Regel sehr ähnlich. Nicht bei allen Depressiven kommt es zu einer vollständigen Symptomremission. Etwa 60 % remittieren vollständig und 20-30 % haben nach der ersten Episode Restsymptome. Bei den übrigen dauert die Depression 2 Jahre oder länger (siehe oben). 50-60 % der Personen erkranken nach der Erstepisode wiederholt an einer Depression. Vor allem bei unvollständiger Remission ist die Wahrscheinlichkeit einer weiteren Episode erhöht. Nach der zweiten depressiven Episode steigt das Risiko für weitere Episoden auf 70 % und nach 3 Episoden liegt das Risiko für eine weitere Erkrankungsphase bereits bei 90 %. In den ersten Monaten nach der Remission ist das *Risiko für einen Rückfall* scheinbar am höchsten. Was die bisherigen Zahlen bereits andeuten, belegen verschiedene Langzeitstudien mehr und mehr, nämlich dass die Rezidivierungsneigung für majore depressive Episoden sehr hoch ist. Folgende Untersuchungsergebnisse belegen dies eindrücklich. In einem Zeitraum von 5 Jahren hatten 76 % einen Rückfall erlitten (Keller, 1988). In einem Zehnjahreszeitraum lag die durchschnittliche Episodenhäufigkeit einmal depressiv Erkrankter bei 2,7. Stellt man die Frage, welche in epidemiologischen Studien gefundenen Prädiktoren dazu beitragen, die Rückfallwahrscheinlichkeit vorherzusagen, so ist nicht unerwartet die Anzahl bisheriger Depressionsepisoden der beste Prädiktor. Darüber hinaus hat sich gezeigt, dass bei bekanntermassen rezidivierenden Depressionen das Absetzen des Medikamentes bei 70 % innerhalb eines halben Jahres und bei etwa 80 % innerhalb von 18 Monaten mit einem erneuten Rückfall verbunden ist. Weitere Rückfall-prädiktoren sind: geringes Alter bei der Erstmanifestation, weibliches Geschlecht und eine andere psychische Erkrankung in der Vorgeschichte. Eine bestehende dysthyme Störung (lang anhaltende depressive Symptome, deren Anzahl/Intensität nicht ausreichen, um eine Depression zu diagnostizieren) birgt ebenfalls das Risiko für das Auftreten einer rezidivierenden depressiven Störung.

2. Verursachung von Depressionen

In diesem Kapitel werden psychologische Theorien zur Entstehung von Depressionen thematisiert. Dies soll und kann jedoch keine ausführliche oder vollständige Darstellung sein, da sich diese Arbeit mit thematisch eingegrenzten nosologischen Aspekten der Depressionsforschung eingehend beschäftigt, nämlich der Wahrnehmung und Verarbeitung selbstbezogener Ergebnisinformation und der Absichtsentwicklung. Im ersten Teil des Kapitels werden psychologische Theorien zur Entstehung und Aufrechterhaltung depressiver Zustände kurz dargestellt. Allen Theorien gemeinsam ist, dass sie ein kognitives Defizit annehmen, das die Depression verursacht und/oder aufrechterhält. Dann wird die grundsätzliche Problematik sämtlicher psychologischer Verursachungstheorien, insbesondere der beiden einflussreichsten kognitiven Theorien der Depression diskutiert.

2.1 Kognitive Defizittheorien der Depression

Kognitionspsychologische Depressionstheorien postulieren ein kognitives Defizit als Teilursache für die Entstehung einer Depression. Die Bezeichnungen hierfür sind sehr unterschiedlich, ebenso unterschiedlich wie die konzeptuelle Genauigkeit, mit der die defizitäre, depressionsbezogene kognitive Neigung beschrieben wird. Zur Palette der Defizitbezeichnung gehören beispielsweise „cognitive distortion", „dysfunctional cognition", „cognitive bias, „cognitive vulnerability", mit denen der Schweregrad oder der Typ von Beeinträchtigung ausgedrückt wird. Von „distortion" ist die Rede, wenn man einen fundamentalen Fehler in der Informationsverarbeitung vermutet, von „bias", wenn man graduelle Abweichungen von einer objektiven Informationsverarbeitung annimmt. Sofern man eine

kognitive Disposition annimmt, die erst in Verbindung mit belastenden Lebensumständen depressionsverursachend sein soll, spricht man von einer „cognitive
vulnerability". Es wurden sehr unterschiedliche strukturelle und prozessuale
Aspekte des kognitiven Verhaltens als defizitär postuliert. Zu den eher strukturellen Aspekten gehören beispielsweise dysfunktionale Schemata, Überzeugungen,
Einstellungen und Erwartungen (in der Beckschen Depressionstheorie, im Ansatz
von Ellis zur Rational-Emotiven-Verhaltenstherapie), zu den eher prozessualen
Aspekten gehören beispielsweise ein depressogener Attributionsstil, eine selektive
oder einseitig negative Wahrnehmungs- und/oder Interpretationsbereitschaft,
irrationales, negativ verzerrtes Schlussfolgern und Denken, eine einseitig negative
Verfügbarkeit und/oder Zugänglichkeit selbstbezogener Gedächtnisinformation.
Zu diesen und anderen Aspekten der Informationsverarbeitung wurden seit den
70-iger Jahren Hunderte von experimentellen Untersuchungen mit depressiv
verstimmten Studierenden oder mit klinisch depressiven Patienten durchgeführt.
Ein Teil der Autoren dieser Studien beziehen sich explizit auf eine verbreitete
psychologische Depressionstheorie. Andere prüfen ohne expliziten Theoriebezug,
ob sich dysphorische oder depressive Versuchsteilnehmer hinsichtlich eines
paradigmatisch gemessenen kognitiven Verhaltens unterscheiden. So wurde
beispielsweise untersucht, ob Depressivität ein Aufmerksamkeitsdefizit bewirkt,
das unterschiedliche Gedächtnisleistungen von Depressiven und Nichtdepressiven
erklären könnte (Ellis & Ashbrook, 1988) oder ob lediglich die Lenkung der
Aufmerksamkeit bei Depressiven verändert bzw. beeinträchtigt ist – beispielsweise
durch perseverierendes Nachdenken über eine derzeit nicht realisierbare,
„degenerierte" Handlungsabsicht (Kuhl & Helle, 1986) oder durch zu starke,
unwillkürliche Selbstfokussierung der Aufmerksamkeit (Pyszczynski, Hamilton
& Herring, 1989; in einer Übersicht hierzu: Ingram, 1990).

Von den psychologischen Depessionstheorien, die die Entstehung von Depres-
sionen erklären wollen, haben 2 die meisten experimentalpsychologischen
Untersuchungen stimuliert. Es sind Becks kognitive Theorie der Depression
(Beck, 1967, 1976, 1987) und die Theorie der gelernten Hilflosigkeit (Selig-
man, 1974, 1975) sowie deren attributionstheoretische Erweiterung (Abramson,
Seligman & Teasdale, 1978). Beide Theorien sind aufgrund erwartungswidriger
Forschungsbefunde teils mehrfach modifiziert worden. Die grundlegenden
Annahmen beider Theorien und ihrer Modifikationen sollen nachfolgend kurz
charakterisiert und die Verbindung zur Fragestellung der vorliegenden Arbeit
deutlich gemacht werden.

In Becks kognitiver Depressionstheorie wird angenommen, dass Depressive ein sehr breites kognitives Defizit aufweisen, das ihr Denken, die Strukturierung ihrer Erfahrungen und ihres Selbstkonzeptes fundamental beeinflusst. Mit seiner Theorie weist Beck dem depressionstypischen ideosynkratisch-fehlerhaften Denken ursächliche Wirkung für die Entstehung und/oder die Aufrechterhaltung einer Depression zu. Beck sieht das fehlerhafte Denken während einer depressiven Episode als das primäre Merkmal der Depression, das die Intensität der emotionalen und körperlichen Symptome eines depressiven Zustandes beeinflusst. Nach Beck manifestiert sich das fehlerhafte Denken Depressiver auf dreierlei Weise, in der sog. kognitiven Triade, den kognitiven Fehlern und als dysfunktionale Schemata. Dabei liegt die distale kognitive (Mit-)Ursache für eine Depression in den dysfunktionalen Schemata einer Person. Dysfunktionale Schemata sind meist bereits in der Kindheit erworbene und im Gedächtnis verankerte Strukturen für die Bewertung persönlich sehr bedeutsamer Ereignisse. Beck nimmt an, dass aversive Ereignisse, wie wiederholte Zurückweisungen durch Gleichaltrige oder Kritik in der Schule aktuelle negative Selbstbewertungen erzeugen und schematische Selbstbewertungsneigungen festigen können. Dysfunktional sind sie dann, wenn sie die Wahrnehmung und Bewertung von Situationen so stark beeinflussen, dass eine angemessene Sicht der Situation verhindert wird. Diese dysfunktionalen Bewertungsneigungen können vor der Depression „relativ" inaktiv sein (Beck, 1964). Sobald ein sehr belastendes Lebensereignis eintritt, das inhaltlichen Bezug zu den dysfunktionalen Schemata hat, werden diese reaktiviert und eventuell intensiviert, was schließlich eine reaktive Depression auslöst. In der depressiven Phase bestimmen die dysfunktionalen Schemata das Denken der Person, das dann die von Beck postulierten depressionstypischen Fehler und Verzerrungen bei der Bewertung von selbstbezogenen Ereignissen aufweist. Dazu gehören willkürliche Schlussfolgerungen, selektive Verallgemeinerung, übergeneralisierende Schlussfolgerungen, Über- oder Unterbewertung der Bedeutung, Personalisierung (Ereignisse grundlos auf sich beziehen) und dichotomisierendes Denken (extrem negativ/extrem positiv urteilen). Das Resultat der fehlerhaften Denkneigungen führt nach Beck zur „kognitiven Triade" bei Depressiven. Depressive entwickeln eine Struktur überzogen negativer Beurteilungen über sich selbst, über ihre Umwelt (ihre Lebenssituation) und über ihre Zukunft.

Eine bedeutsame Veränderung erfuhr die kognitive Depressionstheorie mit der Einführung der beiden Motivdispositionen Soziotropie und Autonomie (Beck,

1983). Beck will damit 2 Vulnerabilitätstypen unterscheiden. „Soziotrope" Menschen, die ein starkes Bedürfnis nach engen Beziehungen, sozialer Unterstützung, Anteilnahme, Anerkennung und Wertschätzung durch andere haben, müssten außer den dysfunktionalen Überzeugungen in diesem Bereich auch einen motivkongruenten Stressor erleben, beispielsweise den Verlust einer sehr wichtigen Beziehung, damit eine Depression entsteht. „Autonome" Menschen mit einem ausgeprägten Bedürfnis nach Unabhängigkeit, Selbständigkeit, Mobilität, Entscheidungsfreiheit und eigener Leistungsfähigkeit müssten in genau diesem Bereich dysfunktionale Überzeugungen erworben und einen sehr belastenden Stressor erfahren haben, beispielsweise den Verlust des wertgeschätzten Arbeitsplatzes oder eine Erkrankung, die mit erheblichen Einschränkungen verbunden ist, damit eine Depression ausgelöst wird.

Becks Aussagen zum depressionstypischen fehlerhaften Denken (siehe oben) stammen aus seiner klinisch-therapeutischen Erfahrung mit Depressiven. Es sind abstrahierende Aussagen über eine sehr weitreichende und grundsätzliche Fehlerhaftigkeit, die er in seinen Schriften durch kasuistische Beispiele veranschaulicht (Beck, 1963; 1967). Es wurde kritisiert, dass Beck nicht zwischen „fundamentalen" Fehlern (distortions) und systematischen Verzerrungen (biases) der Informationsverarbeitung unterscheidet (Haaga, Dyck & Ernst, 1991, S. 224). Nach Alloy und Abramson (1988, S. 226) muss eine gestörte bzw. fundamental fehlerhafte Wahrnehmung, Beurteilung oder Schlussfolgerung einer objektiv gegebenen Information oder einem konsensuell anerkannten Maß für objektive Gegebenheiten widersprechen. Ein verzerrtes Wahrnehmen, Urteilen und Schlussfolgern wäre dann gegeben, wenn sich über verschiedene Urteilssituationen hinweg eine systematische Neigung zur Unter- oder Überbewertung der verfügbaren Information zeigt.

Beck selbst hat nicht versucht, seine Konzeption depressiver Denkstörungen in kognitionspsychologische Konzepte der Informationsverarbeitung zu „übersetzen", um in experimentellen Untersuchungen zu prüfen, welche spezifischen Prozesse der Informationsverarbeitung (Aufmerksamkeit, Enkodierung, freies und stimuliertes Erinnern von positiver und negativer Information sowie schlussfolgerndes Denken) gestört oder verzerrt sind. Im Sinne der Beckschen Depressionstheorie haben viele Autoren bei klinisch depressiven Patienten die Fragen untersucht, ob Depressive mehr selbstbezogene Aufmerksamkeit zeigen, ob sie mehr selbstbezogene, negative Gedanken haben (Ingram, Lumry, Cruet, & Sieber, 1987), ob die Kapazität der Aufmerksamkeit verringert oder die Lenkung der Aufmerksamkeit beeinträchtigt ist (s.o.). Powell, und Hemsley (1984) untersuchten, ob Depressive eine Enkodierungspräferenz für Wörter mit negativem Inhalt haben und ob Depressive negative Inhalte schneller erkennen (McLeod, Tata & Mathews, 1987). Die Frage ob Depressive Wörter mit negativem Inhalt leichter wiedererinnern (cued recall) als positiv valente Wörter konnte u.a. von Dunbar und Lishman (1984), Rude, Krantz und Rosenhan (1988) bestätigt werden, wohingegen Clifford und Hemsley (1987) sowie Roth und Rehm (1980) keine Unterschiede zu Nichtdepressiven finden konnten. In Verbindung mit der erhöhten Neigung zu spontanen negativen selbstbezogenen Gedanken wurde auch die Frage untersucht, ob Depressive negative autobiographische Information besser (Fogarty & Hemsley, 1983) und schneller (Lloyd & Lishman, 1975) erinnern als positive und ob sie sich dabei von Nichtdepressiven unterscheiden. Nicht auszuschließen ist bei diesen Untersuchungen, dass Depressive tatsächlich mehr negative Erfahrungen gemacht und gespeichert haben. Dagegen spricht, dass die freie Erinnerbarkeit von negativen autobiographischen Informationen von der Depressionsintensität und von verschiedenen Tageszeiten abhängen kann, was Clark und Teasdale (1982) zeigen konnten. In experimentellen Studien konnte wiederholt gezeigt werden, dass als selbstbeschreibend enkodiertes negatives Wortmaterial (Adjektive, Geschichtensegmente) besser frei erinnert werden konnte als positives Material (Bradley & Mathews, 1983; Myers, Lynch & Bakal, 1989; Rude, Krantz & Rosenhan, 1988; Slive, Miura, Thompson, Shapiro & Gallagher, 1984; Breslow, Kocsis & Belkin, 1981). Andere Autoren fanden keine Unterschiede zu Nicht-depressiven (Clifford & Hemsley, 1987; Dobson & Shaw, 1987). Es wurden verschiedene Untersuchungen zum interpretativen und schlussfolgernden Umgang mit szenischem Material von Depressiven im Vergleich zu gesunden Personen (Burns, Shaw & Croker, 1987; Dobson & Shaw, 1986; Krantz & Gallagher-Thompson, 1990, Watkins & Rush, 1983; Wilkinson & Blackburn, 1981) und im Vergleich zu nichtdepressiven psychiatrischen Patienten durchgeführt (Haley, Fine, Marriage, Moretti & Freeman, 1985; Krantz & Hammen, 1979; Norman, Miller & Klee, 1983; Watkins & Rush, 1983), die insgesamt belegen, dass Depressive dazu neigen, sehr negative Schlussfolgerungen zu ziehen, die deutlich über die vorgegebenen, hypothetischen Szenarien hinausgehen. Diese Ergebnisse wurden gelegentlich als Beleg für ein gestörtes, nicht nur verzerrtes Schlussfolgern und Denken bei Depressiven gewertet. Haaga, Dyck und Ernst (1991) weisen jedoch zurecht darauf hin, dass es keine objektiv richtige Reaktion auf ein hypothetisches Unglück (als Ereignisbeispiel) gibt, so dass man eher von

„verzerrten" Schlussfolgerungen sprechen sollte und dass die „übertrieben" wirkenden Schlussfolgerungen nur bei negativen und nicht bei neutralen Szenarien auftreten, was gegen eine grundsätzliche Neigung zu unlogischem oder gestörtem Denken spricht. Die hier untersuchten kognitiven Reaktionen sind den von Beck postulierten Denkfehlern Depressiver (willkürliche Schlussfolgerungen, selektive Verallgemeinerung, Über- oder Unterbewertung bestimmter Ereigniselemente usw.) sehr viel ähnlicher als die Informationsverarbeitungsprozesse bei den zuvor berichteten Studien. Dennoch erlaubt die Konzeption der Studien zum schlussfolgernden Denken keine eindeutigen Aussagen darüber, welche der von Beck postulierten Denkfehler bei den negativen Schlussfolgerungen Depressiver beteiligt sind (Haaga, Dyck & Ernst, 1991).

Die bisher beschriebenen Studien beziehen sich auf die deskriptiven kognitiven Merkmale einer bestehenden depressiven Episode, die in Becks Depressionstheorie angesprochen sind, nämlich die starke selbstbezogene Aufmerksamkeit und das „gestörte" Denken und Schlussfolgern, was insgesamt zur kognitiven Triade, einer negativen Sicht der eigenen Person, der Umgebung und der Zukunft führen soll. In Becks Theorie bleibt unklar, ob die angenommenen distalen Ursachen für Depressionen, die dysfunktionalen Schemata, strukturell und inhaltlich dem gestörten Denken während einer depressiven Episode entsprechen und dort lediglich verstärkt und gefestigt werden oder ob es sich um strukturell verschiedene Kognitionen handelt. Becks Theorie wird auch vorgeworfen, dass sie nur eine kausale Richtung vom „gestörten Denken" zur depressiven Stimmung sieht und die Möglichkeit ignoriert, dass depressive Stimmung auch negativ verzerrtes Denken und Schlussfolgern verursacht. Hierfür gibt es inzwischen jedoch einige Belege. In mehreren Studien hat man das Vorhandensein von irrationalem Denken (mit Fragebögen zur kognitiven Vulnerabilität für Depressionen, DAS, ASQ, gemessen) von Nichtdepressiven mit ehemals Depressiven, die wieder im symptomfreien, remittierten Zustand waren, verglichen. Die Mehrzahl der Studien fanden keinen Unterschied zwischen beiden Gruppen. Lediglich akut Depressive wiesen hohe Werte für irrationales Denken auf (zusammenfassend Segal & Ingram, 1994). Dies spricht für eine Zustandsabhängigkeit des dysfunktionalen bzw. irrationalen Denkens, wie es die genannten Vulnerabilitätsmaße erfassen. Manche Autoren argumentieren, dass diese Befunde jedoch nicht beweisen, dass es nicht doch latente dysfunktionale Schemata gibt, wie Beck sie annimmt und dass es lediglich schwierig ist, diese im nichtdepressiven Zustand zu messen. Auf die Schwierigkeit die kausale Wirkung kognitiver Vulnerabilitätsfaktoren (psychischer Diathesen) zu messen, wird im Abschnitt 2.2.4 und Kapitel 9 noch genauer eingegangen.

Die Theorie der gelernten Hilflosigkeit (Seligman, 1975) entstand als Ergebnis zahlreicher tierexperimenteller Studien zum Vermeidungslernen. In der ersten Phase des „triadischen Versuchsplans" erhält eine Gruppe von Versuchstieren eine Serie von sehr aversiven Reizen, beispielsweise elektrische Schmerzreize, die das Tier durch bestimmte Reaktionen abstellen (verkürzen) kann. In einer zweiten Versuchsgruppe (der Hilflosigkeitsgruppe) erhält jeweils ein Tier genau die gleiche zeitliche Sequenz und Dauer der aversiven Reize wie ein ihm zugeordnetes Tier (yoked-control) der ersten Gruppe, ohne dass es durch irgendeine Reaktion den Schmerzreiz beeinflussen kann. Eine dritte Gruppe erhält keine Vorbehandlung mit aversiven Reizen. Mit diesem sog. „yoked-control-design" der beiden vor-behandelten Gruppen kann man den Einfluss des traumatischen Schmerzes (seine Intensität und Quantität) getrennt vom Einfluss der erfahrenen Kontrollierbarkeit ermitteln. In der zweiten Phase des Versuchs werden alle Versuchstiere in gleicher Weise in eine Situation gebracht, in der sie lernen können, den applizierten elektrischen Schmerzreizen durch eine geeignete Reaktion, beispielsweise den Sprung über das Trenngitter der „shuttle box", zu entfliehen. Geprüft wurde, ob und nach wie vielen Durchgängen ein Tier die Fluchtreaktionen lernte.

In vielen Versuchen dieser Art zeigten Tiere, die im Vortraining die Schmerz-reize kontrollieren konnten, ebenso wie die Tiere ohne Vorbehandlung keine Schwierigkeiten, die Fluchtreaktion zu lernen. Im Gegensatz dazu blieben viele Tiere, die zuvor unkontrollierbaren Schocks ausgesetzt waren, passiv und ließen die Stromschläge über sich ergehen. Sie lernten die Fluchtreaktion gar nicht oder erheblich verzögert. Offenbar hatte die vorausgehende Erfahrung, aversive Reize, nicht durch eigene Reaktionen beeinflussen zu können, die Motivation zu reagieren untergraben. Ein Teil der Tiere aus der Hilflosigkeitsgruppe führte nach Überwindung der Phase der passiven Hinnahme des Schmerzreizes, schließlich doch eine erfolgreiche Fluchtreaktion aus, kehrte dann aber wieder zum passiven Verhalten zurück, während die meisten Tiere der beiden anderen Versuchs-bedingungen eine einmal erfolgreiche Fluchtreaktion nicht mehr aufgaben. Daraus schloss Seligman (1975), dass die Hilflosigkeitsinduktion im Vortraining nicht nur ein motivationales, sondern auch ein Lerndefizit bewirkt. Die Tiere haben die negative Einstellung bzw. Erwartung entwickelt, dass sie keine Kontrolle über die

26

Schmerzreize haben. Sie verhalten sich so, als ob die ausgeführte Fluchtreaktion nur zufällig erfolgreich war. Diese negative Erwartung wird als das zentrale kognitive Defizit betrachtet, dass ein Lernen der objektiv gegebenen Kontingenz zwischen Reaktion und dem gewünschten Ergebnis verhindert. Die Effekte einer einmaligen Hilflosigkeitserfahrung, wie sie die Versuchstiere gemacht haben, dauert nur begrenzt an. Nach etwa 24 Stunden erholen sich die meisten Tiere von den Wirkungen der Hilflosigkeitsinduktion und sind wieder „normal" lernfähig. Wiederholte Erfahrungen von Unkontrollierbarkeit erzeugen dauerhafte Effekte der als Hilflosigkeitszustand beschriebenen Wirkungen. Die Tiere bleiben anhaltend passiv und neigen dazu das Defizit, die real gegebene Wirksamkeit ihrer Reaktionen zu lernen, auf andere Situationen zu übertragen. Darüber hinaus zeigen sie affektive Verhaltensweisen, die denen einer Depression ähnlich sind. Sie werden zunehmend passiver, kauern sich zusammen und lassen aversive Ereignisse über sich ergehen, winseln und zeigen physische Veränderungen wie Appetit- und Gewichtsverlust sowie einen verringerten Noradrenalinspiegel.

Diese Ähnlichkeiten zur Depression beim Menschen haben Seligman veranlasst, aus dem Modell der gelernten Hilflosigkeit ein ätiologisches Modell für die Entwicklung einer Depression zu formulieren. Demzufolge entwickelt sich eine sogenannte Hilflosigkeitsdepression als Folge der wiederholten Erfahrung objektiver Nichtkontingenz (der Unabhängigkeit) von eigenem Verhalten und der Erreichung oder der Aufrechterhaltung persönlich sehr bedeutsamer Ziele oder Zustände. Es wurde erwartet, dass Depressive sich in Untersuchungen so verhalten, wie Personen mit einer experimentell induzierten Hilflosigkeit. Es wurden zahlreiche experimentelle Studien im Humanbereich durchgeführt. So konnte Hiroto (1974) zeigen, dass Personen mit einer experimentell erzeugten Hilflosigkeitsvorbehandlung beim nachfolgenden Vermeidungslernen passiv blieben bzw. schlechter lernten. Miller und Seligman (1975) fanden, dass in zufälliger Folge aversiv verstärkte Probanden später erhöhte Werte für depressive Stimmung aufwiesen. Thornton und Jacobs (1971) konnten zeigen, dass aversive elektrische Reize bei den Probanden die Motivation und Anstrengungsbereitschaft für lösbare Aufgaben massiv untergräbt, ähnlich wie dies in den Tierexperimenten gezeigt wurde.

Es kam aber wiederholt zu Befunden, die der Theorie der gelernten Hilflosigkeit bzw. der Hilflosigkeitsdepression widersprechen. In manchen Untersuchungen führte die misserfolgsinduzierte Hilflosigkeit nicht, wie erwartet zu einer schlechteren Leistung bei der Bearbeitung einer späteren Aufgabe, sondern zu verbesserten Leistungen im Vergleich zu einer Kontrollgruppe (Wortman & Brehm, 1975). Die erwartungswidrigen Befunde führten zu einer attributions-theoretischen Reformulierung des Modells der Hilflosigkeitsdepression (Abramson, Seligman & Teasdale, 1978). In der reformulierten Version wird das ursprüngliche Modell um eine psychische Diathese, einen depressogenen Attributionsstil erweitert. Im Unterschied zur ursprünglichen Version reicht die wiederholte Erfahrung der Unkontrollierbarkeit persönlich sehr bedeutsamer Ereignisse nicht mehr grundsätzlich aus, um die Symptome einer Hilflosigkeits-depression zu erzeugen. Dies soll nur dann der Fall sein, wenn die Person sich selbst bzw. einen Mangel an Fähigkeit und nicht externe Faktoren für die Unkontrollierbarkeitserfahrung verantwortlich macht. Das Modell nimmt an, dass manche Personen eine Neigung zu depressionstypischen Attributionen hätten. Personen, die dazu neigen Misserfolge global (Mir gelingt in allen wichtigen Bereichen nie etwas.) und stabil internal (Ich bin unfähig zu ...) zu attribuieren, ein hohes Depressionsrisiko haben, wenn sie im Laufe des Lebens eine massive Hilflosigkeitserfahrung machen und dieses Ereignis auf die genannte Weise sich selbst zuschreiben.

Zur Messung des Attributionsstils entwickelten Seligman, Abramson, Semmel und von Beyer (1979) einen Fragebogen, den Attributional Style Questionnaire (ASQ). Mit diesem selbstwertschädigenden, fatalen Attributionsstil wird, wie in der Beckschen Theorie ein kognitives Defizit als psychische Diathese für die Depressionsentstehung formuliert, die dann in Interaktion mit einer massiven Unkontrollierbarkeitserfahrung genau die Wirkungen hat, wie sie bereits im ersten Modell angenommen wurden, nämlich die generalisierte Erwartung von Hilflosig-keit, ein motivationales Defizit und die verminderte Fähigkeit real gegebene Kontingenzen von eigenem Handeln und erwünschten Ergebnissen zu erkennen. Einige Studien scheinen den Zusammenhang von Attributionsstil für Misserfolgs-ereignisse und depressiver Stimmung zu bestätigen, Metalsky, Halberstadt und Abramson (1987), Peterson und Seligman (1984). Problematisch für dieses Modell sind die oben bereits genannten Befunde, dass sich das Antwortverhalten im ASQ als stimmungsabhängig erwiesen hat. Damit ist es sehr fraglich, ob mit dem ASQ überhaupt eine stabile kognitive Vulnerabilität gemessen werden kann. Hinzu kommt, dass mit dem Fragebogen Attributionsurteile für fiktive Ereignisse oder für Misserfolgserfahrungen in experimentellen Studien erhoben werden. Es ist unklar, ob die so ermittelten „Attributionsneigungen" auf bedeutsame biographische Ereignisse angewendet werden. In ihrer Untersuchung haben Hammen und

Cochran (1981) depressive und nichtdepressive Probanden nach den Attributionen für die 5 belastendsten Ereignisse ihres Lebens gefragt. Das Ergebnis war, dass sich die Attributionen der Depressiven nicht von denen der Nichtdepressiven unterscheiden.

Die jüngste Revision des Modells der Hilflosigkeitsdepression ist sehr weit vom ursprünglichen Modell entfernt. Mit der Theorie der Hoffnungslosigkeitsdepression (Abramson, Metalsky & Alloy, 1989) soll ein Subtyp von Depression beschrieben werden, bei dem als proximaler Vorläufer für eine Depression keine Hoffnung mehr besteht, dass persönlich wichtige und erwünschte Ereignisse eintreten oder dass sehr unangenehme, gefürchtete Ereignisse doch nicht eintreten werden. Man hat versucht nachzuweisen, dass Kognitionen der Hoffnungslosigkeit nicht bei allen Arten von Depressionen stark ausgeprägt sind, sondern nur für einen Teil von Depressionen, bei denen sich auch lebensgeschichtliche Stressoren und ein kognitiver Vulnerabilitätsfaktor (dysfunktionale Schemata, irrationales Denken oder ein selbstwertschädigender Attributionsstil) identifizieren lassen. Das kognitive Defizit aus dem vorausgehenden Modell, der dysfunktionale Attributionsstil ist zwar als Vulnerabilitätsfaktor (als Diathese) noch vorhanden, er wird aber nur noch als eine von mehreren möglichen kognitiven Diathesen betrachtet. Das Modell lässt viele verschiedene Wege zur Hoffnungslosigkeit zu. Es ist in gewisserweise „pluralistisch" geworden, indem es die Beckschen Theorieelemente (dysfunktionale Schemata und entsprechende Stressoren) integriert. Damit ist das Modell gleichzeitig aber auch so „offen" geworden, dass eine überzeugende empirische Prüfung des Gesamtmodells kaum möglich ist.

Neben den beiden besprochenen, sehr bekannten kognitionspsychologischen Depressionstheorien wurden auch andere kognitive Defizitmodelle formuliert, von denen einige hier erwähnt werden sollen. Nach Rehm (1977) haben Depressive ein Defizit in verschiedenen Bereichen der Selbstregulation, etwa bei der Selbstbeobachtung bzw. der Selbstaufmerksamkeit sowie der Selbstbewertung und Selbstverstärkung eigener Handlungen. Kennzeichnend für diese Bereiche sei eine einseitige Beachtung negativer Information, das Setzen unrealistisch hoher Maßstäbe und eine negativ verzerrte Selbstbewertung. Im Problemlösedefizitmodell von Nezu (1987; Nezu, Nezu & Perri, 1989) wird für Depressive ein Mangel an Bewältigungsfähigkeiten für schwierige Situationen angenommen, der mit dysfunktionalen bzw. unrealistischen Kognitionen verbunden sei, beispielsweise dass das bestehende Problem eine Bedrohung sei oder dass es dem eigenen Versagen zuzuschreiben sei. Andere Autoren nehmen für Depressive eine generell erhöhte selbstfokussierte Aufmerksamkeit an, ähnlich wie dies im oben erwähnten Selbstregulationsdefizitmodell postuliert wird. Nach Pyszczynski und Greenberg (1987) ist die erhöhte Selbstfokussierung mit einer verstärkten negativen Affektivität und mit Selbstkritik verbunden. Auch Nolen-Hoeksema (1991) nehmen an, dass die depressionstypische Fokussierung nach innen mit der Analyse eigener Gefühle und mit Grübeln verbunden ist, wo stattdessen Ablenkung durch Aufmerksamkeitslenkung nach außen funktional wäre. Das bringe einen Teufelskreis der Depressionsverstärkung mit sich (Lyubomirsky & Nolen-Hoeksema, 1995; Nolen-Hoeksema, Parker & Larson, 1994). Roberts und Monroe (1994) nehmen ähnlich wie in der Beckschen Theorie an, dass Depressive ein negatives Selbstkonzept haben, das mit einer rigiden Fixierung auf externale Quellen für das eigene Selbstwertgefühl und mit starkem, durch negative Ereignisse oder die Stimmung ausgelöstem Zweifel am Wert der eigenen Person verbunden ist. Das Ergebnis sei ein sehr instabiles, schwankendes Selbstvertrauen.

2.2 Merkmale und Probleme psychologischer Verursachungstheorien

Fast alle Theorien der Depressionsentstehung, nicht nur die psychologischen, sind sogenannte Diathese-Stress-Theorien. Sie nehmen eine distale, schon lange vor Beginn der ersten depressiven Episode bestehende psychische oder biologische Disposition (Diathese) an, die dann in Verbindung mit einem aktuellen Stressor (einer einmaligen, wiederholten oder chronischen Belastung) eine Depression auslöst. Beispiele für psychische Diathesen sind sogenannte dysfunktionale selbstbezogene Schemata in der Beckschen Depressionstheorie (Beck, 1967; 1976; 1987) oder ein selbstwertschädigender Attributionsstil, wie er in der Hilflosigkeits- und der Hoffnungslosigkeitstheorie der Depression angenommen wird (Abramson, Seligman & Teasdale, 1978; Abramson, Metalsky & Alloy, 1989; Alloy, Lipman & Abramson, 1992). Auch die Freudsche Theorie der Melancholie (Depression) ist ein Diathese-Stress-Modell, bei dem die Neigung zur narzisstischen Objekt-besetzung (eine durch narzisstische Bedürfnisse geprägte Wahrnehmung und Beziehungsgestaltung mit einer bedeutsamen Bezugsperson) die psychische Diathese und der Verlust dieser Person der Stressor ist (Freud, 1917). Selbst Theorien, die nicht auf den ersten Blick zu den Diathese-Stress-Modellen gehören, enthalten oft eine psychologische Disposition als potentiell mit-ursächlichen Faktor. Dies gilt beispielsweise für die Lewinsohnsche Theorie vom Verstärkerverlust als Depressionsursache (Lewinsohn, 1974; 1985). Dort wird, wie auch im Rahmen der Stress- und Bewältigungsforschung davon ausgegangen, dass mangelnde oder dysfunktionale Bewältigungsfähigkeiten (die Diathese) mitentscheiden, ob auf einen Stressor oder einen drastischen Verstärkerverlust mit Depression reagiert wird. Die proximale ätiologische Bedingung ist in all diesen Forschungsansätzen das Auftreten einer erheblichen psychischen Belastung durch einen massiven Stressor oder eine drastische Veränderung der Lebensumstände. Die distale ätiologische Bedingung ist eine mit dem Stressor thematisch verbundene, schon lange bestehende, psychische Diathese, die gemeinsam mit dem Stressor depressionsauslösend wirkt.

2.2.1 Mangelnde Integration physiologischer und genetischer Befunde

Die in Kapitel 1 berichteten Befunde aus der epidemiologischen Forschung stellen rein psychologische Erklärungstheorien auf eine harte Probe. Dies gilt auch für die Forschung zur genetischen Disposition (Zwillingsstudien, Familienforschung) von Depressionen, die zweifelsfrei eine erhöhte Konkordanz bei eineiigen Zwillingen und eine korrelative Beziehung zum genetischen Verwandtschaftsgrad nachgewiesen hat. Auch die Tatsache, dass sehr viele Depressionen sehr gut auf eine rein pharmakologische Therapie ansprechen (Thase & Kupfer, 1996) und dass bei rezidivierenden Depressionen, wie bereits erwähnt, das Absetzen des Medikamentes die Rückfallwahrscheinlichkeit erhöht, spricht ebenso wie die zuvor genannten Befunde für die Beteiligung physiologischer und genetischer Faktoren bei der Entstehung und im Verlauf von Depressionen, auch wenn die Art ihrer Beteiligung noch nicht geklärt ist. Für alle ausschließlich psychologisch konzipierten Verursachungstheorien wird die Frage der Integration solcher Befunde und die Frage nach der Erklärungsreichweite der Theorie aufgeworfen. Soll das Modell für einen psychogen verursachten Teil oder alle Arten von Depression gelten? Ein anderer Problemkreis betrifft die Forschungsheuristik und die Methodik zum Nachweis vermeintlich kausaler psychischer Faktoren sowie die Interpretation von Unterschiedsbefunden zwischen Depressiven und Nichtdepressiven. Eine zentrale Schwierigkeit – die keineswegs nur die Depressionsforschung betrifft, sondern auch die Forschung und Theoriebildung zu anderen psychischen Störungen – ist, dass die als depressionsverursachend oder aufrechterhaltend angenommenen kognitiven Besonderheiten gleichzeitig mit dem Bestehen der zu erklärenden Größe, der Depressivität erhoben werden. Selbst wenn das kognitive Verhalten Depressiver sich signifikant von dem der nichtdepressiven Kontrollgruppe unterscheidet, ist nicht geklärt, ob es sich dabei um ein Symptom der Depression oder um wirklich antezedente Faktoren handelt. Erst beim Nachweis, dass das betreffende kognitive Verhalten bereits vor Beginn der Depressivität vorhanden war, bestünde Grund zur Annahme, dass es potentiell verursachend gewirkt haben könnte. Konkret stellt sich die Frage, welche der in vielen Untersuchungen gefundenen Besonderheiten depressiven Wahrnehmens, Urteilens und Verhaltens sind lediglich stimmungsabhängig ohne Wirkung auf die Depressivität zu haben, welche sind aufrechterhaltend und intensitätssteigernd und welche waren bereits vor der depressiven Episode vorhanden und haben, wie theoretisch postuliert, depressionsverursachende oder auslösende Wirkung. Damit soll keineswegs gesagt werden, dass ursprünglich als verursachend gedachte, aber letztendlich nur als zeitlich auf das Bestehen einer depressiven Episode begrenzte Besonderheiten bedeutungslos sind. Solche Befunde können dazu beitragen, das nosologische Wissen über depressive Zustände systematisch zu erweitern und zu differenzieren. Fast alle experimentellen Studien zur Depression haben Informationsverarbeitungsprozesse bei Depressiven untersucht. Dies ist nicht zufällig, da die meisten psychologischen Depressionstheorien eine dysfunktionale Informationsverarbeitung in Verbindung mit einem akuten Stressor als ursächlich (depressogen) annehmen.

2.2.2 Erklärungsreichweite: Eine oder mehrere Arten von Depression?

Psychologische Depressionstheorien haben sich zu allen Zeiten der Auffassung gegenüber gesehen, dass Depressionen rein biologisch bzw. genetisch verursacht seien. Insofern wird im Gegensatz zu einer psychischen, eine genetisch-biologische Diathese angenommen. Gründe für diese Annahmen waren entweder das Fehlen einer sichtbaren oder berichteten äußeren Belastung vor Beginn, die als Auslöser in Frage kommt oder das strikt saisonale Auftreten (Herbstmonate) bei wiederholten Episoden, die offensichtliche familiäre Häufung, die oft über mehrere Generationen verfolgt werden konnte oder die auffällig starken körperlichen Symptome bei sehr schweren Depressionen (psychomotorische Verlangsamung bis hin zu katatonen Zuständen). Inzwischen gibt es eine Reihe von Untersuchungen mit eineiigen Zwillingen, die übereinstimmend zeigen, dass die Konkordanzquote für monozygote Zwillinge deutlich höher ausfällt als für dizygote Zwillinge und normale Geschwister und dass diese wiederum höher ist als für entfernt Verwandte bzw. höher als die Prävalenz in der Allgemeinbevölkerung (McGuffin, Katz, Watkins & Rutherford, 1996). Dies untermauert die These einer genetischen Veranlassung stark. Andererseits gab und gibt es immer wieder Fälle von Depressionen, an deren Beginn so unzweifelhaft Verlust- oder Belastungsereignisse standen, dass man nicht umhin kann, ihnen eine psychoreaktive Veranlassung zuzuschreiben. Es gibt 2 grundsätzliche Möglichkeiten, diesen Befunden und diagnostischen Beobachtungen gerecht zu werden. Man kann eine universelle genetische Mit-Verursachung (eine genetische Diathese) für alle Depressionen annehmen, die erst bei Auftreten eines bedeutenden Stressors eine Depression auslöst. Dafür spricht die Tatsache, dass auch monozygote Zwillinge keine Konkordanzquote von 100 % (auf die Lebenszeit bezogen) aufweisen. Andererseits könnte man 2 oder mehr verschiedene Typen von Depressionen annehmen, wobei ein Typ ausschließlich genetisch determiniert ist, die anderen psychisch.

2.2.3 Mangelnde Berücksichtigung von Verlauf und Dauer

Die Tatsache, dass die meisten depressiven Episoden auch ohne jegliche psychotherapeutische oder pharmakologische Behandlung nach 3 bis 6 Monaten enden, bringt alle psychologischen Diathese-Stress-Theorien zur Depressionsentstehung sowie reine Stressmodelle in Erklärungsnot. Diathesen werden als stabile, nicht leicht änderbare persönliche Dispositionen betrachtet. Sie müssten also während der depressiven Episode und auch danach, ohne gezielte psychotherapeutische Maßnahmen weiter bestehen. Sie scheiden damit als Erklärung für das Nachlassen und Verschwinden depressiver Symptome aus, sofern man mit den Ursachenfaktoren dieser Theorien auch den Verlauf von Depressionen erklären will. Es bliebe also nur noch die nicht ganz abwegige, aber keineswegs überzeugende Erklärung, dass der Stressor bzw. die Belastung so stark nachgelassen haben muss, dass die Depression sich zurückbilden konnte. Man könnte andererseits die Wirkungsreichweite der angenommenen beiden Ursachenelemente (Diathese und Stressor) auf die Auslösung einer depressiven Episode beschränken und für deren Verlauf andere, eben biologische bzw. physiologische Faktoren verantwortlich machen. Die meisten Depressionstheorien ignorieren die Problematik des Depressionsverlaufs und nehmen in ihren theoretischen Aussagen keinen Bezug darauf. Trotz der genannten Schwierigkeiten untersuchen sehr viele Studien mit Bezug auf kognitive Theorien der Depression das Wahrnehmen, Urteilen und Verhalten von mild depressiv verstimmten oder klinisch depressiven Personen im Vergleich zu nichtdepressiven mit der expliziten Annahme, damit auch depressionsver- ursachende Besonderheiten nachweisen zu können und sie interpretieren die erhaltenen Unterschiedsbefunde in diesem Sinne (siehe Abschnitt 2.1). Weitere Erklärungsnot entsteht durch die offensichtlich starke Chronifizierungsneigung und die Tatsache, dass rein medikamentöse Behandlungen einen Rückgang der Depression bewirken können und dass das Absetzen der Medikamente (bei Patienten die schon mehr als eine Episode hatten) mit einem sehr hohen Rückfall- risiko verbunden ist. Auch die konsistent gefundene doppelt so hohe Prävalenz bei Frauen, verglichen mit Männern kann kaum durch rein psychische oder soziale Faktoren erklärt werden, da sie für ganz unterschiedliche Kulturen gezeigt werden konnte. Als weiterer Hinweis auf das starke Wirken biologischer Mechanismen kann der Befund gewertet werden, dass Schlafentzug (eine Nacht lang gezieltes Verhindern von Schlaf) bei etwas mehr als 50 % klinisch depressiver Patienten am folgenden Tag zu einer drastischen Stimmungsverbesserung führt, die allerdings nur einen Tag lang anhält. Das Mitwirken biologischer Prozesse bei Depressionen wurde nicht gänzlich ignoriert. Einige psychologische Theorien zur Depression schränken die Gültigkeit ihrer Theorie ein und verweisen darauf, dass es wohl auch rein biologisch verursachte Depressionen gibt. Dies gilt bereits für die Freudsche Theorie zur Entstehung von Melancholie (Freud, 1917) sowie für die kognitive Theorien von Beck (Beck, 1967; 1976) und die Theorie der Gelernten Hilflosigkeit (Overmier & Seligman, 1967, Abramson, Seligman & Teasdale, 1978) und deren Folgetheorie, dem Modell der Hoffnungslosigkeitsdepression (Abramson et al., 1989). Aber auch damit wird das Problem der Vernachlässigung des Depressions- verlaufs nicht ganz gelöst. Man postuliert also mindestens 2 verschiedene Entstehungswege, einen biologischen, bei dem der postulierte psychologische Ursachenfaktor nicht gegeben sein muss und einen psychologischen, bei dem dies der Fall ist. Selbst wenn diese Unterscheidung zuträfe, so bleiben dennoch viele Fragen zur Rolle biologischer und psychologischer Prozesse im Verlauf von Depressionen offen. Eine zentrale Frage ist, ob für psychologisch bedingte und für biologisch bedingte Depressionen nur die Entstehungswege verschieden sind oder auch die Symptomatologie, also die Erscheinungsweise depressiver Episoden? Folgende Varianten wären möglich:

1. Es gibt 2 (oder mehr) verschiedene Entstehungswege bis zur Auslösung der Depression bei gleicher Symptomatologie der depressiven Phase (common final path). Die bereits in den Diagnosekriterien benannte Variabilität der Symptomausprägung müsste für diesen Fall vorwiegend durch unterschiedliche Depressionsintensitäten erklärt werden.

2. Es gibt 2 (oder mehr) verschiedene Depressionstypen mit unterschiedlichen Entstehungswegen und unterschiedlicher Symptomatik (Art, Ausprägung bzw. Konfiguration der Symptome). Im Sinne dieser Auffassung hat man wohl schon seit Bestehen jeglicher Depressionsforschung versucht, eindeutige Indikatoren für das Vorliegen einer biologischen Depression nachzuweisen, was bis heute nicht überzeugend und replizierbar gelungen ist.

2.2.4 Probleme der Forschungsmethodik

Stimmungsabhängigkeit erhobener Messungen. Sowohl für die derzeit verwendeten Maße für dysfunktionale oder irrationale Einstellungen als auch für die potentiell depressogenen Attributionsstile konnte gezeigt werden, dass sie stimmungsabhängig verschiedene Resultate ergeben. Personen weisen bei beiden Kognitionsmaßen im depressiven Zustand höhere Werte auf als dieselben Personen später im remittierten Zustand (prospektive Studien) oder als ehemals Depressive, die bereits im remittierten Zustand waren (Querschnittsstudien). Wie kann dies interpretiert werden? Eine nahe liegende Möglichkeit wäre, die veränderten selbstbezogenen Urteile sind ausschließlich kognitive Wirkungen (Symptome) der depressiven Stimmung. Eine andere Möglichkeit wäre, dass die betreffenden Maße zwar durchaus antezedent bestehende und potentiell depressogene Denkneigungen erfassen, dass aber eine stimmungsabhängige intensitätssteigernde Urteilskomponente hinzukommt. Eine Variante dieser Auffassung ist, daß die verwendeten Maße latent bestehende irrational-schematische Denk- und Urteilsneigungen messen, die nicht immer aktiv sind, sondern durch Belastungen oder eben negative Stimmung stimuliert werden müssen, damit sie überhaupt bewußtseinspflichtig sind und mit den üblichen Selbstbeurteilungsmaßen erfasst werden können.

Messung psychischer Diathesen. Damit sind auch schon die Probleme der Messung psychischer Diathesen als Teilursache bei der Depressionsentstehung genannt. Mehrere Studien mit remittierten Depressiven konnten nicht eindeutig klären, ob mit den verwendeten Selbstbeurteilungsbögen zu dysfunktionalem bzw.

irrationalem Denken oder zum depressogenen Attributionsstil wirklich ein depressionsförderndes Potential erfasst wurde (sofern man überhaupt erhöhte Fragebogenwerte gefunden hat) oder ob die immer noch leicht erhöhten Werte ein Nachklingen depressionsbegleitender Urteilsneigungen sind. Zur Klärung der Frage, ob mit Fragebogenmassen sind prospektive Studien mit noch nicht depressiv erkrankten Personen notwendig, bei denen in bestimmten Zeitabständen wiederholt geprüft wird, ob eine depressive Erkrankung eingetreten ist. Im Rahmen verschiedener Vulnerabilitätsmodelle zur Ätiologie von Depression wird im Temple-Wisconsin-Vulnerability to Depression Projekt (Abramson, Alloy, Hogan, Whitehouse, Donovan, Rose, Panzarella & Raniere, 2002; Alloy, Abramson, Hogan, Whitehouse, Rose, Robinson, Kim, Lapkin, 2000) längsschnittlich verglichen, ob Personen mit einer vermuteten kognitiven Vulnerabilität für die Entwicklung einer Depression (hohe Werte in einem Attributionsstil-Fragebogen oder im Fragebogen zu dysfunktionalen Gedanken) in Verbindung mit späteren Stressoren tatsächlich eine Depression entwickeln. Zunächst konnte gezeigt werden, dass Personen der „high risk" Gruppe bei unterschiedlichen Aufgaben zum selbstbezogenen Verarbeiten negativen oder positiven Materials eher dazu neigen, negatives Material selbstbezogen zu verarbeiten als die „low risk" Gruppe (Alloy, Abramson, Murray, Whitehouse, Hogan, 1997). Leider wird nicht berichtet, ob die beiden Gruppen sich hinsichtlich der Stimmung zum Erhebungszeitpunkt unterschieden haben. Nachdem ja bereits bekannt ist, dass kognitive Vulne-rabilitätsmaße stimmungssensitiv sind, ist es unbedingt nötig, die Stimmung und deren Korrelation zu den kognitiven Maßen für jeden Erhebungszeitpunkt zu ermitteln. Würde sich auch in einem prospektiven Design eine wiederkehrende Korrelation zwischen der aktuellen Stimmung (Depressivität) und dem kognitiven Vulnerabilitätsmaß oder der selbstbezogenen Informationsverarbeitung zeigen, so könnte selbst dann nicht ohne weiteres von einer kausalen Rolle dieser Kog-nitionen gesprochen werden, wenn die „high risk" Gruppe im Laufe der Zeit eine höhere Inzidenz an Depressivität aufweist als die „low risk" Gruppe. Es könnte andere Ursachen für die wiederholt depressive Stimmung geben. Die gefundenen kognitiven Korrelate der depressiven Stimmung könnte man auch als kognitive Komponente einer affektiven Bewusstseinslage auffassen, die eine Folge von und nicht die Ursache für depressive Verstimmungen ist. Auf diese Annahme wird im Kapitel 8 zur depressiven Bewusstseinslage noch ausführlich eingegangen. Es ist ja bereits unumstritten und nachgewiesen, dass man in depressiver Stimmung eher geneigt ist, negativ valente und für außenstehende unangemessen wirkende, pessimistische und selbstabwertende Gedanken zu haben als in positiver oder neutraler Stimmung. Bei Personen, die häufig – wie auch immer ausgelöste – subklinische depressive Verstimmungen haben, kommt es dann sehr wahrscheinlich zu einer verbalen Festigung derselben pessimistischen und selbstbezogenen Gedanken (den sog. automatischen Gedanken). Damit wäre eine ganz individuelle verbal-kognitive Struktur entstanden, die immer bei negativer Stimmung aktiviert wird und den freien Gedankenstrom unwillkürlich prägt. Diese negativen selbstbezogenen Verbalisierungen wirken sich auf die Verarbeitung inhaltlich ähnlicher verbaler Information aus, wie sie typischerweise mit den genannten Fragebögen vorgegeben wird. Bei deren Beantwortung nimmt man dann eine ebenso negative und pessimistische Haltung ein, wie bei den selbstbezogenen automatischen Gedanken. Stimmungskorreliertes kognitives Verhalten liefert also auch dann noch keinen Beleg für das Vorliegen eines kausalen kognitiven Faktors, wenn es längsschnittlich vor einer klinisch relevanten Episode gemessen wurde. Die Ergebnisse der bereits erwähnten Studien mit Remittierten (ehemals Depressiven) unterstützen die Angemessenheit einer solchen Annahme. In verschiedenen Studien konnte gezeigt werden, dass ehemals Depressive im remittierten Zustand nur dann höhere Werte in der DAS (Dysfunctional Attitude Scale) aufweisen als Nichtdepressive, wenn vor der Messung eine negative Stimmung induziert wurde (Marenda & Person, 1988; Marenda, Person & Biers, 1990; Roberts & Kassel, 1996). Die Ergebnisse zeigen, dass eine erhöhte Tendenz zu negativ überzogenen und verallgemeinernden Aussagen über sich besonders dann stark vorhanden ist, wenn man nachweislich schon eine Wochen oder Monate andauernde Phase depressiver Stimmung erlebt hatte. In dieser Zeit können solche stimmungstypischen Bewertungen gefestigt worden sein. Es ist anzunehmen, dass auch häufige subklinisch depressive Verstimmungen einen ähnlichen Effekt haben. Dabei muss das Auftreten der Verstimmungen keineswegs durch irrationales oder dysfunktionales Denken veranlasst sein. Ebenso gut können wiederkehrende Belastungssituationen oder Frustrationen und Enttäuschungen gegeben sein, die nicht oder nur schwer zu bewältigen oder zu vermeiden sind. Auch biologisch (endogen) verursachte Stimmungsschwankungen könnten grundsätzlich zum gleichen Ergebnis führen. Befunde, die eine längere Phasendauer für eine Depression oder eine erhöhte Rückfallhäufigkeit für Depressive mit erhöhten Werten in der DAS (Dysfunctional Attitude Scale) feststellen, widersprechen dieser Interpretation nicht. In diesen Studien wurde nicht kontrolliert, ob eine positive Korrelation zwischen DAS-Werten und zeitgleicher depressiver Stimmung bestand. Damit soll jedoch keineswegs ausgeschlossen werden, dass dysfunktionales Denken depressionserhaltend sein kann. Dies ist offenbar mit den gebräuchlichen Messmethoden, die sehr stimmungssensitiv sind, schwer nachzuweisen.

Messung von Stressoren. Ein weiteres Problem der Forschung zu psychologischen Verursachungsmodellen (den Diathese-Stress-Modellen) ist eine methodisch noch unzureichende Erfassung der individuellen (sinnhaften) Bezogenheit von Stressoren zu persönlich bedeutsamen Zielen und Werten. In bisherigen Untersuchungen hat man weitgehend unabhängig voneinander versucht, Stressoren und irrationales Denken zu messen. Entweder hat man, wie in der Belastungs- und Coping-Forschung üblich, Stressoren allein durch Listen mit vorgegebenen Belastungsereignissen zu messen versucht und hat den angekreuzten Stressoren eine über viele Personen ermittelte durchschnittliche Belastungsintensität zugrundegelegt oder man hat die Intensität individuell durch eine Likert-Skala (in der Regel während der Depression) erfragt (Wise & Barnes, 1986; Barnett & Gotlib, 1990). Andere Studien haben das bloße Auftreten von Stressoren und Belastungen vor der Depressiven Episode erfragt (Power, 1988; Robins & Block, 1989) und via DAS oder ähnlichen Skalen versucht, irrationales Denken zu messen. Mit der Modifikation der kognitiven Depressionstheorie von Beck hat man eine Beziehung zwischen Stressor und persönlicher Bedeutung herzustellen versucht. Dort wird zwischen soziotrop oder autonom motivierten Personen unterschieden (durch Selbsteinschätzungsfragebögen) und angenommen, dass bei Personen, denen soziale Zugehörigkeit, Bestätigung und Geselligkeit wichtig sind, nur soziale Stressoren eine Depression bewirken (Beck, Epstein & Harrison, 1983). Autonom Motivierte, die dagegen starken Wert auf Unabhängigkeit, eigene Leistungsfähigkeit und persönliche Integrität legen, seien für Stressoren vulnerabel, die diese Ansprüche bedrohen. Wenn man individuelle Entstehungsgeschichten aus der klinischen Praxis heranzieht, in denen deutliche Hinweise auf psychische Stressoren mit zeitlichem Bezug zum Depressionsbeginn gegeben sind, so dürfte eine Kategorisierung in „soziotrope" und „autonome" Stressoren in vielen Fällen schwer fallen. Außerdem lassen sich sicherlich Personen finden, die in den verwendeten Fragebögen keine ausgeprägte Dominanz eines soziotropen oder autonomen Motivs erkennen lassen, sondern die im mittleren Bereich liegen und dennoch in Verbindung mit einem bedeutsamen Stressor depressiv geworden sind. Ein vielversprechender, alternativer Ansatz wäre meines Erachtens, die im Rahmen der RET (Rational-Emotiven-Therapie) übliche Technik zur Ermittlung von unbedingten, irrational überzogenen Forderungen (musts, shoulds, oughts) anzuwenden. Damit könnte man anstelle der sonst erhobenen allgemeinen Neigung zu irrationalen Einstellungen ganz individuelle und konkrete irrationale Ansprüche erfassen, die wahrscheinlich besser mit den individuellen Stressoren vor Depressionsbeginn in Verbindung zu bringen sind. Allerdings ist diese Methode mit einem erheblichen Mehraufwand verbunden.

3. Willentliche und unwillkürliche Nutzung von Ergebnisinformation

Die Wahrnehmung und Bewertung von Handlungsergebnissen und von späteren Folgen dieser Handlungen ist Bestandteil zahlreicher Theorien der Motivationspsychologie. Auch wenn die Funktion von Ergebnisinformation in diversen Theorien unterschiedlich gesehen und formalisiert wird, so deutet deren konsistente Beachtung bereits darauf hin, dass sie eine zentrale Bedeutung für die Motivierung von Verhalten in ganz unterschiedlichen Realitätsbereichen hat. Im Folgenden werden einige motivationstheoretische Ansätze besprochen, die auf mögliche Wirkungswege von Ergebniswahrnehmungen verweisen. Damit soll verständlich werden, dass die Konzentration auf Untersuchungen zur Ergebniswahrnehmung im Rahmen experimenteller Depressionsforschung gute Gründe hat. Wenn man generell davon ausgehen kann, dass die Ergebniswahrnehmung bei psychisch gesunden Personen das Wohlbefinden, die Zuversicht und Tatkraft beeinflusst, so ist die Frage beinahe zwingend, ob Depressivität durch eine defekte oder verzerrte Ergebniswahrnehmung verursacht oder zumindest aufrechterhalten und verlängert wird. Ein immer wieder gehegter Verdacht in einschlägigen Untersuchungen zur Depression ist, dass Depressive die tatsächliche Quote ihre Erfolgserfahrungen unterschätzen und Misserfolgserfahrungen überschätzen, bzw. dass eben ein depressionstypisches Wahrnehmungsdefizit vorliegt. In der ursprünglichen, wie auch in der reformulierten Hilflosigkeitstheorie (Abramson, Seligman &, Teasdale, 1978) wurde ein solches Wahrnehmungs- und Lerndefizit explizit angenommen, nämlich die grundsätzliche Unfähigkeit Depressiver, real erfahrene Handlungsergebnis-Kontingenzen realistisch wahrzunehmen.

Bei den nachfolgend diskutierten Motivationstheorien handelt es sich hinsichtlich der Ergebnisinformation meistens um Handlungsergebnisse zur

Erreichung eines angestrebten Ziels. In dieser Übersichtsarbeit zur Informations-verarbeitung De-pressiver wird der Begriff Ergebnisinformation weiter gefasst. Darunter werden beispielsweise auch soziale Bewertungen durch andere Personen verstanden, die kein direktes Resultat eigener Handlungen sind, und die in vielen Fällen auch nicht intendiert sind. Es ist dennoch legitim sie dem Begriff Ergebnis-information zuzuordnen, weil die Beurteilungen durch andere meistens zu einem erheblichen Teil auf der Beobachtung des eigenen Verhaltens und Handelns beruhen, auch wenn natürlich wertungsrelevante Dispositionen wie Einstellungen, Werthaltungen und subjektive Maßstäbe der anderen Person einen entscheidenden Einfluss auf das Bewertungsergebnis haben. Ein weiterer Grund für eine breite Begriffsdefinition ist, dass im Alltagsleben bewertende Rückmeldungen durch andere Personen eine sehr häufige Art von selbstbezogener Information darstellen. Günstige soziale Bewertungen können in diesem Sinne ähnlich wie erwünschte Leistungs- oder andere Handlungsergebnisse in starkem Maße positive selbst-bezogene Affekte wie Zufriedenheit, Stolz und hohes Selbstwertgefühl auslösen. Ungünstige Bewertungen können ebenso wie Misserfolge Ärger, Traurigkeit, Scham oder Verzweiflung nach sich ziehen. Aber auch der soziale Kontext (etwa die bloße Anwesenheit anderer Personen) beeinflusst bei Leistungshandlungen unabhängig vom Handlungsergebnis die Affektlage und die Selbstbewertung. Dies zeigen die in Kapitel 5 und 7 dargestellten Theorien und experimentellen Untersuchungen.

3.1 Erwartung als Folge iterativer Handlungsergebnisse

Der Wahrnehmung und Bewertung von Informationen über Handlungsergebnisse und weitere Folgen eigenen Handelns wurde seit vielen Jahren unabhängig von der Depressionsforschung in zahlreichen Motivationstheorien eine zentrale Funktion zugeschrieben. So wird bei allen so genannten Erwartungs-x-Wert-Theorien ange-nommen, dass denkbare positive (erwünschte) und negative (unerwünschte) Effekte einer noch abzuwägenden eigenen Handlung ins Spiel kommen, bevor eine Absicht gebildet, die Handlung geplant oder ausgeführt wird. Bei allen kognitiv vermittelten Handlungsentschlüssen wird demnach antizipatorisch die Motiva-tionslage geklärt, indem mehr oder weniger ausgiebig die denkbaren unmittelbaren und längerfristigen Effekte des eigenen Handelns bewertet (Wert-Komponente) werden und für jeden dieser Effekte die subjektive Wahrscheinlichkeit des Eintretens geschätzt wird (Erwartungs-Komponente). Die beiden kognitiv-motivationalen Komponenten Erwartung und Anreiz werden im besten Fall auf der Basis von realen Erfahrungen gebildet. Mit zunehmender Handlungs-Ergebnis-Erfahrung in einem Realitätsbereich sollten sich die Erwartungen, beispielsweise beim Leistungshandeln, mehr und mehr auf die konkreten Erfahrungen eigener Handlungsergebnisse stützen. Idealerweise ergibt sich basierend auf wiederholte Zyklen von Handlungen und deren Ergebniswahrnehmung eine rationale und zunehmend genauere Voraussage (Erwartung) der erwünschten und unerwünschten Effekte eigenen Handelns. Das Resultat eines solchen kognitiv-antizipatorischen Motivationsprozesses wird in manchen Theorien resultierende motivationale Tendenz oder Motivationsstärke genannt, die aus der Summe aller Erwartung-x-Wert-Produkte für die positiven abzüglich der Summe für die unerwünschten Effekte „errechnet" wird. Die meisten Erwartungs-x-Wert-Modelle gehen davon aus, dass die verfügbare oder denkbare Ergebnisinformation bewusst wahrgenommen und willentlich für das Abwägen von subjektiv mehr oder weniger wichtigen Handlungsanreizen herangezogen wird. Es wurde allerdings auch immer wieder kritisch angemerkt, dass wohl nur wenige Handlungsabsichten im Alltag derart elaboriert und rational erzeugt werden. Aber auch wenn man die Gültigkeit dieser Modelle auf persönlich wichtige und riskante Entscheidungen beschränkt, so könnten sie dennoch für die Depressionsforschung nützlich sein. Aus den Erwartungs-x-Wert-Modellen lassen sich mögliche kognitiv-motivationale Ursachen für das verringerte Aktivitätsniveau bei Depressiven ableiten. Eine „Störung" oder neutraler ausgedrückt, eine Veränderung der Absichtsentwicklung bei Depressiven könnte durch die Verringerung der Wichtigkeit der Anreize einer Handlung gegeben sein. Dies würde der syndromalen Beschreibung depressiver Symptome entsprechen, bei der von einem Anreizverlust ausgegangen wird. Eine weitere Möglichkeit bestünde darin, dass die Wahrscheinlichkeiten (Erwartungen) des Auftretens unerwünschter Handlungseffekte bei depressiver Stimmungslage höher und die von erwünschten Effekten tiefer eingeschätzt werden als bei normaler oder gehobener Stimmung. Eine dritte Möglichkeit wäre, dass nicht die Art absichtsbezogenen Denkens verändert ist, sondern dass es in depressiven Phasen seltener spontan bzw. selbstinitiiert auftritt, weil Depressivität mit einem unwillkürlichen Drang verbunden ist, über die eigene Lage und Vergangenheit nachzudenken. Eine denkbare Folge davon wäre, dass die Handlungen Depressiver mehr und mehr von außen, durch soziale andere oder durch situative Zwänge angeregt werden müssen und dass ohne Fremdanregung diejenigen Handlungen bevorzugt werden, die wenig Abwägungsaufwand erfordern.

3.2 Anspruchsniveau als Folge iterativer Handlungsergebnisse

In der Theorie der resultierenden Valenz (Lewin, Dembo, Festinger & Sears, 1944) werden zyklischen Ereignisabfolgen von Leistung und den darauf folgenden Selbstbewertungsreaktionen explizit thematisiert. Dabei wird zurecht und empirisch gut belegt darauf hingewiesen, dass für die subjektive Bewertung eines Leistungsergebnisses als Erfolg oder Misserfolgs keineswegs die objektive Schwierigkeit der Aufgabe entscheidend ist, sondern das so genannte Anspruchsniveau. Damit ist eine subjektiv verbindliche Zielsetzung in Form einer Aufgabenschwierigkeit oder einer Leistungsgüte gemeint. Die wahrgenommene Diskrepanz des aktuellen Leistungsergebnisses zum Anspruchsniveau bestimmt dann, wie intensiv ein Ergebnis als Erfolg oder Misserfolg erlebt wird. Im Verlauf von mehreren Zyklen von Handlungen und deren Ergebnisbewertungen besteht nun die Möglichkeit, sein Anspruchsniveau gewissermaßen zu adjustieren, d.h. den Ergebniserfahrungen anzupassen. Theoretisch erwartet wird ein Anheben des Anspruchsniveaus nach einem Erfolg und das Senken nach einem Misserfolg. Große Diskrepanzen zum Anspruchsniveau machen ein Anheben bei Erfolg oder Absenken bei Misserfolg wahrscheinlicher als kleinere Diskrepanzen. Als motivational günstig bzw. rational wird ein Anspruchsniveau betrachtet, dass nicht zu stark über dem durchschnittlich erreichten Schwierigkeitsgrad bzw. der durchschnittlichen Leistungsgüte liegt. Das Gelingen sehr leichter Aufgaben sollte ebenso wie das Misslingen sehr schwerer Aufgaben theoriegemäß noch keine emotionalen Wirkungen haben. Dagegen soll das Erfolgserlebnis dann am intensivsten sein, wenn das erreichte Resultat weit über dem bisherigen Leistungsstandard liegt. Kommt es infolge einer stetigen Steigerung der Leistungen zu einer allmählichen Erhöhung des Anspruchsniveaus, so soll theoretisch ein gleichbleibendes Erfolgsgefühl resultieren, auch wenn schlussendlich das endgültige Leistungsniveau stark über dem anfänglichen Niveau liegt. Das Erfolgsgefühl soll sich also nicht nach der absoluten Leistungshöhe, sondern nach dem aktuellen Anspruchsniveau richten. Die Bereitschaft das Anspruchsniveau nach deutlicher Leistungssteigerung zu erhöhen, soll größer sein, als es nach deutlichem

Misserfolg zu senken. Dieser Asymmetrie liegt die Motivation zugrunde, das Selbstbewusstsein bzw. das Ich-Niveau (Hoppe, 1930) hoch zu halten.

Das Konstrukt des Anspruchsniveaus ist auch in die Theorie der Leistungsmotivation (McClelland, 1958; Atkinson & Litwin, 1960) eingegangen. Dort wird angenommen, dass die individuelle Setzung des Anspruchsniveaus auch durch die Erhöhung der persönlichen Wichtigkeit der Leistungshandlung moderiert wird. Bei hoher Wichtigkeit führen positive Zieldiskrepanzen zu einer größeren Steigerung und negative zu einer größeren Senkung als bei geringer Wichtigkeit. Ein weiterer Einflussfaktor für die Setzung des Anspruchsniveaus ist das Einführen von sozialen Bezugsnormen wie beispielsweise das Verhalten und das wahrgenommene Prestige des Versuchsleiters oder von anwesenden Zuschauern. Auf die Depressionsforschung übertragen, liesse sich nun fragen, ob Depressive zur Setzung eines überhöhten Anspruchsniveaus neigen, und deshalb mehr Diskrepanzerfahrungen zwischen Resultat und Anspruch machen. Eine andere Möglichkeit wäre, dass Depressive den Anspruch nicht grundsätzlich höher setzen als Nichtdepressive, dass sie aber sensitiver für eine Abweichung sind, und sich mehr als Nichtdepressive für solche Abweichungen verantwortlich fühlen. Meines Wissens wurde diese Frage bisher nicht systematisch erforscht.

3.3 Anreiz / Wert als Folge iterativer Handlungsergebnisse

Das Risikowahl-Modell (Atkinson, 1957) wird als eine Fortentwicklung der Theorie der resultierenden Valenz betrachtet (Heckhausen, 1989). Es ist für den Spezialfall der Wahl einer Leistungsaufgabe eines Typs entwickelt, die sich lediglich in ihrer Schwierigkeit von anderen unterscheidet. Der subjektive Anreiz zum Leistungshandeln sei durch Vorwegnahme der affektiven Selbstbewertung nach Erfolg (Stolz) oder Misserfolg (Scham) gegeben. Die Intensität des Anreizes (Wert) wird in Atkinsons Theorie nicht wie in anderen Modellen als subjektive Größe erfragt, sondern als reine Funktion der wahrgenommenen Aufgabenschwierigkeit operationalisiert. Geringe Erfolgswahrscheinlichkeiten haben einen hohen, niedrige einen geringen Anreiz. Atkinson unterscheidet erstmals in einem Erwartungs-x-Wert-Modell aufgabenspezifische und stabile Dispositionen der Person. Das Anspruchsniveau wird als flexible und aufgabenspezifische

Disposition aufgefasst. Für jede Wahl einer Leistungshandlung (Aufgaben-schwierigkeit) nimmt Atkinson an, dass der Anreiz der verschiedenen Schwierig-keiten durch die Ausprägung des *Erfolgsmotivs* und des *Misserfolgsmotivs* (als stabile Dispositionen) moderiert wird, die beide interindividuell variieren können. Demnach wäre für eine Person mit stark ausgeprägtem Erfolgsmotiv und einer geringen Furcht vor Misserfolg eine hohe Aufgabenschwierigkeit sehr attraktiv. Bei der Wahl einer Leistungshandlung, genau gesagt eines Schwierigkeitsrisikos bestünde für jedes Individuum ein mehr oder weniger starker Konflikt zwischen der Erfolgstendenz (Hoffnung auf Erfolg) und der Misserfolgstendenz (Furcht vor Misserfolg). Formal werden die beiden antagonistischen Motivationstendenzen subtrahiert, was dann die resultierende Motivationstendenz ergibt. Es wird angenommen, dass die Aufgabenschwierigkeit mit der höchsten resultierenden Tendenz die individuelle Wahl der Aufgabenschwierigkeit bestimmt. Eine bemerkenswerte Vorhersage des Modells ist, dass Personen, deren Erfolgsmotiv stärker als die Misserfolgsfurcht ist, eher mittlere Schwierigkeiten bevorzugen. Personen mit höherer Misserfolgsfurcht sollen eher sehr hohe oder geringe Schwierigkeiten präferieren. Im Falle eines Misserfolgs bei hoher Schwierigkeit, wäre die antizipierte Scham gemindert, weil die Aussichten ja ohnehin gering waren. Ein Erfolg bei hoher Schwierigkeit wäre umso erfreulicher, weil er unwahr-scheinlich schien. Für die Wahl einer geringen Schwierigkeit spricht die hohe Sicherheit, Erfolg zu haben. Für Misserfolgsängstliche besteht bei der Schwierig-keitswahl ein ständiger Konflikt zwischen einer leichten und schwierigen Aufgabe.

Noch nicht untersucht ist meines Wissens, ob sich während einer depressiven Episode die Misserfolgsfurcht erhöht und sich dementsprechend die Risikowahl verändert. Falls Depressive, wie in der Hilflosigkeitstheorie angenommen, eine verzerrte also inadäquate Wahrnehmung der Handlungsergebnisse hätten, wäre ihnen auch keine angemessene Schwierigkeitseinschätzung möglich. Die Aufgabenwahl könnte nicht mehr als erfahrungsbasierte Misserfolgsrisikoschät-zung stattfinden. Sie würde unter großer subjektiver Unsicherheit, also eher zufällig oder als Resultat einer erfahrungsunabhängigen, negativen Selbsteinschät-zung geschehen. Eine allmähliche Kompetenz- oder Leistungssteigerung aufgrund wiederholter Erfolgs- und Risikosteigerungszyklen wäre erschwert.

3.4 Generalisierte Kontrollierbarkeitserwartung

Rotters soziale Lerntheorie (Rotter, 1954) ist eine weitere Variante der Erwartungs-x-Wert-Modelle. Das Verhaltenspotential einer bestimmten Verhaltensweise in einer spezifischen Situation ist nach Rotter (1955) eine Funktion von Erwartung und dem Bekräftigungswert. Insoweit entsprechen diese Konstrukte der subjektiven Wahrscheinlichkeit und der Valenz in der Theorie der resultierenden Valenz. Allerdings nimmt Rotter keine multiplikative Verknüpfung beider Grössen an. Rotter nimmt ebenso wie Tolman an, dass die wiederholte Erfahrung, dass die eigene Handlung mit spezifischen Folgen von bestimmtem Befriedigungswert verbunden ist, zur Ausbildung einer Erwartung über die entsprechende Handlungs-Folge-Kontingenz führt. In einer gegebenen Situation setzt sich jeweils die Verhaltensalternative mit dem größten Verhaltenspotential durch. Weil menschliches Lernen nach Rotters Meinung mehrheitlich im sozialen Kontext stattfindet und die Befriedigung eigener Bedürfnisse sehr oft nur mit Beteiligung anderer Personen möglich ist, nennt er sein Modell soziale Lerntheorie.

Ein wesentlicher Unterschied zum Erwartungskonzept in anderen Theorien ist Rotters Annahme, dass sich die Erwartung über eine Verhaltens-Ergebnis-Kontingenz aus einer spezifischen und einer generellen Komponente zusammensetzt. Die spezifische Erwartungskomponente entsteht aus der Erfahrung bestimmter Verhaltens-Ergebnis-Kontingenzen in einem eng auf die Handlung bezogenen Realitätsbereich. Daneben hätte die Person aber auch eine sehr generelle, sich über weite Bereiche der sozialen Realität erstreckende Erwartung über die Wirksamkeit eigenen Handelns. Entweder besteht die generalisierte Erwartung bzw. Überzeugung, das Bekräftigungsereignis (die gewünschten Handlungsfolgen) unter eigener Kontrolle zu haben oder dass dessen Eintreten external kontrolliert (durch andere Personen, das Schicksal, von Gott gegeben) ist oder dass es zufällig ist. Solche Überzeugungen seien zwar stark kulturell bzw. zeitgeschichtlich verankert, sie seien aber auch im selben kulturellen Kontext interindividuell verschieden. Für fähigkeitsabhängige (kontrollierbare) Handlungsfolgen wird nun in Abhängigkeit von der bisher erlebten Bekräftigungsquote eine andere Löschungsresistenz erwartet als für subjektiv zufallsabhängige Folgen. Rotter und Mitarbeiter konnten zeigen, dass der in Tierexperimenten wiederholt bestätigte Befund, dass die Löschungsresistenz eines Verhaltens bei mittlerer Bekräftigungsquote (etwa 50 %) am größten ist, im Humanbereich nur für

Aufgaben gilt, die für zufallsabhängig gehalten werden. Sofern das Aufgabenresultat als fähigkeitsabhängig betrachtet wird, so erzeugt eine Bekräftigungsquote von 100 % die höchste Löschungsresistenz.

Diesem Ansatz entsprechend wurde für Depressive im Einklang mit der Hilflosigkeitstheorie erwartet, dass sie eine generalisierte Erwartung der Unkontrollierbarkeit haben und dass sie sich bei einer unterschiedlichen Sequenzen von Erfolgen und Misserfolgen jeweils so verhalten als seien die Ergebnisse zufällig und nicht durch eigene Fähigkeit verursacht. Man nimmt an, dass Depressive demzufolge ihre Erwartungen für bevorstehende Handlungsergebnisse nicht den bisherigen Ergebnisrückmeldungen anpassen. Eines der noch zu berichtenden Experimente zur Ergebniswahrnehmung (Studie 5) beschäftigt sich noch eingehend mit der Frage der subjektiven Kontrollierbarkeit von Ereignissen bei depressiv verstimmten Personen.

3.5 Die Erwartung nützlicher Handlungsergebnisfolgen

Mit *Vrooms Instrumentalitätsmodell* (Vroom, 1964) wurden Untersuchungen zur Anstrengungsbereitschaft (Sanders, 1973) bei Postangestellten und zur tatsächlichen Leistung bei Industriemanagern (Lawler, 1968) durchgeführt. Die Instrumentalitätstheorie ist eine Spezialvariante eines allgemeinen Erwartungs-x-Wert-Modells der Motivation. Dort wird (nicht immer explizit) angenommen, dass an vielen Arbeitsplätzen nicht die Valenz (die subjektive Wichtigkeit) des unmittelbaren Handlungsergebnisses die entscheidende Anreizkomponente darstellt, sondern die Instrumentalität (die Wahrscheinlichkeit) mit der bestimmte Ergebnisniveaus zu späteren Handlungsfolgen führen, wie etwa Anerkennung durch Vorgesetzte, höheres Gehalt, Beförderung, Sicherheit vor Entlassung usw. In den beiden genannten und vielen anderen Felduntersuchungen wurden deshalb 2 unterschiedliche Wert-Komponenten erhoben, nämlich die subjektiven Anreize der erwarteten Handlungsfolgen, die mit einer bestimmten Leistung verbunden sein können und die subjektive Überzeugung, dass mit einem bestimmten Leistungsniveau diese Folgen auch tatsächlich eintreten werden (Instrumentalität). Außerdem wurde noch – wie in allen Erwartungs-x-Wert-Modellen üblich – die Erwartung (die subjektive Sicherheit) erhoben, dass man durch eigenes Handeln das betreffende Leistungsniveau wirklich erreichen kann. Interessant an diesem

Modell ist, dass es nicht beansprucht die tatsächliche Leistung, sondern lediglich die Anstrengungsbereitschaft vorherzusagen. Die tatsächliche Leistung sei dagegen ein Produkt der aufgewendeten Anstrengung und der Fähigkeit für den betreffenden Leistungsbereich. Vrooms Modell ist für den speziellen Bereich der Arbeitswelt konzipiert. Hierzu gibt es keine Untersuchungen mit Depressiven, obwohl es keine uninteressante Frage wäre, ob sich mit der Depressivität auch die Einschätzung der Erreichbarkeit (Instrumentalität) von thematisch anderen, nicht der Handlung selbst entsprechenden Folgen verändert.

3.6 Postaktionales Bewerten von Handlungsergebnissen

Im Rubikon-Modell der Handlungsphasen teilen Heckhausen (1987) und Gollwitzer (1986) einen idealtypischen Handlungsablauf in 4 Phasen, eine präintentionale Phase des Abwägens einer möglichen Zielvorstellung (entspricht weitgehend dem Abwägen in den Erwartungs-x-Wert-Modellen), eine Phase des handlungsvorbereitenden Planens, die durch die Bildung einer verbindlichen Absicht eingeleitet wird, die Phase der Absichtsrealisierung, in der Handlungen zur Zielerreichung ausgeführt werden und schliesslich die postaktionale Bewertungsphase. Letztere bietet die Möglichkeit, den Handlungsverlauf und das Handlungsergebnis rückblickend zu bewerten. Zunächst kann bewertet werden, ob das Handlungsziel überhaupt erreicht ist und ob die Handlung deaktiviert werden kann oder ob die Realisierungsabsicht noch weiter verfolgt, modifiziert oder ganz aufgegeben werden soll. Außerdem kann bewertet werden, ob das Handlungsergebnis den Kriterien für die Zielerreichung bzw. dem eigenen oder dem sozial übernommenen Anspruchsniveau genügt. Damit wird die Frage beantwortet, ob und warum man eine Leistungshandlung als Erfolg oder Misserfolg wertet. Die bisher genannten Bewertungen entsprechen primär einer intendierten, willentlichen Nutzung von Ergebnisinformation.

Zu einer unwillkürlichen automatischen Verarbeitung von Ergebnisinformation kann es bei schwerwiegenden persönlichen Misserfolgen kommen. Dann kann ein perseverierender Gedankenstrom ausgelöst werden, der zwischen Konstatierung des Misserfolgs und negativer Selbstbewertung hin und her kreist. Dies sei besonders bei Personen mit einer dispositionellen Lageorientierung und bei Depressiven der Fall (Kuhl, 1984; 1985). Ein solches Perseverieren von misserfolgsbezogenen Gedanken sei ein funktionales Defizit von Depressiven und von

Lageorientierten, da es Kapazität im Arbeitsgedächtnis beanspruche und das Initiieren und Ausführen aktuell anstehender Aufgaben behindere. Lageorientierung wird als eine Bewusstseinslage verstanden, die mit einer erhöhten Neigung verbunden ist, die aktuelle Befindlichkeit (die Lage) bzw. zurückliegende Misserfolge zu analysieren. Das hier postulierte perseverierende Denken Depressiver scheint gut dem klinischen Eindruck zu entsprechen und könnte als eine, über ein einzelnes Handlungsergebnis hinausgehende depressionstypische „Lageorientierung" verstanden werden.

Der klinische Eindruck bzw. die Berichte Depressiver über ständiges sorgenvolles Grübeln sind jedoch noch keine ausreichende Bestätigung für die von Kuhl angenommene dysfunktionale Wirkung auf die Kapazität des Arbeitsgedächtnisses und die Ausführung von anstehenden Handlungen. Es könnte durchaus sein, dass Depressive zwar in Phasen ohne aufmerksamkeitsbindende Aktivität einen, im Vergleich zu Nichtdepressiven gesteigerten Drang haben, über vorausgehende Misserfolge und Handlungsfehler nachzudenken. Aber die Fehleranalyse und die Auseinandersetzung mit eigenem Scheitern könnte durchaus funktional sein. Dies gilt vor allem dann, wenn die betroffenen Handlungsfelder von hoher Wichtigkeit sind, und man in diesem Bereich künftig wieder Handeln will oder muss. Bislang gibt es meines Wissens keine Studie, die das Ergebnis depressiven Grübelns hinsichtlich seiner Funktionalität für die Erreichung individueller Ziele untersucht hat. Die von Kuhl postulierte Dysfunktionalität bezieht sich auf die Interferenz von retrospektivem Grübeln und der Ausführung einer anstehenden Handlung, die thematisch nichts mit dem Inhalt des Grübelns zu tun hat. Meines Wissens ist es bislang nicht nachgewiesen, dass Depressive es nicht schaffen das retrospektive Nachdenken zugunsten einer gerade übernommen oder bereits begonnenen Handlungsausführung zu unterbrechen oder so zu verringern, dass die Handlungsausführung nicht beeinträchtigt wird. Es gibt überraschend viele Befunde, dass sowohl mild depressiv Verstimmte wie auch klinisch Depressive bei den gängigen Laboraufgaben zur Untersuchung des kognitiven und des Leistungsverhaltens genauso gut, mitunter sogar besser abschneiden als Nichtdepressive. Dies trifft auch für 2 nachfolgend berichtete eigene Untersuchungen (Studien 2 und 5) zu. Daraus kann man schließen, dass es bei depressiver Stimmung nicht notwendigerweise oder ständig zu einer Leistungsbeeinträchtigung durch perseverierendes Grübeln kommt.

Im vorausgehenden Abschnitt wurde das postaktionale Bewerten eigener Handlungen im Hinblick auf die Frage der Zielerreichung und der Analyse von Misserfolg betrachtet. Meyer et al. (1976) nennen eine weitere Motivation für die Auswertung einer gerade abgeschlossenen und früherer Leistungshandlungen im thematisch ähnlichen Bereich. Die Analyse kann dazu dienen, begründete *Schlussfolgerungen über die eigene Fähigkeit oder Tüchtigkeit* in diesem Realitätsbereich ziehen zu können. So kann es nach Meyer et al. (1976) sein, dass bereits die Schwierigkeitswahl bei einem Aufgaben-Typ nicht primär der Maximierung des positiven Affektes dient, sondern gezielt der Gewinnung von Information über die eigene Fähigkeit oder Tüchtigkeit. In verschiedenen Untersuchungen von Meyer et al. konnte gezeigt werden, dass Erfolgsmotivierte die angebotenen Möglichkeiten, genauere Information zu ihren Leistungen zu erhalten, häufiger nutzen als Misserfolgsmotivierte. Das Einholen von Ergebnisinformation scheint aber nicht nur von der dispositionellen Motivausprägung sondern auch von der Aufgabenschwierigkeit beeinflusst zu werden. Bei mittlerer Schwierigkeit suchen – im Einklang mit dem Risikowahlmodell – Erfolgsmotivierte am häufigsten Rückmeldung und Misserfolgsmotivierte am seltensten. Bei hoher Aufgabenschwierigkeit unterscheiden sich beide Personengruppen jedoch nicht. Die Häufigkeit der freiwilligen Nutzung von Rückmeldeinformation ist für beide Gruppen nur etwas geringer als für Erfolgsmotivierte bei mittlerer Schwierigkeit. Das heißt, man fürchtet und meidet den potentiell negativen Affekt bei der Rückmeldung negativer Handlungsergebnisinformation nicht grundsätzlich.

In Untersuchungen mit Depressiven wird das häufigere Aufsuchen von misserfolgsbezogenen oder kritischen sozialen Rückmeldungen (im Vergleich zu Nichtdepressiven) von einigen Autoren als selbstwertschädigend und depressogen bewertet. In der Selbstverifikationstheorie (Swann, Wenzlaff, Krull & Pelham, 1992; Joyner, 1995; Giesler, Josephs, & Swann, 1996) wird Depressiven sogar eine Bedürfnis unterstellt, ein bestehendes negatives Selbstbild durch gezielte Bevorzugung von selbstbildbezogener negativer Information bestätigen zu wollen. Diese Theorie bietet die stärkste Variante einer Defizitannahme depressiver Informationsverarbeitung. Sie geht nicht wie andere Defizittheorien von einer Unfähigkeit zur realistischen Wahrnehmung aus, sondern von einer motivierten, absichtlichen Bevorzugung selbstwertmindernder Information. Swann et al. nehmen als Funktion eines solchen paradox erscheinenden Verhaltens das Bedürfnis nach Vorhersagbarkeit und Kontrolle an. In einigen Studien konnte im Einklang mit dieser Theorie ein höheres Interesse an kritischer sozialer Rückmeldung oder an misserfolgsbezogener Rückmeldung nachgewiesen werden. So konnten Swann und Mitarbeiter (Swann, Wenzlaff & Tafarodi, 1992; Swann, Wenzlaff, Krull, & Pelham, 1992) ebenso wie Gasparikova-Krasnec und Post (1984) und Joiner, Katz und Lew (1997) zeigen, dass Depressive im Vergleich zu Nichtdepressiven das Angebot eher nutzen, genauere Information über eine negative Rückmeldung zu erhalten. Nichtdepressive meiden eher eine weitere Beschäftigung mit einer unvorteilhaften Rückmeldung. Warum Depressive diese Präferenz zeigen, ist den Untersuchungsbefunden jedoch nicht zu entnehmen. Swann's These, dass Depressive ebenso wie Personen mit niedrigem Selbstwert eine Motivation haben, ihr negatives Selbstbild zu bestätigen, ist ebensowenig empirisch belegt wie die These, dass einem solchen Verhalten ein Bedürfnis nach Kontrolle und Vorhersagbarkeit zugrunde liegt. Das Aufsuchen von negativer oder selbstkritischer Informationen kann auch anders erklärt werden. Es könnte dem Ziel dienen, aus diesen Informationen zu lernen. Das Wahrnehmen und Anerkennen, dass man keine gute Leistung erbracht oder keinen guten Eindruck bei anderen hinterlassen hat, ist eine wichtige Voraussetzung für die Bereitschaft aus den Fehlern zu lernen, seine Anstrengung zu steigern bzw. seinen Eindruck bei anderen zu verbessern. In diesem Sinne würde das gezeigte Präferenzverhalten langfristig helfen, das Selbstbild positiv zu verändern und nicht das bestehende negative zu stabilisieren, wie Swann es annimmt. Eine weitere, weniger weitreichende Erklärung für das gefundene Präferenzverhalten wäre, dass Depressive eher als Nichtdepressive geneigt sind, beim Versuchsleiter einen guten Eindruck zu machen. Wenn im Experiment die Wahl zwischen negativer selbstbezogener Information und dem Vermeiden weiterer Information über die eigene Person gegeben ist, so könnten depressive Versuchsteilnehmer den Schluss ziehen, dass der Versuchsleiter es mehr schätzt, wenn man sich mit der gebotenen Information auseinandersetzt, anstatt sie zu meiden.

In vielen Paradigmen wird – wie großenteils auch in der kognitiv orientierten Forschung zur Depression – davon ausgegangen, dass es für die Gesundheit des Menschen essentiell ist, Häufigkeiten von Handlungsergebnissen und Ereigniskontingenzen realistisch wahrzunehmen. Eine realistische Wahrnehmung der Häufigkeit erwünschter und unerwünschter Handlungsergebnisse oder auch fremder Ereigniskontingenzen ermögliche, eine zutreffende Erwartung für die Wirksamkeit eigenen Handelns auszubilden und die Kontrollierbarkeit erwünschter und unerwünschter Ereignisse erkennen zu können. Dies wird als Voraussetzung für ein gesundes und effizientes Leben angesehen. Wie schon angedeutet, bestehen aber Zweifel daran, dass Menschen ihre Kompetenzerwartung vorwiegend aus statistischer Information (also aus episodenübergreifender Information) beziehen. Für die allermeisten Tätigkeiten und Aufgaben haben wir aber eine Fülle von ausführungsbezogenen episodischen Erinnerungen, die sinnvolle Hinweise auf unsere Fähigkeit oder Tüchtigkeit geben. Das Maß an Anstrengung und Zeit, das benötigt wurde, das Auftreten und Bewältigen von Schwierigkeiten im Handlungsverlauf, aber auch serielle Information, ob bei wiederholten Leistungen zunehmend mehr oder leichter Erfolge erzielt wurden oder ob das Ergebnismuster sehr wechselhaft war. Hinzu kommt, dass wir für sehr viele Leistungs- und Alltagsaktivitäten über konkrete, qualitativ-normative oder soziale Vergleichsinformation verfügen und diese für unsere Kompetenz- und Wirksamkeitseinschätzung benutzen können. Dies soll deutlich machen, dass man für sehr viele Bereiche die Wichtigkeit bloßer statistischer Information für die Wahrnehmung eigener Kompetenz relativieren kann.

4. Ergebniswahrnehmung: Ein forschungsheuristischer Rahmen

Im vorausgehenden Kapitel wurden verschiedene unwillkürliche und willentliche Nutzungsmöglichkeiten von selbstbezogener Ergebnisinformation dargestellt. Verschiedene Motivationstheorien, die eine Verwendung von Ergebnisinformation modellieren, wurden kurz referiert. Diese Übersicht zeigt die vielfältigen Funktionen, die Handlungs-Ergebnisinformationen bei der Motivierung von Entscheidungen und Handlungen in sehr unterschiedlichen Realitätsbereichen haben können. Sie bietet damit eine theoretische Grundlage für Fragestellungen zur depressionsspezifischen Verwendung von Ergebnisinformation. Von diesen Möglichkeiten wurden bisher nur wenige in der Depressionsforschung genutzt. Die Mehrzahl der Untersuchungen mit depressiv gestimmten Personen hat sich fast ausschliesslich auf die Frage konzentriert, ob Depressive in den verschiedenen Bereichen der Verarbeitung selbstbezogener Information von Nichtdepressiven abweichen. Dabei geht es meistens um die Messung der „Verarbeitungsleistung" im Vergleich zu Nichtdepressiven und viel zu wenig um die denkbaren stimmungsabhängigen Funktionen der jeweiligen Informationsverarbeitung. Damit soll gesagt werden, dass das Vergleichen von depressiver und nichtdepressiver Informationsverarbeitung zu einer „normativen" defizitorientierten Forschungsperspektive verleitet. Dabei wird leicht übersehen, dass Informationsverarbeitung auch bei Nichtdepressiven keine situations- und motivationsunabhängige Konstante ist, sondern dass sie sehr variabel ist. Die Defizitorientierung verstellt den Blick für unterschiedliche motivationale und situative Einflüsse für eine veränderte Informationsverarbeitung Depressiver, die nicht als Verarbeitungsdefizit interpretiert werden muss.

Weitere forschungsheuristische Fragen betreffen die Wahl der Aufgabe oder Handlung, bei der man depressionstypisches kognitives Verhalten untersuchen will, die Operationalisierung der abhängigen Variablen, in denen sich das kognitive Verhalten zeigen soll und evtl. die Operationalisierung von experimentell variierten unabhängigen Einflussgrößen, sofern neben der Depressivität weitere Variablen untersucht werden sollen. Diese Fragen sind in zweierlei Hinsicht von Bedeutung. Manche Theorien der Depression verwenden sehr unscharf oder sehr breit definierte Konzepte für die postulierten Defizite, so dass sehr unterschiedliche Präzisierungen für ihre Untersuchung denkbar sind. Hier gilt es zunächst einmal einen theoretischen Bezug der jeweiligen Operationalisierung zum theoretischen Konstrukt zu reflektieren und zu begründen. Der zweite Aspekt liegt in der Heterogenität solcher Operationalisierungen selbst. Wenn sich – wie dies für die kognitionspsychologische Forschung zur Depression gilt – über mehr als 30 Jahre Forschungsberichte zu einem speziellen Bereich der Informationsverarbeitung angesammelt haben, kommt es fast unvermeidlich zu widersprüchlichen Befunden, die eine eindeutige Interpretation der Befundlage erschweren. Ein Teil der Widersprüche lassen sich möglicherweise erklären, wenn man die unterschiedlichen Untersuchungssituationen und Operationalisierungen genauer betrachtet und vergleicht.

In der Beckschen Theorie wird beispielsweise ein sehr breites Spektrum an verzerrter bzw. irrationaler Informationsverarbeitung als depressionstypischer Stil der Informationsverarbeitung angenommen (selektive Verallgemeinerung, übergeneralisierende Schlussfolgerungen, Personalisierung, verabsolutierend-dichotomes Denken, willkürliche Schlussfolgerungen). Die genannten depressionstypischen Denkstile sollen sich auf die Wahrnehmung und Verarbeitung selbstbezogener Information, welt- oder umgebungsbezogener und zukunftsbezogener Information beziehen. Eine weitere Manifestation eines kognitiven Defizits sieht Beck in den dysfunktionalen oder irrationalen negativen Selbstschemata, die eine kognitive Diathese für die Depressionsentstehung sein sollen. Beide Konzepte sind unscharf und lassen grundsätzlich viele Messmöglichkeiten zu. Hinzu kommt, dass es sich einmal um prozessuale Konzepte des Urteilens oder Schlussfolgerns handelt und einmal um ein latentes strukturelles Konzept, was besondere Messprobleme mit sich bringt. Becks Theorie lässt völlig offen, welcher Teil der Verarbeitung von selbstbezogener Ergebnisinformation von dem jeweiligen Defizit betroffen ist. So könnten beispielsweise „willkürliche Schlussfolgerungen" ihren Ursprung darin haben, dass bereits bei der Aufnahme bzw. Enkodierung von selbstbezogener Information selektiert wird. Ebenso gut könnte es sein, dass die Aufnahme von Information unvoreingenommen geschieht, aber die Gewichtung von un- vorteilhafter und vorteilhafter Information einseitig ist und zu willkürlich erscheinenden Schlussfolgerungen führt.

Die Defizitkonzepte in der Theorie der Hilfosigkeitsdepression sind präziser. Dort wird als Folge einer real erlebten Nichtkontingenz zwischen eigenem Handeln und einem gewünschten Ergebnis (beispielsweise der Vermeidung eines aversiven Ereignisses) die mehr oder weniger generalisierte Erwartung der Unkontrollierbar- keit erwünschter und die Unvermeidbarkeit unerwünschter Ereignisse an- genommen. Diese Erwartung sei so stark (schematisch), dass sie das Wahrnehmen und Lernen von real gegebenen Handlungs-Ergebnis-Kontingenzen (Kontrollier- barkeit) beeinträchtigt. Aber auch diese wesentlich konkretere Annahme, lässt noch offen, in welchem Stadium des Wahrnehmungsprozesses ein realistisches Erkennen der eigenen Wirksamkeit verhindert wird. Im Folgenden soll deshalb ein forschungstheoretischer Rahmen für die Lokalisierung einer fehlerhaften oder unterlassenen Nutzung von Ergebnisinformation eingeführt werden.

Wenn es darum geht zu untersuchen, ob die Wahrnehmung und Verarbeitung von Ergebnisinformation Depressiver depressionsverursachend, depressionserhaltend und depresssionsverlängernd wirken könnte, muss zunächst präzisiert werden, welche Arten von Ergebnisinformation beim Handeln selbst und als Folge einer zielgerichteten Handlung entstehen können und welche davon für die experimen- telle Variation von Ergebnisinformation benutzt werden können. Dabei ist auch die Einbettung bzw. der raum-zeitlichen Bezug und die Modalität der Ergebnis- information im Strom der kognitiven Verarbeitungsprozesse für die Handlungsaus- führung zu beachten. Diese strukturelle Beziehung bestimmt die Schwierigkeit der Wahrnehmung von Ergebnisinformation. Dann muss geklärt werden, in welcher Beziehung eine entstandene Ergebnisinformation zur möglichen Zielvorstellung (zur aktualisierten Zielebene) der handelnden Person steht, d.h. wie bedeutsam die jeweilige Ergebnisinformation für die subjektive Bewertung der angestrebten Zielerreichung ist. Es könnte beispielsweise sein, dass sich mit der Depressivität auch die Wichtigkeit oder die Art des subjektiven Zielbezugs ändert.

4.1 Stimulusseitige Einflüsse

4.1.1 Ergebnisinformation zu einzelnen Handlungen

Grundsätzlich lassen sich bei Handlungen 3 chronologische Zielebenen unterscheiden (Heckhausen & Kuhl, 1985), bei denen Handlungsergebnisse oder Ergebnisfolgen entstehen können. Für bestimmte Handlungstypen lassen sich für jede Ebene die Arten von Ergebnisinformationen beschreiben, die vom Handelnden selbst potentiell wahrgenommen werden können. Ob dies der Fall ist, hängt jedoch nicht nur von der Stimulusseite, von der Art und Salienz der gegebenen Ergebnisinformation ab, sondern wird immer auch von personseitigen Einflussfaktoren mitbestimmt.

Die erste Ebene betrifft wahrnehmbare Effekte der *Handlungsausführung* selbst. Mit der Handlungsausführung können deutlich wahrnehmbare *affektive Empfindungen* der Anstrengung, der Konzentration, des Interesses bzw. ausführungsevaluative Empfindungen der Zufriedenheit, der Freude oder sogar das sog. Flow-Erlebens (Csikszentmihalyi, 1975) entstehen. Solche Empfindungen sind keineswegs nur irrelevante Nebenerscheinungen von Handlungen. Sie können Anreize für die Handlungswahl liefern und sie können als Information für die Bewertung der Schwierigkeit einer Handlung oder der eigenen Fähigkeit genutzt werden. Vor allem wenn andere bewertungsrelevante Informationen fehlen, ist beispielsweise das Ausmaß der erlebten Anstrengung (bei sportlichen Aktivitäten, beim Lösen einer kognitiven Aufgabe) geeignet, um die derzeitige Fähigkeit für den betreffenden Handlungsbereich einzuschätzen. Dies wird besonders dann genutzt werden, wenn Vergleichsinformation von anderen Personen sowie objektive Bewertungskriterien für die Ergebnisqualität fehlen. Die benötigte *Zeit* ist ebenfalls eine ausführungsbezogene Information, die wahrgenommen und für die Selbstbewertung herangezogen werden kann. Dies wird besonders dann der Fall sein, wenn Erwartungen, Vorinformationen oder Vergleichsinformationen zur Durchführungszeit verfügbar sind. Mit der Zeitwahrnehmung eng verbunden ist die *Annäherungs-*

geschwindigkeit an ein bestimmtes Ziel (velocity). In der Regel hat der Handelnde individuelles Vorwissen oder soziales Vergleichswissen über die handlungstypische Annäherungsgeschwindigkeit. Derartige Erwartungen führen je nach Differenz zur tatsächlich erlebten Geschwindigkeit zu positiven oder negativen Affektreaktionen und erlauben Schlussfolgerungen über die eigene Handlungskompetenz.

Die zweite Ebene betrifft das *Handlungsergebnis*. Für manche Handlungen gibt es dichotome Ergebnismöglichkeiten, man hat die gesuchte Lösung gefunden, das Ziel getroffen, den Fehler behoben, die Funktion eines Gerätes wiederhergestellt, einen aversiven Zustand vermieden oder beendet oder man hat es nicht. Andere Ergebnisse erlauben eine graduelle Bewertung, wobei in vielen Fällen die Festlegung und Anwendung von Zielerreichungs- oder Qualitätskriterien erforderlich ist. Diese Kriterien können objektiv messbar sein (benötigte Zeit, Strecke oder Entfernung – bei sportlichen Leistungen – Leistungsmenge, Anzahl der Fehler usw.) oder subjektive Selbst- oder Fremdbewertungen sein (Qualität einer musikalischen Darbietung, eines Vortrages, einer Lösungsstrategie usw.).

Die dritte Ebene schließlich betrifft mögliche Folgen des Handlungsergebnisses. Dabei sind *gleichthematische* und fremdthematische *Ergebnisfolgen* möglich. Die gleichthematische Folge eines Musikvortrags wäre gegeben, wenn der Vortrag vor der Jury einer Musikhochschule stattfindet, die aufgrund des Vortrags entscheidet, ob man zum Studium zugelassen wird. Die angestrebte gleichthematische Folge wäre dann eventuell nur ein Teil- oder Zwischenziel für die übergeordneten Ziele (für weitere Ergebnisfolgen), den Abschluss an der Musikhochschule zu erreichen und Berufsmusiker zu werden. Anstelle gleichthematischer Folgen kann das Ziel einer Handlung eine selbst gewählte oder von außen übernommene *fremdthematische Ergebnisfolge* sein, wie etwa der Gewinn oder Verlust einer Geldsumme. In experimentellen Depressionsstudien wurden gelegentlich Gewinn oder Verlust einer Geldsumme eingesetzt, um den Einfluss der Folgen (Gewinne / Verluste) auf die Wahrnehmung von Handlungs-Ergebnis-Kontingenzen (Alloy & Abramson, 1979) zu untersuchen, wobei das Gewinn-/Verlustereignis entweder völlig unabhängig vom Verhalten des Teilnehmers oder objektiv durch das Verhalten beeinflusst sein konnte. In anderen Studien zur Symbolischen Selbstergänzung (Wicklund & Gollwitzer, 1982) wurde die motivationale Wirkung zu erwartenden (mitgeteilter) Folgen untersucht. Dort bekamen Teilnehmern mit einem bestimmten, stark selbstverpflichtenden Ziel (ein guter Arzt, ein erfolgreicher Manager werden) eine Rückmeldung, die die Erreichbarkeit dieses Ziel entweder in Frage oder in Aussicht stellte. Geprüft wurde dann, ob von einer Auswahl von gleich anschließend gebotenen Aktivitäten eine Handlung gewählt wurde, die geeignet war, um das bedrohte Identitätsziel gewissermassen „symbolisch zu reparieren".

4.1.2 Informationen aus wiederholten Handlungsergebniserfahrungen

Die bisherige Charakterisierung von Ergebnisinformationen auf den 3 Zielebenen bezieht sich auf Anreize und ihre handlungssteuernden Qualitäten für eine bestimmte Handlung. Wie bereits in Kapitel 3 deutlich wurde, thematisieren viele Motivations- und Handlungstheorien die wiederholte Erfahrung von Ergebnisinformation eines bestimmten Handlungstyps. Wie dort gezeigt wurde, ist die wiederholte Erfahrung von Handlungsergebnissen für die stabile Entwicklung von Ergebniserwartungen, von Konzepten eigener Fähigkeit (Steigerung, Verlust), für das Anpassen eigener Anspruchsniveaus und das Übernehmen und Verändern einzelner Ergebnismerkmale zur Bewertung der Ergebnisqualität sehr bedeutsam. All dies wäre auf der Basis einer einzelnen Handlung kaum bzw. nur sehr unzuverlässig möglich. Mit dieser Auflistung ist noch einmal die vielfältige Nützlichkeit iterativer Ergebnisinformation verdeutlicht. Eine wichtige Frage ist nun, welcher informative Gehalt steckt in den wiederholten Ergebniserfahrungen zu einem Handlungstyp? Zum einen ist es sehr wahrscheinlich, dass man das aktuelle bzw. das zuletzt erzielte Handlungsergebnis mit dem vorausgehenden, mit weiteren früheren Ergebnissen oder mit den zielbezogenen Ansprüchen und Kriterien vergleicht. Eine andere wesentliche Informationsquelle ist der Verlauf einer Ergebnissequenz. Wer beispielsweise einen stetig steigenden Leistungsverlauf erfährt, wird eher vom Erwerb bzw. dem Besitz eigener Fähigkeit überzeugt sein, als jemand mit einem sehr wechselhaften Verlauf der Ergebnisse. Bei einem abfallenden Verlauf wird man in Erklärungsnot geraten und evtl. an der Fähigkeit zum Erwerb der betreffenden Handlungskompetenz zweifeln müssen. Bei wichtigen, identitätsstiftenden und langfristigen Handlungszielen wird man, selbst wenn man ein bestimmtes Fähigkeitsniveau erreicht hat, immer wieder darauf angewiesen sein, sich des Weiterbestehens dieser Fähigkeit (des Identitätsziels) durch Einholen entsprechender Handlungsergebnisse zu vergewissern. Es ist anzunehmen, dass Menschen im allgemeinen verlustaversiv sind (Kahnemann & Tversky, 2000), d.h. dass man besonders stark affektiv reagiert, wenn der vermeintliche Besitz einer identitätsstiftenden Fähigkeit durch eine aktuelle negative Ergebnisinformation erheblich in Frage gestellt wird, und dass man rasch versucht, die bedrohte bzw. beschädigte Identität durch entsprechende Handlungen symbolisch zu ergänzen (Wicklund & Gollwitzer, 1982) oder wiederzuerlangen (siehe Studie 6). Zur Bestätigung des Weiterbestehens einer erreichten Kompetenz wird man nicht unbedingt einen steigenden, aber zumindest einen ausgeglichenen Verlauf der Ergebnisqualität anstreben und erwarten.

In der kognitionspsychologischen Depressionsforschung ist die experimentell kontrollierte, wiederholte Darbietung von Ergebnisinformation die am häufigsten verwendete Art. Ein Beispiel hierfür sind Untersuchungen zur Kontingenzwahrnehmung, wie sie im Rahmen der Theorie der Gelernten Hilflosigkeit durchgeführt wurden. Dabei wird geprüft, ob Personen in der Lage sind, über eine größere Serie von Handlungs-Ergebnis-Kontingenzen hinweg, systematische Zusammenhänge von eigenen Handlungen und einem bestimmten Ergebnis zu erkennen. Die Frage ist dabei, ob Personen erkennen, wann sie ein erwünschtes Ereignis durch eine spezifisches Verhalten „bewirken" können und wann das erwünschte Ereignis unabhängig vom eigenen Verhalten, also zufällig und damit objektiv unkontrollierbar ist.

Die Wahrnehmung objektiver Kontingenzen ist eine komplexere Leistung als die Wahrnehmung bzw. das Urteil über die bloße Erfolgshäufigkeit. Für Depressive hat man im Rahmen der Hilflosigkeitstheorie der Depression angenommen, dass sie diese Fähigkeit – im Unterschied zu Nichtdepressiven – nicht besitzen und dass die generalisierte Erwartung, keine Kontrolle über wichtige Handlungsergebnisse zu haben zur Unfähigkeit führt, tatsächliche Kontrollmöglichkeiten zu erkennen. Mit Studie 5 wird auf diese Defizitannahme noch genauer eingegangen. Im Alltag besteht wahrscheinlich gar nicht oft die Notwendigkeit, die Kausalität von eigenem Verhalten und einem bestimmten Ergebnis aus einer langen Beobachtungsserie zu erschließen. Für sehr viele Handlungen haben wir spezifische Erwartungen der Kausalität, etwa durch kulturell geteiltes Handlungswissen bzw. durch genaue Kenntnis des kausalen Mechanismus. Dennoch spielt die Kontingenzwahrnehmung auch bei Handlungen, die man zweifelsfrei für fähigkeitsabhängig hält, eine wichtige Rolle. Eine Beispiel hierfür bezieht sich auf eine wahrscheinlich von vielen Menschen geteilte Erwartung, dass bei fähigkeitsabhängigen Aufgaben die Steigerung der Anstrengung mit einer Verbesserung der Ergebnisqualität korreliert sein sollte. Bei persönlich wichtigen Handlungen stellt sich also die sehr interessante Frage, wie stark die Erfahrung der real gegebenen Anstrengungs-Ergebnis-Kovariation von dieser Erwartung abweichen darf, bevor der Handelnde dies bewusst wahrnimmt und ab wann es Wirkung auf sein weiteres Verhalten hat. In einer Studie mit lageorientierten Personen – die nach Kuhl (1981; Kuhl & Helle, 1986) depressionstypisches Verhalten zeigen sollen – und mit handlungsorientierten Personen wurde experimentell geprüft, ob die tatsächliche Erfahrung einer positiven, einer Null- und einer negativen Kovariation zwischen Anstrengung und Leistung wahrgenommen wird und wie sich diese Erfahrung auf das Leistungsverhalten auswirkt (Rink, 1994). Die Erfahrung einer positiven Anstrengungs-Leistungs-Kovariation (mehrheitlich gute Leistungen nach hoher und schlechtere Leistungen nach geringer Anstrengung) und einer Null-Kovariation (genauso oft gute wie schlechtere Leistungen nach hoher und nach geringer Anstrengung) wurde weder unterschiedlich wahrgenommen (retrospektives Kontingenzurteil) noch wirkte sie sich unterschiedlich auf das Leistungsverhalten aus. Lage- und Handlungsorientierte verhalten sich bei objektiver Nichtkontingenz genau so als wäre eine erwartungsgemäße positive Anstrengungs-Leistungs-Kovariation gegeben. Bei der völlig erwartungswidrigen Erfahrung, dass bei hoher Anstrengung mehrheitlich schlechtere und bei geringer Anstrengung bessere Leistungen erzielt werden, reagieren Handlungsorientierte mit einer unwillkürlichen Anstrengungsminderung und einer Leistungseinbuße. Lageorientierte lassen sich dagegen nicht von der erwartungswidrigen negativen Kovariation von Anstrengung und Leistung demotivieren, obwohl sie die negative Kovariation ebenso genau erkannt haben wie Handlungsorientierte. Beide Personengruppen haben offenbar eine unterschiedliche Toleranz für erwartungswidrige Leistungsergebnisse. Es scheint so, als ob Handlungsorientierte stärker von einem unmittelbaren Ertrag ihrer Anstrengungssteigerung abhängig sind als lageorientierte Personen. Dieses Ergebnis widerspricht der von Kuhl (1981) angenommenen dysfunktionalen Wirkung einer lageorientierten Bewusstseinslage auf das Anstrengungs- und Leistungsverhalten. Dieser Befund ist auch für die Depressionsforschung interessant, da Kuhl annimmt, dass Depressivität ebenfalls eine Lageorientierung erzeugt. Insofern wäre eine Replikation der berichteten Studie mit Depressiven aufschlussreich. Mich würde es nicht überraschen, wenn auch Depressive wie die lageorientierten Personen entgegen den gängigen Defizitannahmen ebenfalls weniger sensitiv auf die erwartungswidrige Anstrengungs-Ergebnis-Kovariation reagieren als Nichtdepressive und wenn sie dabei die objektive Kovariation ebenso gut erkennen wie diese. Dies entspräche den Annahmen des Modells der depressiven Bewusstseinslage (siehe hierzu Kapitel 8).

4.2 Personseitige Einflüsse

Es gibt eine Vielzahl von Beobachterperspektiven, die jeweils einen ganz bestimmten, entweder dispositionell-andauernden oder situativ-kurzfristigen Zielbezug haben. Manche Beobachtereinflüsse sind sehr spezifisch und eng mit der Zieldefinition der Handlung verbunden. So wird mit der Auswahl und der Übernahme von Bewertungskriterien und Anspruchsniveaus für das Handlungs-ergebnis eine Bewertungseinstellung erzeugt, die die Wahrnehmungsbereitschaft für genau diese Information erhöht, und gleichzeitig die Relevanz anderer Ergebnisinformationen verringert, so dass deren Beachtung und Wahrnehmung unwahrscheinlicher wird. Beurteilereinflüsse können bewusste Einstellungen bzw. Wahrnehmungs- und Bewertungsbereitschaften sein. Hierzu gehören die gerade erwähnte absichtliche Wahl eines Anspruchsniveaus oder anderer Kriterien der Ergebnisqualität. Zu den unwillkürlichen Beurteilereinflüssen gehören beispiels-weise generelle Ziel- und Bewertungsperspektiven wie das Leistungsmotiv (die relative Ausprägung von Hoffnung auf Erfolg und Furcht vor Misserfolg) oder die habituelle Dominanz eines „performance goal" oder eines „learning goal", wie es als motivationstheoretisches Konzept von Dweck (1986) und ähnlich bei Nicholls (1984) als „Egoinvolviertheit" versus „Aufgabeninvolviertheit" beschrieben ist. Demnach sei bei manchen Personen habituell die Einstellung wirksam, mit der Bearbeitung einer gerade anstehenden Aufgabe, die eigene Fähigkeit demon-strieren zu wollen. Dies entspräche einem performance oder mastery goal bzw. der Egoinvolviertheit. Bei anderen Personen dominiere dagegen eine längerfristige Perspektive, nämlich die Einstellung, mit der Bearbeitung dieser und weiterer Aufgaben etwas dazu lernen zu wollen, was einem learning goal bzw. der Aufgaben-involviertheit entspricht. Das genannte Zielkonzept wird nicht als eine starre Dispo-sition verstanden. Es wird auch die Möglichkeit einer situativen, nicht dispositionalen Übernahme der einen oder anderen Zielperspektive angenommen. Die beiden Arten von Zielperspektiven haben unterschiedliche Wirkungen auf die Toleranz für Misserfolge und die Persistenz bei der Zielverfolgung. Die Autoren nehmen an, dass Personen mit habitueller Aufgabeninvolviertheit eher eine individuelle und Ego-Involvierte eher eine soziale Bezugsnorm wählen. Bei niedrigem Ausgangsniveau der eigenen aufgabenspezifischen Fähigkeit wäre eine egoinvolvierte Zielperspektive mit sozialer Bezugsnorm eine dysfunktionale Kombination, die wahrscheinlich sehr sensitiv für die zu erwartenden Misserfolge macht. In etlichen Untersuchungen konnte Dweck (1986) Bestätigung für das Konzept der Zielperspektiven liefern. Die zentrale personseitige Einflussgröße hinsichtlich der Thematik dieser Monographie ist natürlich die Depressivität selbst. Der genaue Einfluss von Depressivität auf die bisher genannten handlungs- und zielbezogenen Einstellungen ist bislang empirisch völlig ungeklärt. Es ist aus meiner Sicht unwahrscheinlich, dass Depressive bevorzugt ein mastery goal übernehmen würden. Das widerspräche dem geringen Selbstwertgefühl und dem Zweifeln an den eigenen Fähigkeiten als Symptome einer Depression. Ganz im Sinne der vorangehenden Ausführungen zur Lageorientierung und zum Modell der depressiven Bewusstseinslage würde ich vermuten, dass Depressive ein learning goal bzw. die Aufgabenorientierung als allgemeinen Zielbezug übernehmen. Ungeklärt ist auch die Frage, ob Depressive tendenziell niedrigere oder höhere Anspruchsniveaus setzen, ob sie niedrige oder hohe Qualitätsstandards anstreben, ob sie eine individuelle oder soziale Vergleichsnorm bevorzugen und wie sich dies auf die Wahrnehmung von Ergebnisinformation und ihre Leistungen auswirkt.

4.3 Gestaltung der Untersuchungssituation

In den Experimenten zur Wahrnehmung von Ergebnisinformation und ihrer Verarbeitung werden Aufgaben gewählt, für deren Ausführung der Untersuchungs-teilnehmer experimentell festgelegte einmalige oder wiederholte Ergebnisrück-meldungen erhält. Bei der Gestaltung der Aufgaben- und Rückmeldesituation muss entschieden werden, in welchem raum-zeitlichen und inhaltlich-strukturellen Bezug die Ergebnisinformation zur Aufgabenausführung steht. Schließlich muss dann noch entschieden werden, wie man die fragliche Beachtung, Enkodierung und mentale Repräsentation der gegebenen Ergebnisinformation als abhängige Variable des Experimentes misst. Eine weitere, äußerst wichtige Einflussgröße ist auch die Aufgabeninstruktion, die ja mitentscheidet, welche Zielvorstellung und Aufgaben-einstellung sich beim Versuchsteilnehmer bildet. Hinsichtlich solcher Gestaltungs-größen variieren die Experimente zur Wahrnehmung von Ergebnisinformation ganz erheblich. Dies macht es schwierig die Ergebnisse miteinander zu vergleichen und ist sicherlich ein Grund dafür, dass widersprüchliche Befunde entstehen. Im Experiment von Alloy & Abramson (1979) zur Kontingenzwahrnehmung besteht die Handlung der Versuchsperson ausschließlich darin einen Knopf zu drücken oder dies zu unterlassen und die Ergebnisinformation darin, dass unmittelbar nach dem Drücken oder Nichtdrücken eine Lampe aufleuchtet oder nicht. Hinzu kommt, dass die Versuchsteilnehmer mit der Instruktion explizit dazu aufgefordert werden, herauszufinden ob sie mit dem Drücken oder mit dem Nichtdrücken einen Einfluss auf das Leuchten der Lampe ausüben können. In diesem Fall sind völlig idealisierte Bedingungen geschaffen, in denen die Ereigniskontingenzen, die es zu beobachten gilt, völlig eindeutig wahrnehmbar und raum-zeitlich eng aufeinander bezogen und von jeder Art von potentiell ablenkender Kontextinformation befreit sind. Mit der expliziten Aufforderung, eine Regelhaftigkeit der Handlungs-Ergebnis-Kontingenz-en zu beachten, wurden außerdem die personseitigen Aufgabeneinstellungen noch für alle Personen „gleichgerichtet", so dass man davon ausgehen kann, dass man personseitig nur noch den Einfluss der De-pressivität auf die später erfragte Kontrollierbarkeit misst. Eine so idealisierte Gestaltung der Wahrnehmungsleistung ist sicherlich weit entfernt von den Wahrnehmungs- und Lernbedingungen im Alltag. Dort sind die Ergebnis-informationen meistens weniger eindeutig. Die wahrzunehmenden Kontingenzen treten in viel größeren Abständen auf und sind in einen komplexen sozialen und physikalischen Kontext eingebettet. Wenn es aber darum geht, die Frage zu beantworten, sind Menschen – insbesondere Depressive – grundsätzlich imstande unter idealisierten Bedingungen Ereigniskontingenzen wahrzunehmen, so erfüllt dieser Versuchsaufbau die notwendigen Voraussetzungen für eine Antwort darauf. Demgegenüber wurde in einer Untersuchung von Gotlib (1983) den Versuchs-teilnehmern die vergleichsweise komplexe Aufgabe gestellt, in einer dyadischen Interaktion mit einer fremden Person ihre Reaktionen für eine Auswahl hypo-thetischer sozialen Situationen zu diskutieren. Das evaluative Feedback für ihr Interaktionsverhalten erfolgte im Anschluss an die Interaktion in Form eines Ratings auf einem Bogen mit bipolaren Adjektiven, was gewissermaßen einem adjektivischen Persönlichkeitsprofil entspricht. Die Testung der Wahrnehmung bzw. Erinnerung der Rückmeldung erfolgte einerseits durch die Aufgabe, das Rating auf einem leeren Profilblatt zu reproduzieren und außerdem zu beurteilen, wie vorteilhaft die erhaltenen Bewertungen insgesamt sind. In diesem Beispiel ist die Ergebnisinformation (das evaluative Rating) raum-zeitlich von der zu bewertenden Handlung völlig entkoppelt. Sie ist außerdem summarisch, nimmt also keinen kontingenten Bezug auf einzelne Reaktionen der Vp in der sozialen Interaktion. Mit der Interviewsituation wird ein quasinatürliches Setting arrangiert, bei dem es möglich gewesen wäre, das evaluative Feedback auf natürliche Weise in den Gesprächsverlauf einzubetten, indem der Interviewpartner direkte bewertende Antworten auf die Äußerungen des Versuchsteilnehmers gibt. Damit entspräche die Schwierigkeit der Wahrnehmung und Erinnerung der sozialen Bewertungen den natürlichen Bedingungen außerhalb der Untersuchung und es wäre eine hohe externe Validität der Untersuchungsergebnisse gewährleistet. Mit dem Adjektivprofil wurde hingegen eine einmalige und kurzdauernde Ergebnis-information gegeben, die aus dem Handlungskontext herausgelöst ist und keinen engen strukturellen Bezug zu einzelnen Verhaltensweisen im Interview hat. Da das evaluative Feedback dimensional und nicht dichotom (z.B. richtig/falsch) gestaltet war, konnte eine interpretative Wertung des für alle Probanden einheitlichen Feedbacks gemessen werden. Es zeigte sich, dass nur diese subjektive Bewertung (der Grad der Vorteilhaftigkeit des Gesamtfeedbacks für die eigene Person) durch die depressive Stimmung beeinflusst war, nicht jedoch die Genauigkeit des reproduzierten Profils.

Damit ist auch schon ein anderer wesentlicher Aspekt der Gestaltung der Experimente angesprochen, nämlich die *evaluative Eindeutigkeit* der Ergebnisinfor-mation. Bei der Lösung von Anagrammaufgaben (siehe Experimente 1 und 2) ist ge-wissermaßen automatisch mit der Handlung (dem Suchen des Zielwortes durch Umstellen der Buchstaben) das Handlungsergebnis gegeben. Entweder hat man das Lösungswort gefunden oder nicht. Trivialerweise ebenso eindeutig, wenn auch strukturell mit der Handlung unverbunden, sind optische Rückmeldungen („Licht an" für richtig), wenn es zu schätzen gilt, welches Wort von den meisten Probanden mit einem gegebenen Reizwort assoziiert wurde (Wener & Rehm, 1975). Skalenwerte auf einer adjektivischen Dimension (vgl. Gotlib, 1983) sind subjektiv wesentlich uneindeutigere evaluative Informationen, selbst wenn der Skalenwert an sich eine objektive und eindeutige Information darstellt. Ebenso können verbal gegebene Rückmeldungen hinsichtlich ihrer Eindeutigkeit erheblich variieren, von einem kurzen Statement wie „richtig" oder „das finde ich gut" bis hin zu differenzierten Begründungen welcher Aspekt der Leistung überzeugt hat und welcher nicht. Letztere Variante lässt dem Empfänger interpretativen Spielraum bezüglich der wahrgenommenen Wertigkeit und ist insofern nicht eindeutig.

Für die Testung von schematischen Voreingenommenheiten beim Versuchs-teilnehmer eignen sich uneindeutige Rückmeldungen besonders dann, wenn ihre Kategorisierung hinsichtlich der Valenz (positiv, negativ) völlig willkürlich ist, weil der objektive Abstand zu den eindeutigen Valenzkategorien gleich ist. In einem Experiment von Craighead, Hickey & DeMonbreun (1979) wurde dies hergestellt, indem man optische Feedbacksignale in Form von 5, leicht helligkeitsverschiedene Graustufen benutzte. Die beiden dunkelsten Varianten waren zuvor als positive, und die beiden hellsten als negative Rückmeldungen definiert worden. Für die hinsichtlich der Helligkeit dazwischen liegende Variante konnte nun geprüft werden, wie häufig ein Proband sie in seiner unmittelbaren Selbstevaluation als richtig oder falsch kategorisiert hatte und wie gut er sich retrospektiv an seine Erfolgsquote erinnern kann. Sofern beide Valenzkategorien gleich häufig gewählt werden, liegt keine evaluationsrelevante Voreingenommenheit vor. Hier sei aber noch angemerkt, dass man wohl eher von einer perzeptuellen Uneindeutigkeit sprechen sollte, im Unterschied zu einer interpretativen Uneindeutigkeit bei sozial-verbalen Rückmeldungen.

Bei verbal-semantischer Uneindeutigkeit dürfte eher mit der Wirkung personseitiger Voreingenommenheiten zu rechnen sein als bei physikalisch-perzeptueller Uneindeutigkeit. Im Untersuchungsdesign von Craighead et al. (1979) wurde eine aktive und messbare kategoriale Valenzentscheidung gefordert. Damit wird die Enkodierung von bewertender Information direkt erfasst und gleichzeitig wird im selben Experiment mit der retrospektiven Häufigkeitsschätzung die Integrationsleistung der enkodierten Ergebnisinformation geprüft. Sofern die retrospektive Erfolgseinschätzung von der objektiven Quote abweicht, kann man dadurch etwas über den „Ort" sagen, bei dem diese Abweichung entstanden sein muss, bereits bei der Enkodierungsentscheidung oder bei der Aktivierung von enkodierter Information und der Bildung eines Urteils. Dies ist leider eine seltene Ausnahme. Die meisten Untersuchungen erlauben keine eindeutigen Rückschlüsse darüber, ob die gegebene Ergebnisinformation enkodiert wurde. Wenn sich dann zeigt, dass die nachträglichen Urteile über die Handlungsergebnisse von der objektiven Quote abweichen, weiss man nicht, ob die Ergebnisrückmeldung unvollständig oder verzerrt enkodiert wurde oder ob die Erinnerung oder Verarbeitung der ursprünglich enkodierten Information ungenau ist.

Schließlich ist die *strukturelle Beziehung* zwischen der dargebotenen Ergebnisinformation und der Art mit der man deren Wahrnehmung, Verarbeitung oder Nutzung erfasst eine entscheidende Größe für die interne Validität des Experimentes. Im oben erwähnten Experiment von Gotlib (1983) ist diese Beziehung beim Erinnerungsmaß sehr hoch. Es galt das Adjektivprofil genau so zu zeichnen, wie es gezeigt worden war. Hier konnte die Versuchsperson sogar auf episodisch bildliche Information im Gedächtnis zurückgreifen, ohne dass weitere Verarbeitungsschritte dieser Information erfolgen müssen. Bei den Experimenten zur Kontingenzwahrnehmung von Alloy und Abramson (1979) und in etwas schwächerem Maß auch bei vielen anderen Untersuchungen zur retrospektiven Wahrnehmung von Erfolgshäufigkeiten ist die strukturelle Passung von Ergebnisinformation und erfragtem Urteil wesentlich geringer. Die Versuchspersonen müssen eine mehr oder weniger lange Serie von Handlungs-Ergebnis-Kontingenzen beachten und irgendwie im Gedächtnis repräsentieren. Wenn man nicht gerade annimmt, dass die Versuchspersonen, wie bei einem Fußballspiel die Treffer mitzählen und demzufolge die Häufigkeits- oder Kontingenzinformationen bereits aggregiert und verbal (als Zahl) kodiert im Gedächtnis repräsentiert haben, so sind sie gezwungen, die wie auch immer gearteten episodischen Gedächtnisinformationen nachträglich zu einem statistischen Urteil zu integrieren. Ob dies überhaupt – auch bei Nichtdepressiven – eine zu erwartende Leistung ist, hängt von vielen Faktoren ab, etwa von der Zahl der Handlungs-Ergebnisdurchgänge, dem Zahlenverhältnis von positiver und negativer Rückmeldung (der Seltenheit einer Valenzkategorie) und davon, ob das Erfragen der Ergebnisinformation angekündigt war oder nicht.

Strukturell noch unähnlicher sind dargebotene Ergebnisinformation und erfragte „Wahrnehmung", wenn als abhängige Messung ein interpretatives bzw. selbstbewer-tendes Urteil verlangt wird, wie dies in der oben erwähnten Untersuchung von Gotlib mit der Gesamtbeurteilung der Valenz des Feedbacks gegeben ist. Das erfragte Urteil hat mit der Testung, ob objektiv gegebene Ergebnisinformation beachtet und enkodiert wurde, nicht mehr viel zu tun. Die Enkodierungsleistung vorausgesetzt, ist es eher ein Maß für die subjektive Gewichtung und Bedeutung der Ergebnisinformation. Wenn Depressive das Adjektivprofil im Vergleich mit Nichtdepressiven als weniger vorteilhaft einstufen, kann dies nicht als Wahrnehmungsfehler interpretiert werden, da es für diese Einstufungen keine objektiven Kriterien gibt. Hinsichtlich der Wahl und der formalen Gestaltung der abhängigen Messungen gibt es noch einen weiteren bemerkenswerten Aspekt der strukturellen Beziehung zur dargebotenen Ergebnisinformation. Es gibt, wie schon erwähnt, gute Gründe, eine Serie von Ergebnisinformationen darzubieten und dann die Wahrnehmung oder Beurteilung dieser Informationen zu prüfen. Es ist aber keineswegs zwingend dabei ausschließlich ein summarisches Häufigkeits-, Kontingenz- oder Kontrollierbarkeitsurteil zu erfragen. Dort, wo es das verwendete Stimulus- und Ergebnismaterial erlaubt, könnte man ebenso die Enkodierung oder Erinnerung der unintegrierten (nichtstatistischen) Ergebnisinformation erfragen.

So könnte man durch freies Wiedererinnern (free recall) oder durch einen Hinweisreiz (cued recall) bei verbal-semantischem Material die Enkodierung und Erinnerung der Einzel-rückmeldungen testen. Darüber hinaus könnte man auch Untersuchungsdesigns verwenden, die neben der Ergebniswahrnehmung auch deren Wirkung auf tatsächliche Leistungen prüfen. Dies hätte den großen Vorteil, dass man Erkenntnisse darüber gewinnt, ob die Ergebnisinformationen überhaupt zu einem relativ genauen statistischen Urteil integriert werden müssen, damit sich die erfahrenen Ergebnisrückmeldungen auf die Leistungen auswirken. Dabei könnte sich herausstellen, dass die Bildung einer mentalen Repräsentation statistischer Ereignisinformation für die Motivation und das Handeln des Menschen eine viel geringere Bedeutung hat als bisher angenommen wurde. Um die Fähigkeit in einem bestimmten Leistungsbereich oder etwa die Unter-schiedlichkeit der Werthaltungen und Einstellung zu bestimmten Personen adäquat einschätzen zu können, genügen in den meisten Fällen nichtstatische, episodische Informationen, wie z.B. die Frage, welche Qualitätsmerkmale man bei einer bestimmten Leistungshandlung in letzter Zeit als höchstes erreicht hat oder bei welchen Themen man sich mit einer bestimmten Person heftig gestritten hat.

Es gibt außer der wahrgenommen Häufigkeit und Valenz von erhaltener Ergebnisinformation einige andere abhängige Variablen, die häufig in den einschlägigen Studien zur depressionsspezifischen Nutzung von Ergebnis-information eingesetzt wurden. Dies ist zum einen die Veränderung der *Erfolgs-erwartung* aufgrund der vorausgegangenen Handlungsergebnisse und zum anderen die Selbstbewertung oder Selbstbelohnung eigener Handlungen ohne wertende Rückmeldung von außen. Im Rahmen der Hilflosigkeitstheorie der Depression hat man angenommen, dass Depressive aufgrund eine generalisierte Erwartung der Nichtkontrollierbarkeit (der Hilflosigkeit) entwickelt haben. Außerdem wurde postuliert, dass Depressive sich trotz der konkreten Kontrollier-barkeitserfahrung (einer Kontingenz von eigenen Reaktionen und dem gewünsch-ten Resultat) so verhalten als wären die Ergebnisse unabhängig von ihren Handlungen, bzw. zufällig. Dies sollte sich auf die Erfolgserwartungen nach Erfolg und nach Misserfolg auswirken. Man hat angenommen, dass Depressive nach vorausgehendem Erfolg (nach mehreren Erfolgen) die Erfolgserwartungen für künftige Aufgaben nicht oder nur wenig steigern, weil sie ja annehmen, dass das Ergebnis zufällig ist und nicht wesentlich von ihrer Handlung abhängt. Für Nichtdepressive wurde eine stärkere Steigerung der Erfolgserwartung nach vorausgehendem Erfolg und eine stärkere Senkung nach einem (mehreren)

Misserfolg(en) erwartet. Diese Hypothesen wurden üblicherweise getestet, indem man eine Serie von Aufgaben bearbeiten ließ, wobei nach jeder Aufgabe eine Erfolgs- oder Misserfolgsrückmeldung gegeben wurde und die Versuchsperson dann unmittelbar vor der Bearbeitung der nächsten Aufgabe die Höhe (die Sicherheit) ihrer Erfolgserwartung anzugeben hatte. Hinsichtlich der Wahl der verwendeten Aufgaben muss natürlich beachtet werden, dass Menschen im Allgemeinen Grundüberzeugungen darüber haben, welche Handlungsergebnisse zufällig sind (z.B das Ergebnis beim Würfeln) und welche vom Grad der eigenen Fähigkeit abhängen (z.B. das Lösen eines Anagramms). Diese unterschiedlichen Kontrollierbarkeitserwartungen (siehe Kapitel 3.4) wurden teilweise durch entsprechende Instruktionen experimentell variiert. Für Depressive würde man der Hilflosigkeitstheorie entsprechend erwarten, dass ihre Erwartungsänderungen bei den als fähigkeitsabhängig und den als zufallsabhängig deklarierten Aufgaben ähnlich sind. Denn auch bei den fähigkeitsabhängigen sollte die Selbsteinschätzung der eigenen Fähigkeit so gering sein, dass die erzielten Erfolge als überwiegend zufällig betrachtet werden. Experiment 5 zum Vermeidungslernen (siehe Kapitel 6) enthält eine entsprechende Versuchsanordnung. Die Erwartungsänderungen als Indikator für die implizite Kontrollierbarkeitseinstellung zu benutzen, erwies sich als problematisch. Sacco & Hokanson (1978) konnten zeigen, dass die Messung der Erwartungsänderung für den sozialen Kontext (die Anwesenheit des Versuchsleiters) sensitiv ist. Depressive gaben nur bei Anwesenheit des Versuchsleiters defensive Erwartungsänderungen an. In der privaten Bedingung (keine andere Person konnte die Erwartungsänderungen zur Kenntnis nehmen) waren die Erwartungsänderungen so wie es für Nichtdepressive erwartet wurde. Außerdem scheinen weitere Faktoren die Erwartungsangabe zu beeinflussen, wie etwa ganz individuelle Stile der Erwartungsmitteilung, die nicht mit den theoretischen Annahmen der Hilflosigkeitstheorie vereinbar sind.

Was das Selbstbelohnungsverhalten und die Selbstbewertung Depressiver betrifft, so konnte wiederholt erwartungsgemäß festgestellt werden, dass depressiv Gestimmte sich weniger selbst belohnen und den Wert ihrer Leistungen geringer einschätzen als Nichtdepressive. Mit Bezug auf die Theorie vom Verstärkerverlust als Ursache für Depressivität (Lewinsohn, 1974), wird angenommen, dass Depressive ein dysfunktionales Selbstbekräftigungssystem haben, das wiederum zur Aufrechterhaltung ihrer Depressivität beiträgt. Die Annahme einer depressogenen Wirkung dieses Verhaltens ist mit diesen Befunden noch nicht bewiesen. Es sind durchaus andere Erklärungen für die Funktion und die Wirkung dieses Verhaltens möglich. So könnte ähnlich wie für die Erwartungsänderungen gezeigt, der soziale Kontext eine Rolle spielen oder auch dass Depressive bei der Qualitätsbewertung einen höheren Anspruch an ihre Leistungen haben, was ja keineswegs grundsätzlich dysfunktional sein muss. Eine höhere Anspruchshaltung und eine kritischere Selbstbewertung wäre vor allem dann nicht ohne weiteres als dysfunktional zu werten, wenn sich Depressive in ihren objektiven Leistungen nicht von den Nichtdepressiven unterscheiden. Untersuchungen zur Entwicklung oder Wahl von Bewertungskriterien für Einzelleistungen bei Depressiven und Nichtdepressiven könnten hierbei aufschlussreich sein.

Die in diesem Kapitel angestellten Überlegungen zu möglichen Einflüssen auf der Beobachterseite und der Datenseite sowie zur Bedeutung der strukturellen und raum-zeitlichen Bezogenheit von gegebener Ergebnisinformation und den abhängigen Messungen machen deutlich, dass die Beachtung, Wahrnehmung und Nutzung bewertender Informationen über das eigene Handeln keine einfache Angelegenheit ist. Es scheint m.E. viel leichter zu sein, den einen oder anderen Verhaltensunterschied zwischen Depressiven und Nichtdepressiven bei der retrospektiven Schätzung oder der Nutzung von vorausgehender Ergebnisinformation zu finden, als diesen angemessen zu interpretieren. Man sollte nicht zu schnell von unterschiedlicher Wahrnehmungsgenauigkeit sprechen, wenn man für den verwendeten Untersuchungsaufbau gar nicht sicher sein kann, wie gut er die Enkodierung von Ergebnisinformation überhaupt erlaubt und wenn andere Einflüsse dieselben Befunde ebenso gut erklären können. Die Sichtung der Studien zur Wahrnehmung von Handlungsergebnissen hinterlässt den Eindruck von großer Heterogenität hinsichtlich der Untersuchungsgestaltung. Hier wäre mehr Systematik in der Variation von Beobachter-, Daten- und Kontexteinflüssen zu wünschen.

Empirische Befunde

5. Ergebniswahrnehmung

5.1 Retrospektives Schätzen von Erfolgshäufigkeiten: Urteile unter Unsicherheit?

Die Frage, ob Depressive eine negativ verzerrte Wahrnehmung ihrer Handlungsergebnisse oder der Reaktionen auf eigene Handlungen haben, ist sehr zentral. In fast allen kognitiven Theorien der Depression (Abramson, Seligman, & Teasdale, 1978; Beck, 1967; Beck, 1976; Beck, Epstein, & Harrison, 1983) und auch in den einschlägigen Untersuchungen zur Feedbackwahrnehmung wird erwartet, dass Depressive verglichen mit Nichtdepressiven, die objektive Häufigkeit positiv valenter Reaktionen unterschätzen und negativ valenter Reaktionen überschätzen. Für Nichtdepressive nimmt man eine ausgewogene, realistische Wahrnehmung für positive und negative Ergebnisse, gelegentlich auch eine optimistische Überschätzung positiver und eine genaue Wahrnehmung negativer Reaktionen an. Dem Postulat der negativ verzerrten Wahrnehmung (selbst-) evaluativer Reaktionen bei Depressiven liegt die Annahme zugrunde, das nichtdepressive Menschen auch unaufgefordert in der Lage sind, Handlungsergebnisse so wahrzunehmen und im Gedächtnis zu speichern, dass entweder unmittelbar mit dem Enkodieren der Ergebnisse oder spätestens beim späteren Erfragen eine statistische Ergebnisrepräsentation entsteht, die ein relativ genaues Urteil über die Häufigkeit von positiver oder negativer Ergebnisinformation ermöglicht.

Entsprechend dieser Auffassung wurde die Erinnerung/Wahrnehmung von evaluativer Handlungsergebnisrückmeldung (feedback) meistens geprüft nachdem die Versuchsteilnehmer eine Serie mit einer spezifischen Aufgabe bearbeitet und für jeden Durchgang/jede Aufgabe der Serie evaluative Ergebnisinformation erhalten hatten. Die Probanden wurden dann meist unangekündigt gebeten, die Summe oder den relativen Anteil ihrer Erfolge zu schätzen. In seltenen Fällen wurde anstatt des retrospektiven Ergebniswahrnehmung auch die unmittelbare Wahrnehmung von Rückmeldeinformation getestet. Dazu musste die Information so gestaltet sein, dass sie objektiv genau auf der Schwelle zwischen positiver/erwünschter und negativer/unerwünschter lag, so dass es von der subjektiven

Geneigtheit des Probanden abhängt diese Information als Erfolg oder als Misserfolg zu werten. Retrospektives Fragen nach statistischer Information (Häufigkeit, Prozent, Kontingenz) über Ereigniserfahrungen, hier Handlungsergebnisinformation, setzt voraus, dass die Probanden automatisch oder bewusst gewissermaßen eine „Strichliste" führen. Andernfalls wäre, außer bei sehr geringen Häufigkeiten, eine wirklich genaue Erinnerung oder Schätzung kaum zu erwarten. Dies geht über die bloße Wahrnehmung (der Valenz) der Rückmeldeinformation aus jeder einzelnen Sequenz weit hinaus. Es fordert zusätzliche (absichtlich mobilisierte) mentale Anstrengung. Es ist unwahrscheinlich, dass wir dies für jede Art von Rückmeldeinformation bei allen Arten von Umgebungsbedingungen und bei jeder Art von mentaler Beanspruchung tun. Verschiedene Studien zur Wahrnehmung von Kovariationsinformation (Fiedler, 1985) legen nahe, dass Menschen im Allgemeinen schlechte Statistiker sind und sowohl Häufigkeits- als auch Kontingenzinformation nur sehr ungenau wahrnehmen. Dagegen ließ sich zeigen, dass Menschen sehr gut, oftmals nur einmal erfahrene episodische Information erinnern können. Wenn man also Personen auffordert, die Häufigkeit bestimmter Ereigniserfahrungen zu schätzen, dann zwingt man sie in vielen Fällen sehr wahrscheinlich, ein Urteil unter Unsicherheit abzugeben. Urteilsunsicherheit dürfte besonders in Situationen bestehen, in denen die Aufmerksamkeit stark auf die Verarbeitung aufgabenbezogener Information fokussiert ist, und von der Wahrnehmung der verfügbaren Ergebnisinformation ablenkt.

In den folgenden Studien zur Wahrnehmung von Handlungsergebnisinformation bei Depressiven legen die Befunde nahe, dass die erfragten Urteile unter Unsicherheit abgegeben wurden. In Studien, in denen unterschiedliche Anteile an positiver Rückmeldung gegeben war, z.B. 30 % und 70 % wurden sowohl von Depressiven als auch von Nichtdepressiven hohe Erfolgsquoten unterschätzt und geringe Erfolgsquoten überschätzt (DeMonbreun & Craighead, 1977). In Studien, die eine 50 % Erfolgsquote vorgaben, lagen die Schätzungen dagegen nahe an der objektiven Quote. Daraus könnte man schlussfolgern, dass tatsächlich Urteile unter Unsicherheit abgegeben wurden, und dass man dann als Strategie „eine mittlere" Quote schätzt. Wenn man unsicher ist, weil man keine ausreichende Information für die Angabe der gefragten Ergebnishäufigkeiten hat, wird man eine ungefähre Schätzung abgeben oder gar Raten müssen. Solche Urteile können leicht beeinflusst werden, etwa von persönlichen Bedingungen wie Stimmung, Antwortstil, habituelle Selbstsicherheit und von situativen Bedingungen wie die Anwesenheit anderer (dem Versuchsleiter). Wie könnte nun eine depressive oder neutrale bis positive Stimmung ein Urteil unter Unsicherheit beeinflussen? Depressive Stimmung könnte mit einem defensiven, vorsichtigen, eher pessimistischen Antwort- und Reaktionsbereitschaft (response set) verbunden sein, die immer dann Einfluss gewinnt, wenn keine sichere Information verfügbar oder zugänglich ist, die ein optimistischeres Urteil rechtfertigt. Depressive könnten motiviert sein, jedes Risiko einer weiteren Stimmungsverschlechterung und weiterer negativer Affekte zu vermeiden. Sie könnten Peinlichkeits- oder Schamgefühle antizipieren, wenn sie in Gegenwart des Versuchsleiters ihre Leistungen retrospektiv erheblich überschätzen und sie dazu motivieren, im Zweifelsfall eher defensive, niedrige Schätzungen abzugeben. Positive oder neutrale Stimmung wird eher zu optimistischen, selbstwertdienlichen Schätzungen unter Unsicherheit führen.

5.1.1 Motivationale Einflüsse auf die Erfolgsschätzung (Studien 1 und 2)

5.1.2 Vorüberlegungen (Studie 1)

In 2 Studien (Rink, Babin & Lieber, 2004) wurde untersucht, wie eine egozentrische oder altruistische Reaktionsbereitschaft die retrospektive Schätzung erfahrener Erfolgsinformation bei einer Serie von Anagrammaufgaben bei depressiv und nichtdepressiv gestimmten Personen beeinflusst. Wenn es gelingt, vor der Lösung der Anagrammaufgabe eine der beiden Reaktionsbereitschaften zu erzeugen und damit die unerwartet erfragten retrospektiven Erfolgsschätzungen zu beeinflussen, so wäre dies ein Beleg für die Annahme, dass es sich um Urteile unter Unsicherheit handelt. In Studie 2 mit klinisch Depressiven wurde außerdem geprüft, ob die Anwesenheit des Versuchsleiters die Erfolgsschätzung nach einer Serie mit geringer Erfolgsquote und nach einer Serie mit hoher Erfolgsquote beeinflusst.

5.1.3 Methode

Vpn und Versuchsmaterial (Teil 1). In Studie 1 (Rink, Babin & Lieber, 2004) wurden aus einer Stichprobe von 473 Studierenden durch Vorgabe des Beckschen Depressionsinventars (Beck, Ward, Mendelsohn, Mock & Erbaugh, 1961) 20 mild depressiv verstimmte (BDI > 12; 8 männliche und 12 weibliche) Studenten für die Teilnahme gewonnen. Von den übrigen Studenten ohne depressive Verstimmung

(BDI <7; n=293) wurden 20 nach dem Zufallsprinzip als nichtdepressive Kontrollprobanden für die Untersuchung bestimmt. Bereits bei der Vorgabe des BDI wurden alle potentiellen Teilnehmer darüber informiert, dass sie an (angeblich) 2 getrennten Untersuchungen des Psychologischen Instituts teilnehmen würden. Mit der ersten Studie solle untersucht werden, welches Verhalten in spezifischen sozialen Situationen bevorzugt wird, in denen ein Interessenkonflikt (selbst vs. andere) bestehe. Die zweite Studie wolle den Einfluss der Stimmung auf die Leistung in einer Denksportaufgabe prüfen. Da milde depressive Verstimmungen im Unterschied zu majoren depressiven Episoden nur kurze Zeit andauern, wurde das BDI einmal bei der Rekrutierung der Versuchsteilnehmer und ein zweites Mal unmittelbar vor Beginn der Untersuchung, in der Regel 2 bis 3 Tage später vorgegeben, um die richtige Zuordnung zur depressiven bzw. nichtdepressiven Gruppe zu gewährleisten.

Induktion einer offensiven/defensiven Reaktionsbereitschaft. Die vorgeblich erste Untersuchung wurde benutzt, um jeweils bei der Hälfte der depressiven und nichtdepressiven Teilnehmer eine offensive oder defensive Reaktionsbereitschaft zu erzeugen. Um die offensive Reaktionsbereitschaft zu stimulieren wurde folgender Text vom Versuchsleiter vorgelesen und zum Mitlesen vorgelegt:

„Sozialwissenschaftler haben herausgefunden, dass sehr viele Menschen gegen über anderen gehemmt, schüchtern und unnötig ängstlich reagieren. Dies zeigt sich darin, dass sie im Zweifelsfall bereit waren, ihre eigenen Bedürfnisse zurückzustellen, um andere nicht zu verletzen oder nichts von ihnen fordern zu müssen. Zusätzlich fand man heraus, dass diese Menschen in der Regel ein zu geringes Selbstwertgefühl haben. Aus Angst vor Kritik, Geringschätzung durch andere und vor Konflikten geben sie häufiger als nötig nach und vernachlässigen damit ihre eigenen Bedürfnisse. Sie richten ihr Handeln zu oft nach den Bedürfnissen anderer. Solche Menschen haben ein höheres Risiko, psychosomatisch zu erkranken, weil sie geneigt sind, Ärger und Enttäuschung hinunterzuschlucken und zu unterdrücken, anstatt selbstbewusst aufzutreten und Konflikte auszutragen. Wir wollen die Richtigkeit dieser Aussagen für typische Alltagssituationen überprüfen. Sie erhalten gleich eine Liste mit 11 Situationsbeschreibungen. Versetzen Sie sich so intensiv es geht in die jeweilige Situation hinein, so als wäre sie wirklich gegeben. Lesen Sie dann die beiden Handlungsalternativen für die betreffende Situation durch und entscheiden Sie möglichst spontan, welche Verhaltensalternative für Sie zutrifft. Lassen Sie bitte keine Entscheidung aus. Dies ist wichtig, denn sonst könnten wir die Befragung nicht richtig auswerten. Entscheiden Sie sich auch dann, wenn Sie sich nicht ganz sicher sind oder das Gefühl haben, noch Genaueres zur Situation wissen zu müssen. In solchen Fällen ist es gut, die Alternative zu wählen, die am ehesten zutrifft."

Vor der Bearbeitung der sozialen Konfliktsituationen wurde den Versuchspersonen folgendes Beispiel für die Lösung eines Entscheidungskonflikts gegeben:

„Es sind noch 2 Tage bis zum langersehnten Familienurlaub, dem ersten gemeinsamen Urlaub seit vielen Jahren. Heute morgen bekommen Sie von Ihrem Chef die Mitteilung, dass ein für die Firma sehr wichtiger Auftrag eingegangen sei, den zur Zeit niemand außer Ihnen übernehmen könne. Sie sollen deshalb Ihren Urlaub solange verschieben, bis dieser Auftrag abgewickelt ist, was ungefähr 3 Wochen dauern würde. Sie wissen, dass auch Ihre Partnerin/Ihr Partner den Urlaub solange verschieben müsste, bis dieser Auftrag abgewickelt ist, was ungefähr 3 Wochen dauern würde. Sie wissen, dass Ihre Partnerin/Ihr Partner den Urlaub bei ihrer/seiner Arbeitsstelle schon lange vereinbart hat und so kurzfristig nicht verschieben kann. Die Schulferien der Kinder gehen in dreieinhalb Wochen zu Ende. Außerdem haben Sie Reise und Hotel bereits für die ganze Familie gebucht. – Was würden Sie tun?"

a) Nach dem ersten großen Schreck und der Enttäuschung fügen Sie sich dem Chef, stornieren den Urlaub und bearbeiten den Auftrag.

b) Sie erklären gegenüber dem Chef beharrlich, dass es für Sie und die ganze Familie ein unzumutbares Opfer wäre, den Urlaub zu stornieren und treten die Urlaubsreise wie geplant an.

Anschließend wurde der Entscheidungskonflikt im Beispiel folgendermaßen erläutert:

„Hier liegt sicherlich ein schwieriger Entscheidungskonflikt vor, bei dem es keine optimale Lösung gibt. Wenn man sich zugunsten der Familie entscheidet und auf jeden Fall den Urlaub antritt, wird man fürchten müssen, dass man beim Chef in Zukunft schlecht angesehen ist, dass man möglicherweise Nachteile in der Firma hinnehmen muss oder bei einem etwaigen Personalabbau eher als andere Kollegen gekündigt würde. Wer in einer solchen Situation diese Ängste nicht überwindet und an sich, die Familie und die eigenen Bedürfnisse denkt, bleibt hilflos dem eigenen Ärger über den verpatzten Urlaub sowie der Enttäuschung der ganzen Familie ausgesetzt. Ohnmächtiger Ärger jedoch erhöht das Risiko, psychosomatisch zu erkranken. Hinzu kommt, dass man in den Augen anderer als durchsetzungsschwach und ängstlich gilt, also jemand, den man leicht manipulieren und für eigene Interessen einspannen kann. Dieses Beispiel zeigt, wie wichtig es ist, seine eigenen Bedürfnisse und Rechte ernst zu nehmen, sich von Angst- und Schuldgefühlen gegenüber anderen freizumachen und das zu tun, was die eigene Selbstachtung und Gesundheit stärkt."

Die Induktion einer *defensiven Reaktionsbereitschaft* erfolgte mit der Instruktion: „Sozialwissenschaftler haben herausgefunden, dass immer mehr Menschen in der heutigen Gesellschaft zu rücksichtslosem, egoistischem Verhalten tendieren. Studien zeigen, dass es vielen Menschen äußerst schwer fällt, sich in andere einzufühlen, berechtigte Bedürfnisse anderer wahrzunehmen und in Konfliktsituationen nachzugeben. Gleichzeitig neigen viele Menschen dazu, maßlos und anspruchsvoll zu sein, wenn es darum geht, die eigenen Bedürfnisse durchzusetzen. Solche Menschen bewirken Ärger und Frustration bei anderen. Sie sind schwierige Partner, mit denen es häufig Konflikte gibt. Wir wollen die Richtigkeit dieser Behauptungen für typische Alltagssituationen überprüfen. Sie erhalten gleich eine Liste mit 11 Situationsbeschreibungen. Versetzen Sie sich so intensiv es geht in die jeweilige Situation hinein, so als wäre sie wirklich gegeben. Lesen Sie dann die beiden Handlungsalternativen für die betreffende Situation durch und entscheiden Sie möglichst spontan, welche Verhaltensalternative für Sie zutrifft. Lassen Sie bitte keine Entscheidung aus. Dies ist wichtig, denn sonst könnten wir die Befragung nicht richtig auswerten. Entscheiden Sie sich auch dann, wenn Sie sich nicht ganz sicher sind oder das Gefühl haben, noch Genaueres zur Situation wissen zu müssen. In solchen Fällen ist es gut, die Alternative zu wählen, die am ehesten zutrifft."

Die Teilnehmer erhielten dann folgendes Beispiel für die Lösung eines Entscheidungskonfliktes:

„Ihre Partnerin/Ihr Partner feiert heute den 40. Geburtstag. Sie hatten vereinbart, nur zu zweit einen schönen Abend zu verbringen, gut zu essen und anschließend tanzen zu gehen. Unglücklicherweise hatten Sie am selben Tag eine heftige Auseinandersetzung mit Ihrem Chef, die Sie sehr mitgenommen hat. Als Sie nach Hause kommen, fühlen Sie sich immer noch niedergeschlagen und Ihre Gedanken kreisen unaufhörlich um den Vorfall am Arbeitsplatz – Was würden Sie tun?"

a) Sie erzählen Ihrer Partnerin / Ihrem Partner was vorgefallen ist, und sagen ihr/ihm, dass Sie mit dieser Laune und dem Kopf voller Gedanken an den Vorfall nicht ausgehen können, sondern lieber allein sein wollen.

b) Sie erzählen Ihrer Partnerin / Ihrem Partner zwar was vorgefallen ist, geben sich aber trotzdem Mühe, mit ihr / ihm einen schönen Abend zu verbringen, indem Sie gut essen und tanzen gehen.

Der beispielhafte Entscheidungskonflikt wurde dann wie folgt kommentiert:

„Das ist wirklich ein schwieriger Entscheidungskonflikt, bei dem es keine optimale Lösung gibt. Natürlich ist es sehr verständlich, wenn man nach einer aufregenden Auseinandersetzung am Arbeitsplatz lieber allein sein und nachdenken möchte, anstatt unter Leute zu gehen. Würde man zu Hause bleiben und sich zurückziehen, so wäre die Enttäuschung der Partnerin/des Partners sicherlich groß. Zum eigenen Ärger käme nun noch die Enttäuschung der Partnerin/des Partners hinzu. Der durch die Auseinandersetzung mit dem Chef entstandene „Schaden" würde sich dann noch auf eine unbeteiligte Person ausweiten. Das ist unfair und löst außerdem die eigenen Probleme nicht. Dieses Beispiel zeigt, wie wichtig es ist, immer auch an die anderen zu denken, bevor man das tut, was man am liebsten tun möchte. Wer in solchen und ähnlichen Situationen spontan das eigene Bedürfnis gegen die Bedürfnisse anderer durchsetzt, gilt bald als egoistisch und rücksichtslos. Er trägt dazu bei, dass das Zusammenleben in unserer Gesellschaft unnötig schwierig und konfliktreich wird."

Versuchsablauf (Teil 1). Nach dem Vorlesen – und der Vorlage zum Mitlesen – der oben beschriebenen Instruktion zum 1. Untersuchungteil, die der Induktion der jeweiligen Reaktionsbereitschaft diente, bekamen alle Teilnehmer dieselben 11 Konfliktszenarien zur individuellen Bearbeitung vorgelegt. Wie im Beispiel gezeigt, musste entweder eine offensive, selbstbezogene oder eine defensive, altruistische Verhaltensalternative gewählt werden. Die 11 Konfliktepisoden sind eine Auswahl von Episoden aus einer Voruntersuchung, für die das Kriterium erfüllt sein musste, dass normal gestimmte Versuchspersonen etwa gleich häufig die offensive wie die defensive Alternative gewählt haben. Wenn a priori die Wahrscheinlichkeit für eine offensive und defensive Wahl etwa gleich ist, dann kann in der eigentlichen Untersuchung die Summe der gewählten offensiven Alternativen als Überprüfung (Manipulation-Check) dafür dienen, ob die Induktion einer offensiven bzw. defensiven Reaktionsbereitschaft gelungen ist. Die Summe offensiver Wahlen sollte für die Gruppe mit offensiver Instruktion relativ hoch, für die Gruppe mit defensiver Instruktion niedrig und der Unterschied zwischen beiden Gruppen signifikant verschieden sein. Nachdem die Untersuchungsteilnehmer die sozialen Konfliktsituationen bearbeitet und ihre Wahl der

Reaktionsalternativen getroffen hatten, teilte der Versuchsleiter ihnen mit, dass die Studie 1 zum Verhalten in sozialen Konfliktsituationen nun beendet sei.

Versuchsmaterial, Versuchsablauf (Teil 2). Nach einer kurzen Pause wurde die vorgeblich zweite Untersuchung begonnen. Der Versuchsleiter teilte mit, dass hier der Einfluss der Stimmung auf das Denken untersucht werde. Die Denkaufgabe bestehe im Lösen von Buchstabenrätseln, sog. Anagrammen, bei denen durch mentale Umstellung der Buchstaben so schnell wie möglich ein Zielwort gefunden werden soll. Allen Teilnehmern wurden 30 Anagramme vorgegeben. Jedes Anagramm war auf einem weißen Karton von 10 x 5 cm in der Schriftgröße 24pt gedruckt und wurde vom Versuchsleiter einzeln präsentiert. Der Versuchsleiter gestaltete die Präsentation und Rückmeldung so, dass jeder Teilnehmer genau 50 % Erfolge bzw. richtige Lösungen erzielte. Um diese Erfolgsquote herstellen zu können, wurde in einem Vorversuch mit normal gestimmten Versuchspersonen für alle Anagramme die kürzeste Lösungszeit (vom Aufdecken einer Anagrammkarte bis zum Aussprechen des Lösungswortes) ermittelt. Für die Rückmeldung von Misserfolg teilte der Versuchsleiter dem Teilnehmer mit, dass immer dann, wenn die bereits verstrichene Darbietungszeit die Lösungszeit aller bisherigen Teilnehmer deutlich übersteigt, der Lösungsversuch für dieses Anagramm abgebrochen wird. Um die angebliche Überschreitung des Zeitlimits zu signalisieren, klingelte eine Glocke. Die Vp bekam dann noch 10 weitere Sekunden, um das Anagramm zu lösen. Danach beendete der Versuchsleiter die Darbietung der Anagrammkarte und kündigte die Darbietung des nächsten Anagramms an. Tatsächlich wurde das Zeitlimit für die 15 als Misserfolgsanagramme ausgewählten Buchstabenrätsel wesentlich kürzer als die ermittelten Mindestzeiten gewählt, so dass nicht zu erwarten war, dass eine Lösung innerhalb der um 10 Sekunden erweiterten Zeitspanne möglich ist. Sollte dies einer Versuchsperson wider Erwarten gelingen, so wurde für das darauf folgende Anagramm eine Misserfolg induzierende Darbietungszeit gewählt. Nachdem alle Anagramme zur Lösung vorgegeben waren, forderte der Versuchsleiter die Teilnehmer unangekündigt auf zu schätzen, wie viele der insgesamt 30 Anagramme sie lösen konnten. Nachdem die Antwort notiert wurde, klärte der Versuchsleiter über die Untersuchungsziele auf (debriefing) und bat den Teilnehmer, nicht mit Kommilitonen über Ablauf oder Ziele der Untersuchung zu sprechen, bevor die Studie insgesamt abgeschlossen ist und alle Teilnehmer über die Ergebnisse informiert worden sind.

5.1.4 Ergebnisse

Manipulation Check. Die durchschnittliche Zahl gewählter offensiver Reaktions-alternativen bei den 11 vorgelegten sozialen Konfliktsituationen war 7.9 für nichtdepressiv und 8.6 für depressiv gestimmte Teilnehmer nach Induktion einer offensiven Reaktionsbereitschaft. Nach Induktion einer defensiven Reaktions-bereitschaft war die mittlere Zahl offensiver Wahlen 2.9 für nichtdepressiv und 2.4 für depressiv gestimmte Teilnehmer. In einer zweifaktoriellen ANOVA mit Depression und Reaktionsstil-Induktion als Faktoren wurde der erwartete Haupt-effekt für die Reaktionsbereitschaft hoch signifikant, $F(1, 39)=214.6$, $p<.001$. Weder der Haupteffekt für Depression, $F(1,39)=0.08$, n.s. noch die Interaktion Depression x Reaktionsbereitschaft, $F(1,36)=2.5$, $p>.10$ erreichten die Signifikanz-schwelle. Es konnte deshalb davon ausgegangen werden, dass jeweils für die Hälfte der depressiv und der nichtdepressiv gestimmten Versuchsteilnehmer eine offensive bzw. eine defensive Reaktionsbereitschaft erzeugt worden ist.

Schätzung der Erfolgsquote. Die zweifaktorielle ANOVA für die retrospektiv geschätzte Zahl gelöster Anagramme (siehe Tabelle 1) ergab einen signifikanten Haupteffekt für Reaktionsbereitschaft, $F(1,39)=27.9$, $p<.001$ und eine signifikante Wechselwirkung von Stimmung und induzierter Reaktionsbereitschaft, $F(1,36)=16.9$, $p<.001$.

Tabelle 1: retrospektive Erfolgsschätzung (Studie 1)

Depressivität	Reaktions-bereitschaft	Mittelwert	Standard-abweichung	N
nichtdepressiv	offensiv	11.80	3.99	10
	defensiv	10.50	3.68	10
	Gesamt	11.15	3.80	20
depressiv	offensiv	14.60	4.08	10
	defensiv	4.20	1.68	10
	Gesamt	9.40	6.14	20
Gesamt	offensiv	13.20	4.18	20
	defensiv	7.35	4.27	20
	Gesamt	10.28	5.11	40

Die Analyse der Interaktion zeigt, dass die Schätzungen der Nichtdepressiven mit einem Mittelwert von 11.8 für die Gruppe mit offensiver und 10.5 für die Gruppe mit defensiver Reaktionsbereitschaft nicht von der induzierten Reaktionsbereitschaft beeinflusst wurden. In beiden Fällen liegen die Urteile deutlich unter der objektiven Summe von 15 Erfolgen. Depressiv gestimmte Teilnehmer mit offensiver Reaktionsbereitschaft liegen mit einer mittleren Schätzung von 14.6 am nächsten an der objektiven Quote. Depressiv gestimmte Probanden mit defensiver Reaktionsbereitschaft unterschätzten die objektive Quote mit 4.2 drastisch.

5.1.5 Diskussion (Studie 1)

Die Tatsache, dass die Schätzungen bei depressiv gestimmten Teilnehmern durch die vorausgehende Induktion einer offensiven Reaktionsbereitschaft so stark gesteigert werden kann, stützt die Annahme, dass die Urteile unter Unsicherheit gefällt wurden und dass diese Urteile eher als ein plausibles Raten zu betrachten sind als ein Abrufen von Gedächtnisinformation und dessen Integration zu einem statistischen Urteil. Nun könnte man spekulieren, dass Depressive bei ihren Urteilen bessere Gedächtnisinformationen hatten, da ihre Urteile nicht durch die induzierte Reaktionsbereitschaft beeinflusst wurden und da die Distanz zur objektiven Erfolgsquote in beiden Bedingungen etwa gleich groß ist. Dagegen spricht allerdings, dass sie die objektive Quote in beiden Bedingungen unterschätzen. Dass nur die Schätzungen depressiv gestimmter Teilnehmer durch die Induktion der beiden Reaktionsbereitschaften, insbesondere der offensiven Reaktionsbereitschaft beeinflusst wurden, könnte folgendermaßen erklärt werden. Eine defensive Reaktionsbereitschaft in sozialen Situationen könnte inhärenter Teil einer depressiven Stimmung bzw. einer Depression sein. Diese Interpretation wird durch die auffallend geringe (inhomogene) Streuung der Schätzungen von depressiv Gestimmten mit induzierter defensiver Reaktionsbereitschaft gestützt (SD=1.7) im Vergleich zu den Streuungen in den anderen Gruppen (3.7 für nichtdepressiv-defensiv, 4.0 für nichtdepressiv-offensiv, 4.1 für depressiv-offensiv). Die depressionsinhärente Defensivität sozialen Verhaltens kann als stärker, anhaltender und weniger kontextsensitiv betrachtet werden als die nur experimentell induzierte defensive Reaktionsbereitschaft bei Nichtdepressiven. Bei depressiv verstimmten Teilnehmern der defensiven Bedingung kam es möglicherweise zu einer kumulativen Wirkung der a priori bestehenden und der experimentell induzierten Defensivität. Die

Induktion einer offensiven Reaktionsbereitschaft war offensichtlich stark genug, um die a priori bestehende, depressionstypische Defensivität zumindest vorübergehend so zu schwächen, dass es zu „mutigeren" Urteilen unter Unsicherheit kam. Die Induktion einer defensiven Reaktionsbereitschaft wirkt bei Nichtdepressiven, die a priori wohl kaum defensiv eingestellt sind, offenbar nicht so stark, dass es zu einem Transfer von der Bearbeitung sozialer Konfliktsituationen auf die Situation des Einschätzens der eigenen Leistung bei unsicherer Gedächtnisinformation kommt. Sofern die Annahme von Urteilsunsicherheit zutrifft, wäre auch bei sehr starkem Einfluss einer offensiven Reaktionsbereitschaft auf das retrospektive Schätzen der Erfolgsquote nicht mit einer beliebigen Steigerung der Erfolgsschätzungen zu rechnen. Bei großer Unsicherheit und offensiver Reaktionsbereitschaft dürfte man wohl extrem hohe und extrem niedrige Schätzungen meiden und die Strategie verfolgen, eine mittlere, also 50-prozentige Erfolgsquote für wahrscheinlich zutreffend zu halten.

Erklärungsbedürftig ist, warum es bei der Bearbeitung einer Serie von 30 Anagrammaufgaben offenbar so schwierig ist, hinreichend genaue Information für die Schätzung der Erfolgshäufigkeiten zu enkodieren. Schwierige Anagramme zu lösen, ist zum einen sicherlich ein sehr aufmerksamkeitsfordernder Prozess. Die Anagramme wurden gewissermaßen ohne Pause präsentiert. Bei ungelösten Anagrammen ist man gedanklich noch mit dem Lösungsversuch beschäftigt, wenn bereits das nächste Anagramm präsentiert wird und man seine Aufmerksamkeit darauf lenken muss. Es stellt sich nun die Frage, ob hierbei Informationen zum Lösungserfolg enkodiert werden, die eine Schätzung der Erfolgshäufigkeiten ermöglichen oder ob es sich um andere, hierfür nicht geeignete Informationen handelt. Zur Beantwortung dieser Frage trägt die Tatsache bei, dass die Lösungszeit mit der Anagrammschwierigkeit korreliert. Bei der Gesamtzeit, die eine Versuchsperson mit der Lösung aller Anagramme verbringt, dominiert der Zeitanteil für die Misserfolgsanagramme, trotz gleicher Anzahl von Erfolgs- und Misserfolgsanagrammen. Bei leichten Anagrammen kann es sein, dass das Lösungswort förmlich „ins Auge springt", was dazu führt, dass kaum angestrengte Zeit für den Lösungsversuch aufgewendet werden muss. Je schwieriger das Anagramm ist, desto länger muss man mit bestimmten Anfangssilben mental „Probehandeln" und Wortmöglichkeiten unter Berücksichtigung der übrigen Buchstaben durchprobieren, bis man nach vielen angestrengten Versuchen die Lösung gefunden hat oder bis die 180 Sekunden verstrichen sind, ohne dass die Lösung gefunden ist. Zeitlich betrachtet dominieren also die Sequenzen mit langen/erfolglosen Lösungsversuchen. Dies könnte erklären, warum auch nichtdepressive Teilnehmer die objektive Quote erfolgreicher Lösungen unterschätzen.

5.1.6 Einführung (Studie 2)

Die Ergebnisse aus Studie 1 zeigen, dass Urteile über die Erfolgshäufigkeit nach der angestrengten Bearbeitung einer Anagrammserie bei depressiv Gestimmten sehr empfänglich sind für die Offensivitätsbereitschaft in sozialen Situationen. Die Intensität dieses Einflusses bei dysphorischen Versuchsteilnehmern und die Tatsache, dass nichtdepressiv Gestimmte die objektive Häufigkeit bei offensiver und bei defensiver Reaktionsbereitschaft massiv unterschätzen, stützen die Annahme, dass hier starke Urteilsunsicherheit bestanden hat.

Die zweite Studie stellt eine erweiterte Replikation der ersten Studie dar. Der replikative Aspekt der zweiten Studie besteht in der Frage, ob auch bei klinisch depressiven Personen eine offensive Reaktionsbereitschaft induziert werden kann und wenn ja, ob die retrospektiven Schätzungen der Erfolgshäufigkeit durch die induzierte offensive oder defensive Reaktionsbereitschaft beeinflusst werden, wie dies für mild depressiv verstimmte Personen der Studie 1 gezeigt werden konnte. Diese Frage ist deshalb von besonderer Bedeutung, weil verschiedene Autoren kritisieren, dass die überwiegende Mehrzahl der experimentellen Studien zu den kognitiven Besonderheiten (Fehlern, Verzerrungen) bei Depressiven lediglich mit mild depressiv verstimmten Studenten durchgeführt wurden und nicht mit Personen, die die Diagnose einer behandlungsbedürftigen Depression haben (Coyne, 1994; Coyne & Gotlib, 1986). Hinter der Frage nach der Übertragbarkeit der Befunde steht die grundsätzliche Frage, ob Depressivität als ein Intensitätskontinuum von milder, vorübergehender Verstimmung bis zur extremen depressiven Erkrankung zu betrachten ist. Kritiker der Kontinuitätsannahme wie Coyne (1994) führen als Gegenargument an, dass sich bei klinisch Depressiven vor allem körperliche Symptome zeigen lassen, die von mild Depressiven nicht berichtet werden. Implizit wird damit gefordert, dass für eine diagnostische Kategorie nur dann ein Intensitätskontinuum angenommen werden darf, wenn alle diagnostischen Merkmale auf allen Intensitätsstufen gegeben sind und die Merkmalsausprägungen mehr oder weniger gleichzeitig mit der Intensität der Erkrankung stärker werden. Nun könnte es aber durchaus sein, dass bestimmte körperliche, vielleicht auch kognitive Merkmale einer Depression erst ab einer bestimmten Depressionsintensität auftreten, dass es also intensitätsabhängige Merkmalsschwellen gibt. Das Auftreten und Verschwinden bestimmter Depressionsmerkmale wäre dann auch im Verlauf einer schweren depressiven Episode einer Person erkennbar. Merkmale mit hoher Intensitätsschwelle würden im Verlaufe der Remission einer individuellen Depressionsepisode zuerst verschwinden, während Merkmale mit niedriger Intensitätsschwelle noch vorhanden sind. Dieser Überlegung entsprechend wäre nicht entscheidend, ob milde depressive Verstimmungen alle Merkmale einer schweren klinischen Depression haben, sondern ob die nosologisch relevanten Merkmale gegeben sind, die Depressionen von anderen affektiven bzw. klinischen Zuständen unterscheiden. Aus kognitionspsychologischer Sicht ist die entscheidende Frage, ob es über die diagnostischen Subkategorien und Intensitätsstufen hinweg depressionstypische Invarianten kognitiven Verhaltens gibt. In Studie 1 konnte durch Induktion einer offensiven Reaktionsbereitschaft einer vermutlich depressionstypischen Defensivität entgegengewirkt werden, so dass die retrospektiven, wahrscheinlich unter Unsicherheit abgegebenen Schätzungen der Erfolgshäufigkeiten auf das Niveau der Nichtdepressiven gehoben werden konnte. Sofern die Annahme einer depressionsinhärenten Defensivität richtig ist, stellt sich die Frage, ob intensive, klinische Depressionen mit einer stärkeren Defensivität einhergehen und ob die Induktion einer offensiven Reaktionsbereitschaft dieser Defensivität so stark entgegenwirken kann, dass sich das depressionstypische Urteilsverhalten „normalisiert" bzw. dem der nichtdepressiven Versuchteilnehmer angleicht. Damit wäre auch für klinisch Depressive gezeigt, dass ein vermeintlich depressionstypisches Wahrnehmungsdefizit für Handlungsergebnisse lediglich eine personseitige, motivationale Reaktionsdisposition bei Unsicherheit ist, die sich verändern lässt. In diesem Sinne sollte mit der zweiten Studie geprüft werden, ob das retrospektive Schätzen von Erfolgshäufigkeiten bei klinisch depressiven Patienten in stationärer psychiatrischer Behandlung ebenso durch sozialmotivationale Faktoren beeinflusst werden kann, wie dies in Studie 1 bereits für leicht depressiv verstimmte Personen gezeigt werden konnte.

Studie 2 enthält folgende Erweiterung gegenüber der 1. Studie: Außer der quasi-experimentell variierten Depressivität und der experimentell induzierten Reaktionsbereitschaft (defensiv/offensiv) wurden die Erfolgsquote (niedrig/hoch) als Messwiederholungsfaktor, der soziale Kontext (privat/öffentlich) als Gruppierungsfaktor sowie die Sequenz von Erfolgs- und Misserfolgsserie (Misserfolg-Erfolg/Erfolg-Misserfolg) als Messwiederholungsfaktor in das Untersuchungsdesign aufgenommen. In der ersten Studie wurde a priori angenommen, dass die retrospektiven Urteile über die Zahl der gelösten Anagramme unter Unsicherheit entstehen und dass sie deshalb durch personseitige und durch situative Bedingungen beeinflusst werden können. Obwohl die Ergebnisse diese Annahme stützen, existieren noch keine objektiveren Hinweise auf die Richtigkeit der Unsicherheitsannahme. Deshalb war ein weiteres Ziel der 2. Studie, zusätzliche Hinweise für das Vorliegen von Urteilsunsicherheit zu erhalten. Zum einen sollte die Variation der Erfolgsquote mit den Erfolgsschätzungen für eine hohe und eine geringe Erfolgsquote Hinweise auf eine etwaige Urteilsunsicherheit liefern. Außerdem wurden die Teilnehmer im Anschluss an die retrospektiven Erfolgsschätzungen gefragt, wie sicher sie sich bei ihrem Urteil fühlten. Im Unterschied zur Studie 1 hatte jeder Versuchsteilnehmer 2 Serien mit jeweils 18 Anagrammen zu lösen. Für eine Serie wurde die experimentell kontrollierte Erfolgsquote von 33,3 % (6 von 18), für die andere Serie von 66,6 % (12 von 18) festgelegt. Aus den Abweichungen der Erfolgsschätzungen zur tatsächlichen Zahl richtiger Lösungen lassen sich Schlüsse über das Vorliegen von Urteilsunsicherheit ziehen. Für den Extremfall, dass es während des angestrengten Lösens der Anagramme überhaupt nicht möglich ist, die notwendige Ergebnisinformation für ein Häufigkeitsurteil zu sammeln, müsste maximale Urteilsunsicherheit bestehen. Dies würde dazu führen, dass sich die Urteile für die beiden Serien nicht signifikant voneinander unterscheiden und dass die Streuung der Urteile relativ groß ist. Andererseits wäre die Stärke, mit der die Erfolgsschätzungen der objektiven Quote folgen, ein Maß für die Wahrnehmungsgenauigkeit. Identisch mit dem Vorgehen in Experiment 1 wurde in einer angeblich vorangestellten 1. Untersuchung eine offensive oder defensive Reaktionsbereitschaft zu induzieren versucht, um deren Wirkung auf die retrospektive Schätzung der Erfolgshäufigkeit bei den Anagrammaufgaben zu prüfen. Zusätzlich wurde in Studie 2 der Einfluss einer weiteren situativen Variable auf die Erfolgsschätzungen untersucht, nämlich ob die Schätzungen öffentlich (in Anwesenheit des Versuchsleiters) oder privat (ohne Anwesenheit/ Kenntnisnahme anderer) erfolgen. Sofern die Erfolgsschätzungen durch die Anwesenheit des Versuchsleiters beeinflusst werden, wie bereits die Studien von Sacco und Hokanson (1978, 1982) nahelegen, wäre dies ein weiterer Beleg für die Urteilsunsicherheit und die mangelnde Verfügbarkeit urteilsrelevanter Information für die Häufigkeitsschätzung. Dies ergab einen 2 (depressiv/nicht depressiv) x 2 (Reaktionsbereitschaft: offensiv/defensiv) x 2 (soziale Situation: öffentlich/privat) x 2 (Erfolgshäufigkeit: 66 %/33 %) faktoriellen Versuchsplan mit Erfolgshäufigkeit als Messwiederholungsfaktor und retrospektive Erfolgsschätzung als wichtigste abhängige Variable.

5.1.7 Methode

Vpn. Klinisch depressive Patienten haben wesentlich höhere Werte im Beckschen Depressionsinventar (BDI – Selbstbeurteilungfragebogen zur Depressionsmessung) als mild-depressiv Verstimmte und sie bekamen die psychiatrische Diagnose einer majoren depressiven Episode (durch einen Arzt entsprechend den Diagnosekriterien des DSM-IV oder ICD-10). Es wurden nichtdepressive Patienten während ihres stationären Aufenthaltes in einer psychiatrischen Klinik oder einer Klinik zur Suchtbehandlung als Kontrollgruppe gewählt. Diese Wahl ist deshalb angemessen und einer nichtdepressiven Vergleichsgruppe außerhalb einer psychosozialen Versorgungseinrichtung vorzuziehen, weil nichtdepressive und depressive Patienten einer Klinik eine Gemeinsamkeit haben, nämlich dass sie aufgrund einer psychisch-gesundheitlichen Krise ihr privates und berufliches Alltagsleben zugunsten eines stationären Klinikaufenthaltes vorübergehend aufgeben mussten. Der wesentliche und hier interessierende Unterschied zwischen beiden Gruppen ist, dass die eine Gruppe klinisch depressiv ist, die andere nicht. Bei einem Vergleich von stationär behandelten Depressiven mit gesunden Kontrollprobanden könnte man mögliche Effekte der alltagsuntypischen Lebenssituation nicht von den Effekten der Depressivität trennen. 34 depressive Patienten aus psychiatrischen Kliniken (ärztliche Diagnose und BDI > 12) und 39 nichtdepressive Patienten aus psychiatrischen Kliniken und aus einer Klinik zur Suchtbehandlung (BDI < 13) wurden während ihres stationären Klinikaufenthalts für die Untersuchung angeworben.

Versuchsmaterial, Versuchsablauf. Die Untersuchung fand einzeln in einem Raum der Klinik statt. Vorgehen und Material des gesamten ersten Teils der Untersuchung, die angeblich das Verhalten in Konfliktsituationen untersuchte, war identisch mit Studie 1. Der zweite Teil der Studie, die Bearbeitung der Anagrammaufgaben erfolgte über einen Personal-Computer. Das hierfür erstellte Versuchssteuerungsprogramm ermöglichte die Variation des sozialen Kontextes (öffentlich, privat) und die genaue Erfassung der Lösungszeiten für die Anagramme. Alle Versuchsteilnehmer hatten 2 Serien mit jeweils 18 Anagrammen zu lösen. Damit konnte die *Erfolgs- vs-Misserfolgserfahrung* als Messwiederholungsfaktor variiert werden, indem bei einer Serie 33,3 % (6 Erfolge), bei der anderen 66,6 % (12 Erfolge) ermöglicht wurden. Die Reihenfolge der Serien wurde balanciert, so dass der Effekt der beiden Sequenzen Erfolg-Misserfolg vs.Misserfolg-Erfolg auf die

Erfolgsschätzungen kontrolliert werden konnte. In der *privaten Bedingung* gab der Versuchsleiter eine kurze Einführung in die Bearbeitung der Anagramme, verfolgte die Bearbeitung von 3 Übungsanagrammen und verließ anschließend den Raum, so dass die Versuchsperson alle weiteren Bearbeitungsschritte, einschließlich der unangekündigt erfragten Erfolgsschätzungen am Versuchsende – nachdem beide Anagrammserien bearbeitet waren – ohne Anwesenheit des Versuchsleiters über die Tastatur des PC eingeben konnte. Alle notwendigen Instruktionen für den gerade anstehenden Bearbeitungsschritt wurden durch das Versuchssteuerungsprogramm als Bildschirmtext vorgegeben. Für jedes Anagramm waren 3 Bearbeitungsschritte auszuführen. Zuerst wurde die Versuchsperson aufgefordert anzugeben, wie sicher sie ist, dass sie das nächste Anagramm in der verfügbaren Zeit lösen wird. Als verfügbare Zeit war diejenige Zeit vorgegeben, in der (angeblich) die meisten bisherigen Teilnehmer das Anagramm lösen konnten. Die Angabe der Erfolgszuversicht erfolgte durch „Auffüllen eines Säulenrahmens mit einer Skala von 0 %, mit der Beschriftung „werde es ganz sicher nicht lösen" bis 100 % mit der Beschriftung „werde es ganz sicher lösen". Das Einstellen der gewünschten Säulenhöhe erfolgte über die Aufwärts-/Abwärts-Pfeiltasten der Tastatur in Schritten von 10 %. Der zweite Teil des Durchgangs, die eigentliche Anagrammbearbeitung, wurde gestartet sobald die Versuchsperson die eingestellte Höhe der Erfolgszuversicht durch Drücken der Eingabetaste bestätigt hatte. Das Anagramm erschien auf dem Bildschirm und die verfügbare Lösungszeit begann zu laufen. Die Anagramme wurden in blauen Großbuchstaben im Schrifttyp Times Roman 65pt auf weißem Hintergrund dargeboten. Die Versuchsperson war nun gehalten, wie in 3 Übungsdurchgängen erprobt, durch Umstellen der Buchstaben das gesuchte Zielwort so schnell wie möglich zu finden, bevor die verfügbare Zeit abgelaufen ist. Es waren keinerlei Hilfsmittel, wie etwa Papier und Bleistift, erlaubt. Sobald der Teilnehmer glaubte, das Lösungswort gefunden zu haben, konnte er durch Betätigen der Eingabetaste die Anagrammdarbietung und das Weiterlaufen der Zeit unterbrechen. Dadurch wurde der dritte Bearbeitungsschritt gestartet. Es erschien die Aufforderung, das vermutete Lösungswort über die Tastatur des Computers einzugeben. Die eingetippten Buchstaben erschienen im gleichen Schrifttyp, gleicher Farbe und Größe wie die Anagramme selbst auf dem Bildschirm. Das eingegebene Wort musste durch Drücken der Eingabetaste bestätigt werden. Dadurch wurde im Versuchssteuerungsprogramm der Vergleich von Eingabewort und Zielwort ausgelöst und eine sofortige Rückmeldung erschien auf dem Bildschirm. Sofern das Lösungswort richtig eingegeben war, erschien

„Ihre Antwort ist richtig!". Die Versuchsperson konnte nun durch erneutes Drücken der Eingabetaste den nächsten Anagrammdurchgang aufrufen. Wenn Eingabe- und Lösungswort nicht identisch waren, erschien „Ihre Antwort ist falsch!" und sofern die verfügbare Zeit noch nicht abgelaufen war, wurde das Anagramm erneut dargeboten, so dass versucht werden konnte, die Lösung in der noch übrigen Zeit zu finden. Sobald die Zeit abgelaufen war, ertönte ein lauter, 3 Sekunden dauernder 500 Hz Ton, der einen Misserfolg indizierte, wobei gleichzeitig die oben beschriebene schriftliche Misserfolgsmeldung erschien. Mit der Eingabetaste konnte auch in diesem Fall der nächste Anagrammdurchgang angefordert werden. Für den Fall, dass ein Versuchsteilnehmer wider Erwarten ein als Misserfolgsanagramm vorgesehenes Buchstabenrätsel in der verfügbaren Zeit lösen konnte, griff das Programm auf eine Liste mit Ersatzanagrammen zu, mit denen im darauffolgenden Durchgang eine Misserfolgserfahrung hergestellt werden konnte. Nach der Bearbeitung der ersten Serie mit 18 Anagrammen konnte der Teilnehmer vor der Bearbeitung der zweiten Serie eine kleine Pause machen. Nach dem letzten Anagrammdurchgang der zweiten Serie erschien die unangekündigte Aufforderung, durch Eintippen der entsprechenden Zahl zu schätzen, wie viele der 18 Anagramme in der ersten Serie gelöst werden konnten. Anschließend wurde die entsprechende Schätzung für die zweite Serie gefordert. Schließlich erschien die Aufforderung, den Versuchsleiter im Nachbarraum darüber zu verständigen, dass man die Anagrammbearbeitung abgeschlossen hat.

In der *öffentlichen Versuchsbedingung* nahm der Versuchsleiter neben dem Teilnehmer Platz und verfolgte alle Arbeitsschritte der Versuchsperson während der gesamten Zeit. Außerdem bat er den Teilnehmer ihm bei jedem Durchgang den Wert für die Zuversicht, mit der er das kommende Anagramm lösen würde, laut mitzuteilen, damit er (der VL) die Werte zusätzlich zur schriftlichen Eingabe noch per Hand in eine Liste eintragen konnte. Bei den abschließenden Erfolgsschätzungen wurde ebenso verfahren. Dieses Vorgehen wurde damit begründet, dass man sicherstellen wolle, dass keine Angabe versehentlich unterlassen werde, und dass es so bei einzelnen Teilnehmer zu fehlenden Werten komme. Zuletzt erhielten die Teilnehmer noch einen kurzen Fragebogen, in dem sie angeben konnten, wie sicher sie sich bei der Erfolgsschätzung für die 1. und für die 2. Serie waren, wie peinlich es ihnen wäre, sich über- oder unterschätzt zu haben, und wie wichtig es ihnen war, bei den Anagrammaufgaben gut abzuschneiden. Wie bei der ersten Studie wurden alle Teilnehmer gebeten, nicht mit anderen Personen (den Mitpatienten) vor Abschluss der Studie über den Ablauf des Versuchs zu sprechen.

5.1.8 Ergebnisse

5.1.8.1 Kontrolle der experimentellen Maßnahmen

Depressivitätswerte. Der Zuordnung depressiver bzw. nichtdepressiver Teilnehmer auf die experimentellen Versuchsbedingungen für Reaktionsbereitschaft und soziale Situation muss in dieser Studie aus zweierlei Gründen besondere Beachtung gewidmet werden. Einerseits ist Depressivität ein quasiexperimenteller Faktor. Erfahrungsgemäß variiert das Ausmaß an Depressivität in einer klinischen Gruppe erheblich, so dass es sinnvoll ist, die Intensität der Depressivität zwischen den Versuchsbedingungen für Reaktionsbereitschaft und soziale Situation zu vergleichen. Zum anderen handelt es sich bei der Kontrollgruppe ebenfalls um eine klinische Stichprobe mit Personen, deren Erkrankung oder krisenhafte Lebenssituation einen stationären Aufenthalt in einer psychiatrischen oder einer Suchtmittelentwöhnungsklinik erforderte. Auch wenn es sich dabei um Personen ohne Diagnose einer depressiven Episode handelt, ist doch damit zu rechnen, dass einige davon depressive Verstimmungen bzw. erhöhte BDI-Werte aufweisen. Um die Wirkungen von Depressivität, Reaktionsbereitschaft, sozialer Situation und der objektiven Erfolgsquote auf die retrospektive Erfolgsschätzung angemessen einschätzen zu können, sollten die Depressivitätsintensitäten (BDI-Werte) zwischen den 4 Versuchsbedingungen für Reaktionsbereitschaft und soziale Situation für die Gesamtgruppe der Depressiven und die Gesamtgruppe der nichtdepressiven Kontrollprobanden nicht signifikant verschieden sein. Dies sollte lediglich zwischen Depressiven und Nichtdepressiven Probanden der Fall sein. Eine weitere Voraussetzung ist, dass die Induktion einer offensiven bzw. einer defensiven Reaktionsbereitschaft jeweils bei der Hälfte der Depressiven und Nichtdepressiven gelungen ist. Die erste Voraussetzung, gleiche Depressionsintensitäten, dürfte nur schwer herzustellen sein, weil Range und Varianz für Depressivität bei einer klinischen Stichprobe erheblich größer sind (Studie 2: BDI-Range 13 bis 40; M=25, S=8.2) als bei mild-depressiven Verstimmungen (Studie 1: BDI-Range 13 bis 32; M=16.7, S=4.7). Die BDI-Werte der nichtdepressiven, klinischen Kontrollgruppe in Studie 2 variieren ebenfalls stärker und reichen in den Bereich einer milden Depressivität hinein (BDI-Range 0 bis 12; M=5.4, S=3.5) als bei den Kontrollprobanden aus der nichtklinischen Population in Studie 1 (BDI 1 bis 6; M=3.0, S=1.9). Die höhere Variabilität der Depressivitätswerte und die a priori schon sichtbare Inhomogenität der Varianzen (Nichtdepressive vs. Depressive) legt eine varianzanalytische Kontrolle der Depressivitätswerte (BDI) nahe, um etwaige nicht im Design angelegte Einflüsse der Gestimmtheit auf die abhängigen Variablen identifizieren zu können. Eine vierfaktorielle (Depression, Reaktionsbereitschaft, soziale Situation, Sequenz der Anagrammserien) univariate ANOVA für die BDI-Werte ergab einen hochsignifikanten Haupteffekt für Depression, $F(1;57)=178.0$, $p<.001$, der erwartungsgemäß zeigt, dass sich Depressive und Nichtdepressive sehr stark in den BDI-Werten unterscheiden. Die Wechselwirkung der Faktoren soziale Situation x Sequenz, $F(1;57)=4.9$, $p<.05$, wird signifikant. Für diesen Interaktionseffekt gilt, dass Teilnehmer mit in der Bedingung „privat" und der Sequenz Misserfolgsserie-Erfolgsserie höhere BDI-Werte aufweisen als Teilnehmer mit der Reihenfolge Erfolgsserie-Misserfolgsserie, bei denen ebenfalls kein Versuchsleiter anwesend war. Alle anderen Haupt- und Interaktionseffekte wurden nicht signifikant. Der Test auf Homogenität der Varianzen (nach Levene) ergab eine signifikante Inhomogenität, $F(15, 57)=3.6$, $p<.001$. Erwartungsgemäß sind die Varianzen in den Gruppen mit depressiven Probanden (über alle Gruppen, SD=9.0) höher als in den Gruppen mit nichtdepressiven Teilnehmern (über alle Gruppen, SD=3.5). Die für Depressivität getrennten Prüfungen der Varianzhomogenität (nach Levene) – für die 3 Gruppierungsfaktoren Reaktionsbereitschaft, soziale Situation und Sequenz, zeigt, dass zwischen den 8 experimentellen Gruppen der Nichtdepressiven, $F(7;31)=1.35$ n.s. und denen der Depressiven, $F(7;26)=1.4$ n.s., keine signifikante Ungleichheit der Varianzen besteht. Im Rahmen der vierfaktoriellen univariaten ANOVA (Depression, Reaktionsbereitschaft, soziale Situation, Sequenz) wurden für die BDI-Werte paarweise Vergleiche zwischen den als depressiv und als nichtdepressiv gruppierten 8 Zellpaarungen des Designs berechnet. Es zeigten sich ausnahmslos hochsignifikante Unterschiede der Depressivitätswerte. Mit den BDI-Werten wird überprüft, ob die diagnostische Klassifikation der Psychiater für die Depressiven und nichtdepressiven Untersuchungsteilnehmer in den BDI-Werten bestätigt werden kann. Dies gilt aufgrund der hoch signifikanten Unterschiede der BDI-Werte für a priori als depressiv bzw. nichtdepressiv klassifizierte Gruppen ungeachtet der Tatsache, dass die BDI-Werte der nichtdepressiven Patienten höher sind als in einer nichtklinischen Population. Da es sich bei den BDI-Werten nicht um eine abhängige Variable zur Testung einer Hypothese der Untersuchung handelt, kann die bei einer quasinatürlichen Variation des Faktors Depressivität unvermeidliche größere Streuung der BDI-Werte für depressiv Erkrankte als irrelevant erachtet werden.

Manipulation-Check. Wie in Studie 1 wurde die Anzahl der gewählten offensiven Reaktionsalternativen als Indikator für den Erfolg der Induktion einer offensiven vs. defensiven Reaktionsbereitschaft gewertet. Bei der Induktionsbedingung offensive Reaktionsbereitschaft wählten Depressive durchschnittlich 4 und Nichtdepressive 6.7 offensive Alternativen bei den insgesamt 11 sozialen Konfliktsituationen. Für die Bedingung defensive Reaktionsbereitschaft wählten Depressive 3.9 und Nichdepressive 5.2 offensive Reaktionen. Die zweifaktorielle ANOVA (Depressivität, Reaktionsbereitschaft) ergibt einen signifikanten Haupteffekt für Depressivität, $F(1;69)=14.2$, $p<.001$. Weder der Haupteffekt für Reaktionsbereitschaft, $F(1;69)=2.2$, n.s., noch die Wechselwirkung Depression x Reaktionsbereitschaft, $F(1;69)=1.9$, n.s., erreichen Signifikanz. Nichtdepressive zeigen in beiden Induktionsbedingungen (offensiv, defensiv) eine höhere Bereitschaft für offensive Reaktionen als Depressive. Bei Nichtdepressiven bewirkt der Induktionsversuch für eine offensive Reaktionsbereitschaft zwar eine signifikante Zunahme offensiver Reaktionsentscheidungen – von 5.2 auf 6.7; $F(1;69)=4.3$, $p<.05$, bei der defensiven Induktionsbedingung liegt die Zahl offensiver Reaktionsentscheidungen jedoch sehr nahe an der theoretischen Skalenmitte von 5.5 offensiven Reaktionen (bei 11 Konflikten). Daraus könnte man schlussfolgern, dass zumindest eine moderate offensive Reaktionsbereitschaft, jedoch keine deutliche defensive Reaktionsbereitschaft erzeugt werden konnte. Depressive zeigen mit durchschnittlich 4 von 11 möglichen offensiven Reaktionen in beiden Induktionsbedingungen eine leicht defensive Neigung, aber keineswegs die erwartete, mit einer klinischen Depressivität noch gesteigerte Defensivität in den vorgegebenen sozialen Konfliktszenarien. Im Vergleich zu Studie 1 ist es also nicht gelungen, mit diesen Konfliktszenarien die erfolgreiche Induktion der offensiven und defensiven Reaktionsbereitschaften bei beiden Stimmungsgruppen nachzuweisen. Es bleibt jedoch unklar, ob der Induktionsversuch, bei Depressiven ganz und bei Nichtdepressiven eher für die defensive Variante gescheitert ist oder ob die Wahrnehmung der sozialen Konfliktszenarien bei der studentischen Stichprobe von Studie 1 grundsätzlich anders ist als bei der viel heterogeneren Stichprobe der Klinikpatienten in Studie 2. Letzteres legt die Analyse der Reaktionsentscheidungen bei einigen Szenarien nahe. Bei 3 der 11 Szenarien zeigten beispielsweise Depressive bei beiden Induktionsbedingungen fast 100 % offensive Entscheidungen. Dies spricht dafür, dass die im Vorversuch von Studie 1 ermittelte ungefähre Gleichverteilung – ohne Induktionsversuch und bei neutraler Stimmung – von offensiven und defensiven Wahlen bei einigen Items für die Stichprobe der

2. Studie nicht gültig ist. Deshalb und weil eine Teilwirkung der Induktion für Nichtdepressive gezeigt werden konnte, wurde der Faktor Reaktionsbereitschaft nicht von den weiteren Analysen ausgeschlossen. Um festzustellen, ob das Induktionsverfahren für die Reaktionsneigung einen Einfluss auf die momentane Stimmung hat, wurde vor und nach dem ersten Versuchsteil jeweils die Befindlichkeitsskala (Bf-S, Zerssen & Köller,1976) vorgegeben. Es zeigte sich keinerlei Wirkung auf die Stimmung.

Zahl an Misserfolgen/Erfolgen. Weiterhin war zu kontrollieren, ob die vorgesehene Zahl an Misserfolgen und Erfolgen tatsächlich durch die Programmsteuerung experimentell hergestellt werden konnte. Für die Misserfolgsserie ist dies weitgehend gelungen. Mit durchschnittlich 5,98 Erfolgen (über alle Vpn) wurde der Wert von 6 fast erreicht. Es zeigte sich, dass 5 Depressive und 4 Nichtdepressive mehr Misserfolgsdurchgänge, und 3 Depressive sowie 3 Nichtdepressive weniger Misserfolgsdurchgänge hatten. Bei der Erfolgsserie mit geplanten 12 Erfolgen stellte sich heraus, dass viele Versuchsteilnehmer die ausgewählten Erfolgsanagramme innerhalb der maximalen Lösungszeit von 3 Minuten nicht lösen konnten. Bei den Depressiven hatten 24, bei den Nichtdepressiven 29 Personen weniger Erfolge. Ein depressiver Versuchsteilnehmer erreichte mehr als 12 Erfolge. Die Erfolgsquoten lagen zwischen 7 und 14, im Gesamtdurchschnitt wurden 10,6 Erfolge erzielt. Die ungeplant große Varianz der erzielten Leistungen, legt die Frage nahe, ob die Erfolgsquote in systematischer Weise von einer der experimentellen Bedingungen abhängt. Eine fünffaktorielle ANOVA (nach dem GLM) mit den Gruppenfaktoren Depressivität (depressiv nichtdepressiv), Reaktionsbereitschaft (offensiv/defensiv), soziale Situation (VL anwesend/ privat), Sequenz (Misserfolgserie/Erfolgsserie zuerst) und dem Messwiederholungsfaktor Erfolgsquote (niedrig/hoch) ergab neben dem erwartungsgemäß hochsignifikanten Haupteffekt für die Erfolgsquote, einen signifikanten Haupteffekt für die experimentell induzierte Reaktionsbereitschaft, $F(1;57)=9.7$, $p<.01$. Es zeigte sich, dass sowohl Depressive wie Nichtdepressive bei der Induktion einer offensiven Reaktionsbereitschaft signifikant mehr Anagramme lösten ($M=11.1$, $SD=1.4$) als bei defensiver Reaktionsbereitschaft ($M=10.2$, $SD=1.6$. Weder der Interaktionseffekt (Reaktionsbereitschaft x Depression) noch ein anderer Haupt- oder Interaktionseffekt wurden signifikant. Aufgrund des doch deutlichen Effektes der Reaktionsbereitschaft auf die Leistung, wird die Annahme unterstützt, dass die Ergebnisse im Manipulation-Check durch eine ungeeignete Auswahl an Konfliktszenarien als Test zustande kamen. Die

höhere Zahl der gelösten Anagramme nach Induktion einer offensiven Reaktionsbereitschaft kann als motivationaler Effekt der Offensivität interpretiert werden,
indem er die Anstrengungsbereitschaft und als Folge davon die Zahl der Treffer
erhöht.

5.1.8.2 Schätzung der Erfolgsquote

Um die Hauptfrage der Untersuchung zu prüfen, ob die unerwartet geforderten
retrospektiven Schätzungen der Zahl gelöster Anagramme zu Urteilsunsicherheit
führen, und deshalb von Faktoren wie Depressivität, Offensivität in sozialen
Situationen, soziale Öffentlichkeit und Reihenfolge der Erfolgs-/Misserfolgsserie
mitbestimmt werden, wurde zunächst für die Differenz der individuellen Erfolgs-
schätzungen zu den tatsächlich erreichten Erfolgen eine fünffaktorielle, univariate
Varianzanalyse mit den genannten 4 Faktoren und dem Messwiederholungsfaktor
Erfolgsquote (Misserfolgsserie/Erfolgsserie) gerechnet. Dabei zeigt sich, dass
Depressive und Nichtdepressive die Zahl der Erfolge für die Misserfolgsserie
(durchschnittlich etwa 6 Erfolge bei 18 Aufgaben) sehr genau einschätzen (siehe
Tabelle 2 und Abbildung 1) und dass beide Gruppen die Zahl der Erfolge für die
Erfolgsserie (durchschnittlich 10,6 von 18 Anagrammen) deutlich unterschätzen
(siehe Tabelle 3 und Abbildung 2). Dies drückt sich in einem hochsignifikanten
Haupteffekt für den Messwiederholungsfaktor Erfolgsquote aus, $F(1,57)=148.9$,
$p<.001$. Die objektive Erfolgsquote wird für die Misserfolgsserie von Depressiven
leicht unterschätzt (mittlere Abweichung=0.41), von Nichtdepressiven ebenso
leicht überschätzt (mittlere Abweichung=0.41). Für die Erfolgsserie unterschätzen
Nichtdepressive die Zahl ihrer tatsächlich erreichten Erfolge durchschnittlich um
2.5 und Depressive um 3.7. Die Schätzdifferenz zwischen Depressiven und
Nichtdepressiven wird für die Erfolgsserie signifikant, $F(1;57)=4.2$, $p<.05$. Die
starke Unterschätzung beider Gruppen deutet darauf hin, dass hier Urteilsunsicherheit bestanden hat. Wie sich aus den Tabellen 2 und 3 ersehen lässt, sind
die Standardabweichungen für die Erfolgsschätzungen der Misserfolgsserie kleiner
als die für die Erfolgsserie. Dies führt im Box-M-Test für die Gleichheit der
Kovarianzmatrizen auch zu einer tendenziell signifikanten Ungleichheit ($p<.10$).

Tabelle 2: Genauigkeit der Erfolgsschätzungen – Misserfolgsserie

Depression	Reaktions-bereitschaft	Soziale Situation	Mittelwert	Standard-abweichung	N
nichtdepressiv	defensiv	privat	1.09	1.04	11
		öffentlich	2.22	2.68	9
		Gesamt	1.60	1.98	20
	offensiv	privat	1.63	1.41	8
		öffentlich	1.45	0.82	11
		Gesamt	1.53	1.07	19
	Gesamt	privat	1.32	1.20	19
		öffentlich	1.80	1.88	20
		Gesamt	1.56	1.59	39
depressiv	defensiv	privat	0.87	0.99	8
		öffentlich	2.00	1.00	9
		Gesamt	1.47	1.12	17
	offensiv	privat	1.67	1.22	9
		öffentlich	1.00	0.93	8
		Gesamt	1.35	1.11	17
	Gesamt	privat	1.29	1.16	17
		öffentlich	1.53	1.07	17
		Gesamt	1.41	1.10	34
Gesamt	defensiv	privat	1.00	1.00	19
		öffentlich	2.11	1.97	18
		Gesamt	1.54	1.63	37
	offensiv	privat	1.65	1.27	17
		öffentlich	1.26	0.87	19
		Gesamt	1.44	1.08	36
	Gesamt	privat	1.31	1.17	36
		öffentlich	1.68	1.55	37
		Gesamt	1.49	1.38	73

Tabelle 3: Genauigkeit der Erfolgsschätzungen – Erfolgsserie

Depression	Reaktions-bereitschaft	Soziale Situation	Mittelwert	Standard-abweichung	N
nichtdepressiv	defensiv	privat	3.00	2.19	11
		öffentlich	3.56	1.24	9
		Gesamt	3.25	1.08	20
	offensiv	privat	2.13	1.13	8
		öffentlich	3.00	2.37	11
		Gesamt	2.63	1.95	19
	Gesamt	privat	2.63	1.83	19
		öffentlich	3.25	1.92	20
		Gesamt	2.95	1.88	39
depressiv	defensiv	privat	2.87	2.03	8
		öffentlich	3.22	2.28	9
		Gesamt	3.06	2.11	17
	offensiv	privat	3.44	1.74	9
		öffentlich	5.13	1.73	8
		Gesamt	4.24	1.89	17
	Gesamt	privat	3.18	1.85	17
		öffentlich	4.12	2.20	17
		Gesamt	3.65	2.06	34
Gesamt	defensiv	privat	2.95	2.07	19
		öffentlich	3.39	1.79	18
		Gesamt	3.16	1.92	37
	offensiv	privat	2.82	1.59	17
		öffentlich	1.89	2.33	19
		Gesamt	3.39	2.06	36
	Gesamt	privat	2.89	1.83	36
		öffentlich	3.65	2.07	37
		Gesamt	3.27	1.98	73

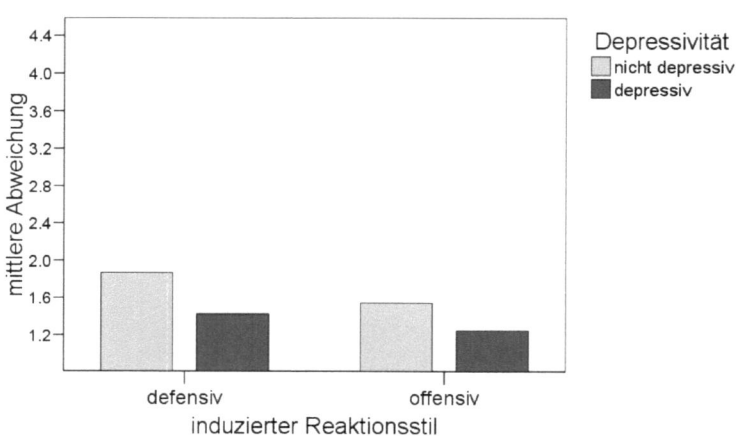

Abbildung 1: Genauigkeit der Erfolgsschätzungen (tiefe Werte=genauer)

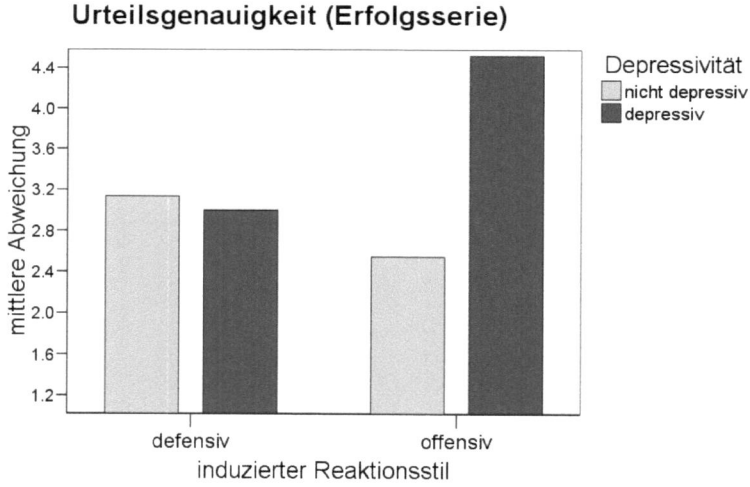

Abbildung 2: Genauigkeit der Erfolgsschätzungen (tiefe Werte=genauer)

Es stellt sich die wichtige Frage, ob die scheinbar sehr genauen Schätzungen für die geringe Erfolgshäufigkeit bedeuten, dass beide Gruppen generell sensitiver für geringe Erfolgsquoten sind, oder ob die geringe Differenz zur objektiven Quote eher Zufall ist. Wie bereits ausgeführt, zeigte sich, dass die als Erfolgsdurchgänge gedachten Buchstabenrätsel für die meisten Versuchsteilnehmer noch zu schwer waren, und sie trotz Ausschöpfung der maximalen Lösungszeit von 180 Sekunden keine Lösung fanden. Diese ungeplanten Misserfolgsdurchgänge haben eine viel längere Bearbeitungszeit, nämlich die zeitliche Obergrenze von 180 Sekunden, als die geplanten Misserfolgsdurchgänge, bei denen ja im Programm sehr kurze Darbietungszeiten (zwischen 10 und 50 Sekunden) vorgegeben waren, so dass eine Lösung unmöglich sein sollte. Insgesamt hatten 53 von 73 Teilnehmern 1 bis 5 von diesen „langen" Misserfolgsdurchgängen. Wir nehmen an, dass die erlebte, angestrengte Zeit bei den Misserfolgsanagrammen die Schätzung der Häufigkeiten beeinflusst hat. Dies wird durch die Korrelation zwischen Lösungszeit für Misserfolge (nur Misserfolgsserie) und Erfolgsschätzung von $r=-.49$ bestätigt. Zeit- und Anstrengungserleben sind episodische Informationen im Unterschied zur statistischen Information wie Häufigkeiten oder Kontingenzquoten von Ereignissen. Letztere entstehen nicht automatisch beim Erleben und Handeln in einem episodischen Kontext, sondern müssen in der Regel aus episodischer Gedächtnisinformation (re-)konstruiert werden. Eine Ausnahme ist der Fall, dass a priori die Absicht besteht, Häufigkeitsinformation zu registrieren, wie etwa die Zahl der Tore beim Fußballspiel. In vielen Paradigmen wird, wie großenteils auch in der kognitiv orientierten Forschung zur Depression, davon ausgegangen, dass es für die Gesundheit des Menschen essentiell ist, Häufigkeiten von Handlungsergebnissen und bedeutsame Ereigniskontingenzen realistisch wahrzunehmen. Eine realistische Wahrnehmung der Häufigkeit erwünschter und unerwünschter Handlungsergebnisse und vom eigenen Handeln unabhängiger Ereigniskontingenzen ermögliche es, eine zutreffende Erwartung für die Wirksamkeit eigenen Handelns auszubilden und die Kontrollierbarkeit erwünschter und unerwünschter Ereignisse erkennen zu können. Adäquate Wirksamkeits- bzw. Kontrollierbarkeitserwartungen werden als Voraussetzung für ein gesundes und effizientes Leben angesehen. Sie ermöglichen es einer Person, objektiv unerreichbare Ziele aufzugeben und sich selbstverpflichtend an erreichbare Ziele zu binden und diese mit positivem Ergebnis zu verfolgen. Wie schon angedeutet, bestehen aber Zweifel daran, dass Menschen beispielsweise ihre Kompetenzerwartung vorwiegend aus statistischer Information (also aus episodenübergreifender Information) beziehen. Für die allermeisten Tätigkeiten und Aufgaben haben wir aber eine Fülle von ausführungsbezogenen episodischen Erinnerungen, die sinnvolle Hinweise auf unsere Fähigkeit bzw. Expertise geben. Das Maß an Anstrengung und Zeit, die benötigt wurde, das Auftreten und Bewältigen von Schwierigkeiten im Handlungsverlauf, aber auch serielle Information, ob bei wiederholten Leistungen dieser Art zunehmend mehr/leichter Erfolge erzielt wurden oder ob das Ergebnismuster sehr wechselhaft war. Hinzu kommt, dass wir für sehr viele Leistungs- und Alltagsaktivitäten auch konkrete Vergleichsinformation (episodischer Natur) verfügbar haben, die wir für unsere Kompetenz- und Wirksamkeitseinschätzung benutzen können. Dies soll deutlich machen, dass man für sehr viele Bereiche die Wichtigkeit statistischer Information für die Beurteilung eigener Kompetenz relativieren kann.

In der vorliegenden Untersuchung wird sehr wahrscheinlich das empfundene Maß an Anstrengung, die notwendige Zeit, ebenso als episodische Erinnerung für die Kompetenz- bzw. Erfolgseinschätzung herangezogen, wie das Handlungsergebnis (das richtige Lösungswort oder der Klingelton und der Abbruch des Durchgangs). Ökologisch gesehen funktional oder valide für die Selbsteinschätzung ist demzufolge durchaus auch ein Schätzurteil, wenn es andere verfügbare Informationen einbezieht und möglicherweise von der objektiven statistischen Information abweicht. Denn eine nur mit größtem Anstrengungseinsatz errungene Zahl von Erfolgen hinterlässt subjektiv sicherlich ein anderes Kompetenzgefühlt als wenn die selbe Zahl von Erfolgen fast mühelos und sehr schnell erreicht wurde. Wenn dann im Rahmen kognitiv-paradigmatischer Untersuchungen, wie auch in dieser Studie nach statistischer Information gefragt wird, wird entweder Unsicherheit entstehen, wenn zu wenig häufigkeitsrelevante Information verfügbar ist oder das Urteil wird unwillkürlich auch durch episodische Information wie Intensität und Dauer der Anstrengung bei einem Misserfolgs-/Erfolgsdurchgang beeinflusst. Neben den handlungsbezogenen Informationen können auch sozialmotivationale Einflüsse auf Erfolgsschätzungen wirken, wie dies in Studie 1 durch die Wechselwirkung einer offensiven/ defensiven Reaktionsbereitschaft Depressivität gezeigt werden konnte. Wie in Studien von Sacco & Hokanson (1978; 1982) wurde in Studie 2 die Anwesenheit/Abwesenheit des Versuchsleiters bei der Schätzung der eigenen Erfolgsquote experimentell variiert. Da sich die Stimulierung einer offensiven Reaktionsbereitschaft in Studie 2 auf die Leistung Depressiver ausgewirkt hat, wäre trotz des negativen Manipulation-Check zu erwarten, dass sich die für Studie 1 gezeigte kompensatorische Wirkung einer offensiven Reaktionsbereitschaft bei depressiver Stimmung wieder zeigt. Die Stimulierung einer defensiven Reaktionsbereitschaft kann die depressionsbegünstigte Unterschätzung bei Urteilsunsicherheit verstärken. Die Privatheit der

94

Situation beim Selbsteinschätzen sollte ähnlich wie die Offensivität zu mutigeren, höheren Schätzungen beitragen, ähnlich wie Sacco & Hokanson (1978) bei depressiv Gestimmten sehr defensive Erfolgserwartungen in Anwesenheit des Versuchsleiters und mutige Erwartungsänderungen in privater Situation gefunden haben. Für Nichtdepressive wird erwartet, dass die Stimulierung einer offensiven Reaktionsbereitschaft und die Anwesenheit des Versuchsleiters die – im Vergleich zu Depressiven – ohnehin schon optimistischen Schätzungen bei Unsicherheit steigern.

Im Unterschied zu Studie 1 führt die Stimulierung einer offensiven Reaktionsbereitschaft bei Studie 2 nur bei Nichtdepressiven zu optimistischeren Schätzungen der Erfolgsquote für die Erfolgsserie. Dies zeigt sich in der Wechselwirkung Depressivität x Reaktionsbereitschaft x Erfolgsquote, $F(1;57)=9.7$, $p<.01$ für die geschätzte Zahl der Erfolge. Auch die Wechselwirkung Depressivität x Reaktionsbereitschaft x soziale Situatio x Erfolgsquote zeigt tendenziell (nicht signifikant), dass die Erfolgsschätzungen für die Erfolgsserie bei Nichtdepressiven nach Stimulierung einer offensiven Reaktionsbereitschaft in öffentlicher Situation (Anwesenheit des Versuchsleiters) weniger stark von der objektiven Quote abweichen als bei Depressiven, $F(1;57)=3.7$, $p<.10$. Nichtdepressive sind zwar mit diesen Schätzungen näher an der objektiven Erfolgsquote, von höherer Genauigkeit kann man aber nicht reden, denn die Urteile liegen mit einer durchschnittlichen Abweichung von 3.0 (Depressive 5.1) immer noch deutlich unter der objektiv erreichten Erfolgsquote. Die offensive Reaktionsbereitschaft hat einen stärkeren Einfluss auf die Schätzungen als die Anwesenheit des Versuchsleiters. Depressive zeigen sich bei ihren Schätzungen weder von der Stimulierung einer offensiven oder defensiven Reaktionsbereitschaft noch von der Anwesenheit des Versuchsleiters beeinflusst. Erklärungsbedürftig ist, dass sich mild Depressive in Studie 1 von einer offensiven Reaktionsbereitschaft bei Anwesenheit des Versuchsleiters beeinflussen ließen, und klinisch Depressive in Studie 2 nicht. Für Nichtdepressive gilt das Umgekehrte. In Studie 1 blieben diese bei ihren Urteilen unbeeinflusst von der Stimulierung einer sozialen Reaktionsbereitschaft, in Studie 2 zeigen sie sich beeinflusst. Eine spekulative Erklärung wäre, dass die depressionstypische Defensivität beim Urteilen unter Unsicherheit bei einer starken, klinischen Depressivität so stark ist, dass ihr mit der Stimulierung einer offensiven Reaktionsbereitschaft nicht mehr entgegenzuwirken ist. Der Optimismusschub bei einer offensiven sozialen Reaktionsbereitschaft wirkt möglicherweise nur, wenn man nur depressiv verstimmt ist. Für einen nicht unerheblichen Teil der nichtdepressiven

Kontrollprobanden in Studie 2 ist eine leichte depressive Verstimmtheit gegeben (15 von 39 Personen haben BDI-Werte von 7 bis 12). Selbst für Kontrollpersonen mit tieferen BDI-Werten kann aufgrund ihrer krisenhaften Lebenssituation, die einen stationären Klinikaufenthalt nötig gemacht hat, eine soziale Defensivität angenommen werden wie sie für mild Depressive gilt. Dies würde erklären, dass diese Personen ebenso wie mild Depressive für die optimismussteigernde Wirkung einer offensiven Reaktionsbereitschaft empfänglich sind und bei hoher Erfolgsquote höhere Schätzungen abgeben als klinisch Depressive.

5.1.8.3 Urteilssicherheit

Wie schon gesagt, spricht die erhebliche Unterschätzung der hohen Erfolgsquote für Häufigkeitsschätzungen unter Unsicherheit. Diese These wird auch durch die Tatsache gestützt, dass außer einer depressiven Stimmung auch sozial-motivationale Faktoren wie die Offensivität und die Anwesenheit anderer auf die Häufigkeitsschätzungen wirken. In der Nachbefragung wurden die Teilnehmer gebeten, auf einer Analogskala ihre *subjektive Sicherheit bei der Einschätzung* der Erfolgshäufigkeit getrennt für die Erfolgs- und Misserfolgsserie anzugeben. Diese Einschätzungen können Aufschluss darüber geben, ob die Teilnehmer eine Unsicherheit bewusst empfunden haben und ob diese für die Erfolgs- und Misserfolgsserie verschieden war. Die Einschätzungen der Urteilssicherheit wurde der gleichen fünffaktoriellen (Depressivität, Reaktionsbereitschaft, soziale Situation, Reihenfolge von Erfolgs-/Misserfolgsserie und dem Messwiederholungsfaktor hohe/niedrige Erfolgsquote) ANOVA (nach dem GLM) unterzogen wie die Erfolgsschätzungen. Es ergab sich kein signifikanter Haupteffekt für den Messwiederholungsfaktor, dass heißt die Urteilssicherheit wurde für die Erfolgs- und Misserfolgsserie subjektiv nicht unterschiedlich empfunden. Die auf der nachträglich fünfstufig skalierten Analogskala ermittelten Sicherheitsratings haben einen Gesamtmittelwert von 2.9 mit einer Standardabweichung von 1.3. Auf den ersten Blick spricht dies für eine unerwartet hohe subjektive Urteilssicherheit. Die Verteilung der Werte zeigt jedoch, dass alle 5 Skalenstufen fast gleich häufig gewählt wurden (Misserfolgserie 23.3 %, 21.9 %, 19.2 %, 20.5 %, 15.1 %; Erfolgsserie 20.5 %, 16.4 %, 27.4 %, 21.9 %, 13.7 %). Diese sehr flache Verteilung über den gesamten Skalenbereich, ohne deutlichen Gipfel spricht einerseits dafür, dass keine Urteilssicherheit bestanden hat, sonst wäre ein ausgeprägter Häufigkeitsgipfel im oberen Skalenbereich zu erwarten. Die Tatsache, dass auch kein klarer Häufigkeitsgipfel im unteren Skalenbereich gegeben ist, legt andererseits die Vermutung nahe, dass die Urteile ähnlich wie die Erfolgsschätzungen durch sozial-motivationale Faktoren beeinflusst wurden. Dafür sprechen die Ergebnisse der vierfaktoriellen Varianzanalyse. Die Haupteffekte für Depressivität und für soziale Situation zeigen tendenziell, aber nicht signifikant, dass bei Depressivität eine geringere Sicherheit angegeben wird (2.6 vs. 3.1 für Nichtdepressive) und dass bei Anwesenheit des Versuchsleiters eine größere Urteilssicherheit angegeben wird als in der privaten Situation (2.6 privat vs. 3.2 öffentlich), beide Effekte $F(1;57)=3.4$, $p<.10$. Hochsignifikant wird die Wechselwirkung Reaktionsbereitschaft x Reihen-folge der Anagrammserien, $F(1;57)=19.2$, $p<.001$. Teilnehmer der Bedingung Misserfolgsserie zuerst bei defensiver Reaktionsbereitschaft geben eine höhere Urteilssicherheit (3.4) an als solche mit Misserfolgsserie zu Anfang bei offensiver Reaktionsbereitschaft (2.1). Wenn jedoch zuerst die Erfolgsserie gegeben war, und eine offensive Reaktionsbereitschaft stimuliert wurde, wird eine höhere Urteils-sicherheit angegeben (3.4) als von Personen mit Erfolgsserie zu Beginn, bei denen eine defensive Reaktionsbereitschaft stimuliert wurde (2.5). Diese disordinale Interaktion zu interpretieren, ist nicht ganz leicht. Dass eine offensive Reaktions-bereitschaft in Verbindung mit anfänglichem Erfolg auch eine offensivere bzw. optimistische Einschätzung der Urteilssicherheit stimuliert, ist plausibel. Dass jedoch anfänglicher Misserfolg und eine defensive Reaktionsbereitschaft zu höherer Urteilssicherheit führt, ist weniger nachvollziehbar. Eine spekulative post hoc Erklärung wäre, dass die zu defensiver Reaktionsbereitschaft stimulierten Personen mit der Misserfolgsserie am Beginn durchschnittlich betrachtet sehr genau (6.0) schätzen. Personen mit offensiver Reaktionsbereitschaft und gleicher Misserfolgserfahrung zu Beginn steigern ihre Erfolgsschätzung auf 7.1, was offenbar eine Wirkung der Offensivitätsbereitschaft ist. Im Versuchsablauf erfolgte die Erfolgsschätzung unmittelbar nach Bearbeitung beider Anagrammserien und noch vor dem Ausfüllen des abschließenden Fragebogens, bei dem zu allerletzt die Frage nach der Urteilssicherheit gestellt wurde. Es ist denkbar, dass Personen, die durch die Offensivitätsbereitschaft mutigere Schätzungen abgegeben haben, nachträglich doch ein Unsicherheitsgefühl bekommen haben, wohingegen die defensiv stimulierten keinen bzw. weniger Anlass zu Unsicherheit hatten, da ihre Schätzungen (im Durchschnitt) ja sehr präzise waren.

5.1.8.4 Lösungszeit

Für die erfolgreich gelösten Anagramme (durchschnittlich 6 in der Misserfolgs-
und etwa 11 in der Erfolgsserie) wurde die individuelle Zeit von der Anagramm-
präsentation bis zur Lösung gemessen. Damit steht trotz der experimentellen
Kontrolle der Erfolgsquote ein indirekter Indikator für die Leistung der Teilnehmer
zur Verfügung. Die Lösungsleistung bei Anagrammen ist sicherlich zum größten
Teil als eine interindividuell differierende Fähigkeit zu betrachten. Dies zeigte sich
bereits bei der Kontrolle der experimentell angestrebten Steuerung und Anglei-
chung der Erfolgsquote. Es gelang einigen Teilnehmern doch einige der extrem
kurz dargebotenen, als Misserfolgsanagramme vorgesehenen Buchstabenrätsel zu
lösen. Umgekehrt gelang es einer beträchtlichen Zahl von Personen nicht, alle als
Erfolgsanagramme vorgesehenen Rätsel zu lösen, trotz mehrerer Minuten
Darbietungsdauer. Bei der Zahl gelöster Anagramme gab es unerwarteterweise
einen leistungsbegünstigenden Einfluss durch die Stimulierung einer offensiven
Reaktionsbereitschaft und zwar für Depressive und Nichtdepressive. Eine
entsprechende fünffaktorielle ANOVA mit den Gruppenfaktoren Depressivität,
Reaktionsbereitschaft, soziale Situation, Sequenz und dem Messwiederholungs-
faktor Lösungszeit (Misserfolgserie/Erfolgsserie) ergab erwartungsgemäß einen
signifikanten Haupteffekt für den Messwiederholungsfaktor $F(1;56)=4.9$, $p<.05$.
Die Lösungszeiten für die durchschnittlich 10.6 gelösten Anagramme der
Erfolgsserien (M=16.3 Sek.) waren höher (siehe Tabelle 5) als für die etwa 6
gelösten Anagramme der Misserfolgsserie (M=13.3 Sek.; siehe auch Tabelle 4).
Dieser Unterschied ist ein Nebeneffekt der Untersuchsmethode. In der Erfolgsserie
sollte durch lange Maximalzeit für die ausgewählten „Erfolgsanagramme" eine
möglichst gleiche Zahl erreichter Erfolge garantiert werden. Für die untersuchte
Personengruppe in der Hauptuntersuchung waren die Erfolgsanagramme
schwieriger als für die Stichprobe der Voruntersuchung, so dass die Lösungszeiten
für die Erfolgsserie hoch ausgefallen sind. Theoretisch bedeutsam ist jedenfalls,
dass Depressive und Nichtdepressive, wie schon bei der absoluten Zahl der
Erfolge, auch bei den Lösungszeiten keine signifikanten Leistungsunterschiede
zeigen, $F(1,56)=2.4$, $p>.10$. Die Wechselwirkung von Lesezeit (für Erfolgs-
/Misserfolgsserie), Depressivität, Reaktionsbereitschaft und Sequenz (Misserfolg
oder Erfolg zuerst) wurde signifikant, $F(1;56)=5.4$, $p<.05$. Unter der Bedingung,
dass zuerst die Erfolgsserie bearbeitet werden konnte – die Misserfolgserfahrung
also noch ausstand – und dass zuvor eine offensive Reaktionsbereitschaft stimuliert

wurde, lösten Nichtdepressive die Anagramme der Erfolgsserie sehr viel schneller (M=9.8 Sek.) als Depressive (M=21.4 Sek.). Wenn jedoch die Misserfolgsserie zuerst bearbeitet und zuvor eine offensive Reaktionsbereitschaft stimuliert wurde, dann lösten Depressive die Anagramme der nachfolgenden Erfolgsserie bedeutend schneller (M=11.2 Sek.) als Nichtdepressive (M=20.1 Sek.). Dieses Ergebnis zeigt, dass die Stimulierung einer offensiven Reaktionsbereitschaft die Leistungen Depressiver und Nichtdepressiver beeinflusst, wie sich dies bereits bei der individuellen Zahl der Erfolge gezeigt hat. Offensiv Nichtdepressive werden also durch unmittelbare Erfolge zur Leistungssteigerung angeregt, ihre Anstrengung erlahmt, wenn danach gehäuft Misserfolge eintreten. Offensiv Depressive sind offenbar hoch motiviert eine Serie anfänglicher Misserfolge durch eine reaktive Anstrengungs- und Leistungssteigerung zu kompensieren, sie sind dagegen weniger leistungsfähig, wenn gleich zu Beginn mehrheitlich Erfolge erzielt werden.

Tabelle 4: Lösungszeiten – Misserfolgsserie

Depression	Reaktions-bereitschaft	Sequenz	Mittelwert	Standard-abweichung	N
nichtdepressiv	defensiv	A zuerst	15.65	9.16	10
		B zuerst	7.95	4.41	10
		Gesamt	11.80	8.04	20
	offensiv	A zuerst	13.64	11.97	9
		B zuerst	9.87	5.50	10
		Gesamt	11.65	9.08	19
	Gesamt	A zuerst	14.70	10.33	19
		B zuerst	8.91	4.95	20
		Gesamt	11.73	8.45	39
depressiv	defensiv	A zuerst	15.19	7.43	9
		B zuerst	15.40	8.94	8
		Gesamt	15.29	7.91	17
	offensiv	A zuerst	15.20	13.91	9
		B zuerst	14.95	8.06	7
		Gesamt	15.09	11.37	16
	Gesamt	A zuerst	15.20	10.28	18
		B zuerst	15.19	8.23	15
		Gesamt	15.19	9.58	33
Gesamt	defensiv	A zuerst	15.43	8.16	19
		B zuerst	11.26	7.59	18
		Gesamt	13.40	8.06	37
	offensiv	A zuerst	14.42	12.61	18
		B zuerst	11.96	6.93	17
		Gesamt	13.23	10.18	35
	Gesamt	A zuerst	14.94	10.42	37
		B zuerst	11.60	7.18	35
		Gesamt	13.32	9.08	72

Tabelle 5: Lösungszeiten – Erfolgsserie

Depression	Reaktions-bereitschaft	Sequenz	Mittelwert	Standard-abweichung	N
nichtdepressiv	defensiv	A zuerst	15.40	8.47	10
		B zuerst	14.95	7.77	10
		Gesamt	15.18	7.92	20
	offensiv	A zuerst	20.10	12.78	9
		B zuerst	9.62	5.61	10
		Gesamt	14.59	10.83	19
	Gesamt	A zuerst	17.63	10.69	19
		B zuerst	12.28	7.14	20
		Gesamt	14.89	9.33	39
depressiv	defensiv	A zuerst	19.41	12.63	9
		B zuerst	17.54	5.60	8
		Gesamt	18.53	9.72	17
	offensiv	A zuerst	11.08	5.27	9
		B zuerst	20.71	9.53	7
		Gesamt	15.29	9.69	16
	Gesamt	A zuerst	15.25	10.32	18
		B zuerst	19.02	7.57	15
		Gesamt	16.96	9.24	33
Gesamt	defensiv	A zuerst	17.30	10.54	19
		B zuerst	16.10	6.83	18
		Gesamt	16.72	8.83	37
	offensiv	A zuerst	15.59	10.56	18
		B zuerst	14.19	9.14	17
		Gesamt	14.91	9.78	35
	Gesamt	A zuerst	16.47	10.44	37
		B zuerst	15.17	7.97	35
		Gesamt	15.84	9.28	72

Dieses Ergebnismuster widerspricht eindeutig den attributionstheoretischen Annahmen zur Depression (wie in der reformulierten Theorie der gelernten Hilflosigkeit) und der Hilflosigkeitstheorie selbst. Bei letzterer wurde angenommen, dass Depressive die Erwartung der Unkontrollierbarkeit haben – also grundsätzlich kaum oder wenig anstrengungs- und leistungsbereit sind. Entsprechend der attributionstheoretisch reformulierten Version würde man erwarten, dass Depressive eine Serie von Misserfolgen der stabilen, internalen Unfähigkeit für diese Leistungshandlung zuschreiben und demzufolge danach keine Anstrengungs- oder Leistungssteigerung zeigen. Die vorliegenden Befunde lassen eher den Schluss zu, dass sich nichtdepressive Klinikpatienten so verhalten.

5.1.9 Diskussion (Studie 2)

Experiment 1 und 2 waren so angelegt, wie viele Studien zum Nachweis einer verzerrten oder gestörten Wahrnehmung von Leistungs- oder Handlungsergebnissen bei Depressiven. Die Versuchsteilnehmer hatten eine Serie von Aufgaben zu bearbeiten, bei der sie jeweils Ergebnisinformation erhielten. Im Anschluss an die Bearbeitung wurden sie (in der Regel) unangekündigt aufgefordert anzugeben, wie oft sie Erfolg oder Misserfolg (bzw. ein spezifisches Handlungsergebnis) hatten. Die Teilnehmer waren aufgefordert ein statistisches Urteil über Ereigniskontingenzen abzugeben. Die Autoren haben mit dieser Versuchsordnung implizit vorausgesetzt, dass nichtdepressive Menschen spezifische Handlungsergebnisinformationen in statistischer also kontextunabhängiger bzw. nicht-episodischer Form im Gedächtnis speichern oder zumindest in einem Format speichern, das eine zuverlässige Rekonstruktion der Ereignishäufigkeit ermöglicht. Der Wahrnehmungs- bzw. Urteilsfähigkeit von Handlungs-Ergebnisinformation wurde schließlich auch zentrale Bedeutung für die psychische Gesundheit zugeschrieben. Eine realistische Häufigkeitswahrnehmung erlaube es, realistische Erwartungen für künftige Handlungsergebnisse auszubilden und sie sei motivational relevant für die Frage, ob wir es ganz aufgeben sollen, ein bestimmtes Handlungsergebnis zu erreichen oder ob wir es mit geringer oder sehr hoher Anstrengung versuchen sollten. Depressiven wurde eine einseitig negative verzerrte Wahrnehmung von Handlungsergebnissen zugeschrieben, die eine unrealistische Unterschätzung ihrer realen Möglichkeiten mit sich bringt und die sie demzufolge demotivieren sollte, sich für Leistungsziele anzustrengen. Einer solchen, depressiv verzerrten

Erfolgswahrnehmung wurde teils eine ursächliche, teils eine aufrechterhaltende Wirkung und teils nur symptomatische Rolle für den depressiven Zustand zugeschrieben. Mit den Studien 1 und 2 sollte der Verdacht empirisch erhärtet werden, dass weder Depressive noch Nichtdepressive gute intuitive Statistiker sind, dass beide Gruppen gemachte Erfolgserfahrungen ziemlich ungenau schätzen. Es sollte vor allem gezeigt werden, dass die retrospektiv erfragte Erfolgshäufigkeit zu unsicheren, spekulativen Schätzungen führt, die von verschiedenen sozial-motivationalen und affektiven Faktoren beeinflusst werden können, von denen depressive Stimmung lediglich eine affektive Einflussvariante ist. So konnte im Experiment 1 gezeigt werden, dass die Stimulierung einer offensiven Reaktions-bereitschaft bei mild depressiv Verstimmten die retrospektive Erfolgsschätzung auf die Höhe der Nichtdepressiven brachte. Die soziale Motivation, offensiv zu reagieren bewirkte mutigere Schätzungen und wirkte offenbar dem eher defensiven Einfluss einer depressiven Stimmung entgegen. Im Experiment 2 zeigten sowohl Nichtdepressive als auch Depressive eine deutliche Unterschätzung für hohe Erfolgsquoten. Bei der Einschätzung der subjektiven Urteilssicherheit zeigte sich fast eine Gleichverteilung auf alle 5 Antwortstufen. Auch die Angaben zur Urteilssicherheit zeigten sich von der Anwesenheit des Versuchsleiters, von der stimulierten Reaktionsbereitschaft und der Sequenz der Misserfolgs-/Erfolgsserien ab. All dies spricht für die Vermutung, dass die Urteile weder bei Nichtdepressiven noch bei Depressiven ganz auf der Basis von häufigkeitsbezogener Information aus dem Gedächtnis entstehen, sondern dass es leicht beeinflussbare, unsichere Schätzurteile sind. Im Unterschied zu Experiment 1 zeigten sich die Urteile der nicht (stark) depressiven Klinikpatienten (Kontrollprobanden) in Studie 2 durch die offensive Reaktionsbereitschaft beeinflusst. Durch das aufwändige expe-rimentelle Arrangement von Experiment 2 konnte auch gezeigt werden, dass Depressive auch in ihren Leistungen den nichtdepressiven Klinikpatienten weder in der Zahl gelöster Anagramme noch in der benötigten Lösungszeit nachstehen. Es zeigt sich lediglich eine unterschiedliche Bedingungskonstellation für die Motivierung hoher Leistungen bei Depressiven und Nichtdepressiven.

5.2 Wahrnehmung sozialer Reaktionen: Vom Nutzen episodischer Information

5.2.1 Einführung

In den beiden vorausgehend berichteten Studien wurde untersucht, ob die Untersuchungsteilnehmer beim Lösen einer Serie von Anagrammen unwillkürlich Information über die Ergebnisqualität ihres mentalen Handelns enkodieren, mit der sie entweder automatisch (kumulierend) eine Repräsentation von Ereignishäufigkeiten bilden oder die sie am Ende des Versuchs erinnern und zu einem zutreffenden Urteil über die Häufigkeit erfolgreicher Anagrammlösungen nutzen können. Die grundsätzliche Annahme, dass Menschen und nichtmenschliche Organismen die Fähigkeit haben müssen, Häufigkeitsinformation aufzunehmen spiegelt sich in zahlreichen psychologischen Theorien und experimentellen Paradigmen wider. In ganz besonderem Maße gilt dies natürlich für die Theorien des klassischen und operanten Konditionierens und den zahlreichen experimentellen Untersuchungen, die hierzu durchgeführt wurden. Viele Untersuchungen haben gezeigt, dass die Häufigkeit bzw. die Quote und das sequenzielle Muster mit der organismisch bedeutsame Erfahrungen appliziert werden, ganz entscheidend für den Aufbau und Abbau von Verhalten (das Lernen) bei Menschen und Tieren sind.

Damit ist jedoch noch nicht geklärt, wie häufigkeitsbezogene Information von den betreffenden Organismen aufgenommen und verarbeitet wird. Für viele der untersuchten Lernvorgänge und für primitive, nichthumane Organismen, wird man kaum annehmen können, dass es sich dabei um eine bewusste, kognitiv vermittelte Verarbeitung häufigkeitsbezogener Information handelt. So wird eine Person beispielsweise nach der erfolgreichen Konditionierung des Lidschlagreflexes auf ein neutrales Lichtsignal mit einem auf das Auge gerichteten Luftstrahl als unkonditioniertem Auslösereiz, kaum genau darüber Auskunft geben können, wie oft das Lichtsignal mit dem unkonditioniert ausgelösten Reflex assoziiert worden ist. Bei diesem und bei vielen anderen Versuchen zur Konditionierung von Vermeidungsreflexen lernt der Organismus eine neue Reiz-Reaktionskoppelung, deren Aufbau und Löschung (nach wiederholtem Wegfall des konditionierten Signals) zwar von der Darbietungshäufigkeit der beteiligten Reize abhängt, ohne dass eine bewusste Repräsentation der Häufigkeitsinformation gegeben sein muss.

Demgegenüber basieren viele Theorien und Konzepte in und außerhalb der Depressionsforschung explizit auf der Annahme, dass es eine kognitiv vermittelte Verarbeitung und eine mentale Repräsentation von Häufigkeitsinformation für bedeutsame Erfahrungen geben muss. Bei Banduras Konzept der Selbstwirksamkeit, dem Konzept der Erfolgswahrscheinlichkeit bzw. Erfolgserwartung in der Motivationspsychologie (siehe Kapitel 3.1) und auch in dem Konzept der Realisierbarkeitserwartung in der Theorie der Absichtsentwicklung (Gollwitzer, 1991) geht man implizit davon aus, dass eine Person weiß, ob und wie oft sie bei ähnlichen Aufgaben schon Erfolg hatte. Seligman (1995) nimmt in seiner Theorie der gelernten Hilflosigkeit an, dass sowohl die Hunde aus den frühen experimentellen Studien, wie auch die Versuchsteilnehmer aus den Humanexperimenten aufgrund der wiederholten Erfahrung, dass keine der zuvor ausgeführten Reaktionen ein Abstellen oder Vermeiden der aversiven Reize (Schmerz, Lärm) bewirkt, eine bewusste Erwartung entwickeln, dass man auch in anderen, ähnlichen Situationen keinen Einfluss hat und man hilflos ist. Seligman nimmt sogar an, dass Menschen auch dann die Nichtkontingenz von eigenen Reaktionen und einem erwünschten Ergebnis wahrnehmen und sich hilflos fühlen, wenn das erwünschte Ereignis zwar wiederholt eintritt, wenn man aber bemerkt hat, dass es genausooft gegeben war, nachdem man reagiert hat wie in den Fällen, in denen man nichts getan hat – wenn es also objektiv gesehen unabhängig vom eigenen Verhalten ist. Der Versuch diese Fähigkeit experimentell zu belegen, ist wiederholt misslungen (Fiedler, 1985). Deshalb bezweifeln manche Autoren, dass Menschen zur genauen Kontingenzwahrnehmung im Stande sind oder nehmen an, dass dies nur unter besonderen Umständen gelingt. Fiedler (1985) zieht daraus den Schluss, dass man stärker die Nutzung episodischer Information bei der Wahrnehmung und Verarbeitung von Ereigniskontingenzen und von Handlungsergebnissen untersuchen sollte. Möglicherweise sind es nicht statistische, sondern überwiegend episodische Informationen, die Menschen in realen Situationen benutzen, um ihre Erfolgsaussichten, ihre Fähigkeiten, die Qualität ihres Handelns oder etwa das Ausmaß an Zustimmung und Anerkennung durch andere angemessen zu beurteilen.

Diese Überlegung führt zu den Fragen, in welchen Urteilssituationen ist episodische Information besonders relevant und welche episodische Information wird dabei anstelle von häufigkeitsbezogener Information genutzt. Die experimentellen Studien zur Wahrnehmungsfähigkeit von Ereignishäufigkeiten oder Kontingenzen bei Depressiven geben in der Regel Serien von Leistungsaufgaben vor, bei denen die Quote der erfolgreichen Lösungen experimentell kontrolliert ist oder man lässt die Versuchsteilnehmer herausfinden, ob und wie häufig sie einen apparativ erzeugten Reiz (z.B. Licht oder ein aversives Geräusch) durch eine vorgegebene Reaktionsmöglichkeit kontrollieren können. In beiden Fällen fordert man nachträglich ein Urteil über die Häufigkeit erfolgreicher Handlungen und im zweiten Fall das Ausmaß an Kontrolle über den Reiz. Diese Versuchsanordnungen haben in der Regel eine hohe interne Validität, weil verschiedene Quoten von Erfolgen mit unterschiedlichen Aufgaben hergestellt und die Abweichungen der Erfolgsschätzungen von der objektiven Quote eindeutig ermittelt werden können.

Ob diese Befunde auf die Alltagswelt des Menschen übertragbar sind bzw. wie hoch die externe Validität der Studien ist, lässt sich nicht leicht beantworten. Die einzelnen Handlungs-Ergebnisdurchgänge haben anders als im Alltag kaum episodischen Charakter. Leistungshandlungen im Alltag sind meistens zeitlich erstreckte Ereignisse, die eine Fülle von episodischer Information liefern, die beim selbstwertrelevanten Urteil über die Qualität der eigenen Leistung, die eigene Fähigkeit und das Ausmaß an Kontrolle herangezogen werden können. Die Nutzbarkeit häufigkeitsbezogener Information wird dagegen erschwert, weil zwischen einzelnen Leistungshandlungen eines Typs – anders als im Labor – in der Regel viel Zeit vergeht. Hinzu kommt, dass objektiv gemessene Ergebnisse aus Leistungshandlungen für die meisten Menschen nicht zum täglichen Alltag gehören, sie sind eher selten. Die alltäglichste und häufigste Form evaluativer Rückmeldung erfolgt sicherlich im Gespräch mit anderen Personen. Im Dialog mit Kollegen, Vorgesetzten aber auch mit Freunden und Bekannten geben und erhalten wir bewertende Informationen, etwa zur Qualität unserer Arbeit, zu politischen und privaten Meinungen, zu unseren Verhaltensweisen, persönlichen Zielen und Werthaltungen. Dem verbalen Austausch mit anderen entnehmen wir eine Vielzahl wichtiger Informationen, von denen das wahrgenommene Ausmaß der Akzeptanz und Wertschätzung, die wahrgenommene Ähnlichkeit von Einstellungen und Werthaltungen, die wahrgenommene Nähe und Sympathie zu anderen und schließlich unser Selbstwertgefühl wesentlich beeinflusst werden. Auf vielfältige Art können wir im Dialog die Meinungen und Aussagen des Interaktionspartners bestätigen oder ihnen widersprechen. Ein Widerspruch kann sprachlich kategorisch und konfrontativ oder sehr indirekt, fragend und vorsichtig sein. Neben dem sprachlichen Inhalt kann die Art des Widerspruchs oder der Zustimmung noch durch paraverbales Verhalten moderiert werden. Um das Ausmaß an Zustimmung oder die Ähnlichkeit einer Einstellung mit einer anderen Person zu beurteilen, stehen außer der Häufigkeit, mit der einer Meinungsäußerung widersprochen oder zugestimmt wurde, auch episodische, nicht statistische Informationen zu Verfügung. Solche episodischen Informationen sind beispielsweise wie prompt der Gesprächspartner auf eine Äußerung reagiert hat – ob er etwa den Gesprächspartner gar nicht ausreden ließ, ob er bei seiner Erwiderung die Stirn gerunzelt, den Blick abgewendet oder den Kopf geschüttelt hat oder ob er einen bestimmten Teil der sprachlichen Äußerung in seiner Erwiderung oder Zustimmung direkt wieder aufnimmt. Fiedler & Stroehm (1986) haben neben derlei episodischer auch statistische Information in einer Untersuchung experimentell variiert, um den relativen Einfluss der statistischen und der episodischen Informationsvariablen auf die Wahrnehmung bzw. die retrospektive Schätzung von Kontingenzen zustimmender oder ablehnender Reaktionen von Personen in quasinatürlichen Gesprächssituationen zu untersuchen.

Was sind die wesentlichen Unterschiede einer solchen Operationalisierung von experimentell kontrolliertem Verhaltensfeedback gegenüber der sonst üblichen Art der Untersuchung zur Ergebnis- bzw. Kontingenzwahrnehmung im Rahmen von Leistungshandlungen? Bei Rückmeldungen im Dialog kann die sprachliche Eindeutigkeit positiver und negativer Reaktionen variieren, die evaluative Information kann non- und paraverbal intensiviert oder abgeschwächt sein und der Urteiler muss die evaluative Reaktion aus einem komplexen, fortlaufenden Sprachgeschehen herauslösen. Die experimentelle Darbietung der evaluativen Information im Rahmen eines quasinatürlichen Gesprächs erfordert beim Versuchsteilnehmer eine semantische Kodierung der bewertenden Reaktionen. Dies ermöglicht einerseits, wie in vielen bisherigen Studien zur Wahrnehmung von Handlungsergebnissen, retrospektiv ein summarisches Häufigkeitsurteil über die positiven und negativen Rückmeldungen (Zustimmung/Widerspruch) zu erfragen und damit die Verarbeitung statistischer Information zu untersuchen. Darüber hinaus besteht die Möglichkeit, ein Stichwort aus jeder einzelnen Interaktionssequenz vorzugeben und in einem „cued recall test" die Erinnerungsgenauigkeit für eine episodischsemantische Enkodierung der erhaltenen zustimmenden und widersprechenden Reaktionen zu prüfen.

5.2.2 Bewertende Rückmeldungen im Gespräch (Studien 3 und 4)

Den vorausgehenden Überlegungen entsprechend wurden 2 Studien durchgeführt, in denen die Wahrnehmung von zustimmenden und widersprechenden Reaktionen in einer Gesprächssituation bei Versuchsteilnehmern mit depressiver und nichtdepressiver Stimmung untersucht wurde. In Studie 3 beobachteten depressiv verstimmte Studenten und nichtdepressive studentische Kontrollpersonen evaluative Rückmeldungen einer vermeintlichen Vorgängerin in einem Interview und in Studie 4 erlebten psychiatrisch hospitalisierte, klinisch depressive Patienten und nichtdepressive psychiatrische Patienten in einem tatsächlichen Interview an sie selbst gerichtete evaluative Rückmeldungen. Die evaluativen Rückmeldungen wurden vom Interviewer als Reaktion auf die zuvor erfragte Verhaltensabsicht in einer vom Interviewer beschriebenen sozialen Konfliktsituation gegeben. Alle Personen erhielten gleich viele bestätigende wie widersprechende Reaktionen. Die Salienz der positiven und negativen Rückmeldungen wurde durch nonverbale und paraverbale Verhaltensweisen (raum-zeitliche und intensionale Zusatzinformationen) in 4 (Studie 3) oder 3 (Studie 4) Stufen experimentell variiert. Zustimmende Reaktionen wurden teilweise durch Lächeln und Kopfnicken, widersprechende Reaktionen durch Kopfschütteln und Blickabwenden nonverbal unterstrichen. Bei einem Teil der positiven und negativen Reaktionen wurde außerdem ein Argumentationsteils der Versuchsperson wörtlich wiederholt, um die inhaltliche Ähnlichkeit von Argumentation und Rückmeldung zu variieren. Ein Ziel der Untersuchung war es, 2 unterschiedlich erhobene Arten der Wahrnehmungsgenauigkeit der zustimmenden und widersprechenden Reaktionen zu vergleichen. Die Versuchspersonen hatten nach dem Interview – wie in den beiden ersten Studien – unangekündigt die Häufigkeit positiver bzw. negativer Rückmeldungen in einem Absoluturteil zu schätzen. Anschließend wurde für jedes im Interview thematisierte soziale Szenario, zu dem die Versuchsperson eine individuell begründete Verhaltensabsicht geäußert und der Interviewer eine positive oder negative Rückmeldung gegeben hatte, ein Hinweiswort vorgegeben und gefragt, ob bei diesem konkreten Thema Zustimmung oder Widerspruch gegeben war. Die Summe der (zutreffenden) Übereinstimmungsurteile lässt sich mit dem globalen Häufigkeitsurteil vergleichen. Wir erwarten eine höhere Genauigkeit für die summierten Einzelurteile, da über die thematischen Stichwörter als „cues" die Erinnerung an das soziale Szenario, an die eigene Verhaltensabsicht und die Reaktion des Interviewers erleichtert wird und weil keine integrierende, statistische Verarbeitung dieser episodischen Informationen erforderlich ist. Ein weiteres Ziel beider Studien war, zu prüfen ob und in welchem Ausmaß das absolute Häufigkeitsurteil oder auch die summierten einzelnen Übereinstimmungsurteile bei depressiven und/oder den nichtdepressiven Versuchsteilnehmer durch die non- und paraverbalen Zusätze der zustimmenden und ablehnenden Reaktionen beeinflusst wird. Damit kann beispielsweise geprüft werden, ob Depressive für nonverbal verstärkten Widerspruch sensitiver sind als Nichtdepressive.

Die Verwendung eines verbal-kommunikativen Settings, bei dem individuelle Verhaltensabsichten geäußert und bewertende Rückmeldungen gegeben werden, bietet gegenüber den „klassischen" Laborsettings eine weitere Möglichkeit, die These einer sozialen Sensitivität bei depressiver Stimmung zu untersuchen. Man kann prüfen, ob die widersprechenden Äußerungen des Interviewers eine Einstellungsänderung bewirken. Dann würde man nach dem Interview die eigene, ursprünglich geäußerte Verhaltensabsicht aufgeben und sie dem Interviewer angleichen. In den Studien 3 und 4 wurden aus diesem Grund vor und nach dem Interview die Verhaltensabsichten für die im Interview selbst thematisierten und für weitere Szenarios durch einen Fragebogen erfasst.

5.2.3 Methode (Studie 3)

Vpn. Insgesamt 758 Studierende verschiedener Fachrichtungen der Universität Zürich erhielten eine Schreiben, in dem um die freiwillige Teilnahme an der Untersuchung geworben wurde und dem 2 Fragebögen zur Messung von Depressivität (Becksches Depressionsinventar, BDI; Allgemeine Depressionsskala ADS) zum Ausfüllen und Rücksenden beilag. Die Zahl der Angeschriebenen musste sehr hoch sein, da bei postalischen Rekrutierungen mit einer relativ geringen Rücklaufquote zu rechnen ist und weil aus der Literatur bekannt ist, dass bei einer nichtklinischen Stichprobe nur etwa 10 % der Befragten eine vorübergehende depressive Verstimmung (BDI-Werte > 10, ADS-Werte > 21) haben. Unter den 189 Antworten fanden sich 18 depressiv Verstimmte (9.5 %), von denen 12 in die Untersuchung aufgenommen werden konnten, weil sie noch am Tag der Untersuchung einen ausreichend hohen Depressionswert (BDI-Range 10-20, M=14.42) aufwiesen. Von den Rückläufen mit geringeren Depressionswerten wurden 12 nichtdepressive Kontrollpersonen (BDI-Range 2-9, M=4.75) nach dem Zufallsprinzip für die Teilnahme an der Untersuchung ausgewählt. Bei der Rekrutierung wurde erklärt, mit der Studie solle der Einfluss der aktuellen Stimmung auf das Verhalten in problematischen Alltagssituationen untersucht werden.

Versuchsmaterial, Versuchsablauf. Die Teilnehmer wurden einzeln zur Untersuchung in einen Raum des Psychologischen Instituts eingeladen. Ihnen wurde mitgeteilt, dass zuerst 2 Fragebögen auszufüllen sind und dass sie sich dann auf ein Interview vorbereiten müssten, bei denen sie zu ihrem Verhalten in sozialen Konfliktsituationen befragt werden und dass das Interview per Video aufgezeichnet werde. Nach dem Ausfüllen der Fragebögen wurde allen Teilnehmern mitgeteilt, dass sie zur Vorbereitung auf ihr eigenes Interview und die dort angesprochenen Themen zunächst Gelegenheit bekommen, die Aufzeichnung des Interviews einer vorhergehenden Teilnehmerin zu sehen. Sie könnten dann noch Fragen zum Vorgehen stellen, bevor sie dann zum eigenen Interview in den Aufnahmeraum geführt werden. Zum Abschluss hätten sie noch 2 kurze Fragebögen auszufüllen. Dann sei die Untersuchung abgeschlossen.

Der zuerst vorgelegte Fragebogen war das BDI (Becksche Depressionsinventar). Es diente zur Überprüfung, ob die nach dem Screening als depressiv eingestuften Personen den Mindestwert von 10 nicht bereits unterschritten hatten. Anschließend wurde ein Fragebogen mit 22 kurz beschriebenen sozialen Situationen (ähnlich wie die bei Studie 1 und 2 verwendeten Szenarien) vorgelegt, die einen Konflikt zwischen einem eigennützigen Interesse und dem Interesse anderer Personen enthielten. Jedem Konfliktszenario folgte entweder ein offensiver oder defensiver Verhaltensvorschlag, für den die Versuchsperson auf einer Analogskala den Grad ihrer Zustimmung oder Ablehnung ausdrücken konnte. 16 der 22 Items entsprachen inhaltlich den 16 im Interview ausführlich thematisierten sozialen Situationen, die übrigen 6 waren Füllitems. Der Fragebogen diente als 1. Messung der Einstellung (der Verhaltensabsicht). Wie angekündigt, bekamen die Teilnehmer dann das videographierte Interview mit der vermeintlichen Vorgängerin zu sehen. Die Videoaufzeichnung enthielt das experimentell aufbereitete Stimulusmaterial für die eigentliche Untersuchung der Wahrnehmungsgenauigkeit für soziale Rückmeldung. Zu sehen ist ein männlicher Interviewer (ein Schauspieler) der einer interviewten Person (Psychologiestudentin) insgesamt 16 verschiedene soziale Situationen vorliest, in denen ein Interessenkonflikt besteht. Nach dem Vorlesen eines Konfliktszenarios fragt er die interviewte Studentin jeweils, ob sie eine bestimmte Verhaltensweise wählen würde und bittet Sie um eine Begründung für ihre Entscheidung. Anschließend kommentiert er ihre Verhaltensentscheidung positiv oder negativ. Sowohl die Verhaltensentscheidungen der Interviewten als auch die Reaktionen des Interviewers folgten einem festen Drehbuch. Die geäußerten Verhaltensabsichten und Begründungen der Interviewten sind 8-mal offensiv (handelt im eigenen Interesse) und 8-mal defensiv (handelt gegen das eigene Interesse, im Interesse anderer), die Reihenfolge beider Varianten wurde nach dem Zufallsprinzip gewählt. Der Interviewer reagiert jeweils 8-mal zustimmend und 8-mal widersprechend auf die geäußerte Verhaltensabsicht der Interviewten. Zustimmung und Widerspruch werden durch begründete Sätze gegeben und enthalten kein einfaches Ja/Nein oder richtig/falsch. Jede Zustimmung und Ablehnung kommt in 4 Varianten vor. Die erste Variante einer negativen Reaktion (n) besteht aus einem verbalen Widerspruch bzw. einer Kritik mit kurzer Begründung ohne weiteren Zusatz. Die zweite negative Variante enthält eine sog. „intensionale Ergänzung" (ni), d.h. der Interviewer greift eine Begründungsphrase der Interviewten wörtlich wiederholend in seiner Kritik auf. In der dritten Variante wird eine paraverbale, „temporale Ergänzung" (nit) hinzugefügt, d.h. der Interviewer wartet mit seiner kritisierenden Reaktion nicht bis die Interviewte ihren Redebeitrag beendet hat, er lässt sie also nicht ganz ausreden. In der vierten Variante werden noch nonverbale, sog. „spatiale Ergänzungen" (nits) hinzugefügt, d.h. der Interviewer runzelt die Stirn oder schüttelt den Kopf und wendet den Blick ab. Die positiven, zustimmenden Varianten sind entsprechend gestaltet. Bei (p) wird nur eine verbale Zustimmung mit Begründung gegeben, bei (pi) wird dabei noch eine Begründungsphrase der Interviewten aufgegriffen, bei (pit) reagiert der Interviewer noch bevor die Interviewpartnerin ausgeredet hat und bei (pits) lächelt der Interviewer oder nickt mit dem Kopf und hält Blickkontakt. Alle der insgesamt 8 Varianten wiederholen sich zweimal im Laufe der Rückmeldungen zu den 16 Interviewthemen. Die Reihenfolge ist auch hier per Zufall bestimmt worden. Das Umsetzen des so gestalteten Drehbuchs wurde von beiden Darstellern bis zur flüssigen Präsentation geübt. Die endgültige Aufnahme wurde von einer kleinen Zahl von Beurteilern in einem Vorexperiment übereinstimmend als glaubwürdig bestätigt.

Nach der Betrachtung der Videoaufzeichnung hatte jeder Teilnehmer 3 unterschiedliche Beurteilungen zur Wahrnehmung der Bewertungsreaktionen des Interviewers abzugeben. Als erstes wurde eine intuitive Gesamteinschätzung der Übereinstimmung von Interviewer und Interviewte verlangt. Zur Frage „Wie gut haben die Meinungen der Interviewpartner insgesamt übereingestimmt?" sollte jeder Teilnehmer auf einer Analogskala von „überhaupt nicht" bis „total" seine globale Einschätzung zum wahrgenommenen Anteil an Zustimmungen abgeben. Wenn sich die Beurteilungen der Teilnehmer ausschließlich an der Häufigkeit zustimmender und ablehnender Reaktionen orientieren würden und sie diese Häufigkeit auch tatsächlich registriert hätten oder rückwirkend rekonstruieren könnten, so müssten sie genau die Skalenmitte ankreuzen, da die objektive Quote der Zustimmungen 50 % ist. Dies setzt voraus, dass sie zu einem völlig korrekten, statistischen Urteil fähig sind und dass die non- und paraverbalen Zusätze bei den Rückmeldungen keinen Einfluss auf die wahrgenommene Übereinstimmung haben. Wir gingen davon aus, dass beides nicht der Fall ist, sondern dass sich Einflüsse der Art der Rückmeldung zeigen und dass die intuitiven Urteile nicht sehr genau sind. Gleich anschließend wurde für jedes der 16 Interviewthemen (Konflikt-szenarien) einzeln eine Einschätzung verlangt, wie stark die Reaktion des Interviewers mit der Verhaltensabsicht der Interviewten übereinstimmte. Für jedes der 16 Konfliktszenarien wurde ein charakterisierendes Stichwort als „cue" vorgegeben. Die Einschätzungen erfolgten wieder auf einer Analogskala mit den Polen von „überhaupt nicht" und „total" für den relativen Grad an empfundener Übereinstimmung. Zusätzlich hatten die Untersuchungsteilnehmer für jede Einzeleinschätzung – ebenfalls auf einer Analogskala mit den Polen „völlig unsicher" und „ganz sicher" – anzugeben, wie sicher sie sich bei dieser Einschät-zung sind. Zuletzt wurde mit der Frage „Bei wie vielen der 16 Themen haben die Interviewpartner übereingestimmt?" eine direkte Häufigkeitsschätzung verlangt. Die Reihenfolge der Übereinstimmungsmessungen wurde so gewählt, dass das intuitiv-globale Übereinstimmungsurteil von den anderen Übereinstimmungs-schätzungen unbeeinflusst ist. Es wurde deshalb zuerst erhoben. Bei der zuletzt erhobenen Schätzung der absoluten Häufigkeit zustimmender Reaktionen, kann davon ausgegangen werden, dass sie durch die vorausgehenden Übereinstim-mungsschätzungen zu den 16 einzelnen, durch ein Stichwort charakterisierten Konfliktszenarien beeinflusst ist. Mit dem sequentiellen Aktivieren der Er-innerungsspuren im cued recall Test wird möglicherweise die Verarbeitung häufigkeitsrelevanter Information veranlasst oder erleichtert. Es ist zwar nicht anzunehmen, dass die Untersuchungsteilnehmer, bei den Einzelurteilen bewusst mitzählen, weil die abschließende Häufigkeitsschätzung nicht angekündigt wurde. Dennoch könnte der vorausgehende cued recall Test eine Verbesserung der Häufigkeitsschätzungen bewirken.

Anschließend wurden die Versuchteilnehmer darüber aufgeklärt, dass es kein Interview mit ihnen geben werde, sondern dass die bereits erhobene Wahrnehmung und Erinnerung des Rückmeldeverhaltens des im Video beobachteten Interviewers das Ziel der Untersuchung sei. Mit dem Hinweis auf das vorgebliche eigene Interview sollte das Interesse für das dargestellte Interview bzw. eine Identifikation mit der interviewten Person sichergestellt werden, ohne dass ein absichtliches Mitzählen der zustimmenden und ablehnenden Reaktionen des Interviewers stimuliert wird. Am Ende der Untersuchung wurde die 2. Einstellungsmessung durchgeführt, um etwaige Einstellungsänderungen bzw. Anpassungen an die Bewertungen des Interviewers feststellen zu können. Es wurden die gleichen Items wie bei der 1. Einstellungsmessung verwendet, allerdings in geänderter Reihenfolge. Abschließend erfolgte ein ausführliches Debriefing, in dem die Untersuchungsabsichten, der Aufbau der Untersuchung und die Hypothesen erklärt und Fragen hierzu beantwortet wurden. Die Teilnehmer wurden gebeten, nicht mit anderen Studierenden über die Untersuchung zu sprechen, bevor diese abgeschlossen ist.

5.2.4 Ergebnisse

5.2.4.1 Genauigkeit verschiedener Übereinstimmungsurteile im Vergleich

Die Analyse der Übereinstimmungsschätzungen erfolgte einerseits mit den 3 genannten Übereinstimmungsmaßen, dem intuitiv-globalen Übereinstimmungsurteil, dem Häufigkeitsurteil und der Summe der zutreffenden, themenspezifischen Urteile über alle 16 Rückmeldesequenzen. In einer zweiten Analyse wurde der Einfluss der non- und paraverbalen Zusätze auf die Urteilsgenauigkeit varianzanalytisch untersucht. Um die 3 verschiedenen Übereinstimmungsmaße vergleichbar zu machen, wurden sie in eine Prozentskala von 0 bis 100 transformiert, so dass ein Wert von 100 perfekter Genauigkeit entspricht und gleiche Abweichungsbeträge von 100 bei allen 3 Messungen denselben Genauigkeitsverlust von der maximal möglichen Genauigkeit ausdrücken. Von besonderem Interesse war hierbei die Frage, ob und in welchem Maße sich die Urteilsgenauigkeit verbessert, wenn statt der globalen Übereinstimmungsbeurteilung cued recall Urteile verwendet werden, bei denen semantische Themen-Cues die Erinnerung an die Einzelrückmeldungen erleichtern.

Für den Vergleich der Urteilsgenauigkeit bei den 3 Beurteilungsmaßen wurde eine 2(Depressivität) x 3(Urteilsarten) faktorielle ANOVA durchgeführt, mit Depressivität als Gruppierungs- und Urteilsarten als Messwiederholungsfaktor. Dabei wurde lediglich der Haupteffekt für Urteilsarten signifikant, $F(2, 44)=4.7$, $p<.05$. Weder der Haupteffekt Depressivität, $F(1, 22)=.24$, n.s., noch die Interaktion von Depressivität und Urteilsarten wurden signifikant, $F(2, 44)=.24$, n.s. Depressiv gestimmte und nichtdepressive Versuchsteilnehmer unterscheiden sich hinsichtlich der Genauigkeit bei keinem der 3 Übereinstimmungsurteile signifikant. Wie erwartet, wird die geringste Genauigkeit mit dem zuerst erhobenen intuitiven Übereinstimmungsurteil erzielt (Gesamt-M=68.1). Die zuletzt erhobene Schätzung der Zustimmungshäufigkeit ist bereits etwas genauer (Gesamt-M=76.0) und könnte evtl. von dem vorausgehenden cued recall Test profitiert haben. Eine relativ hohe Genauigkeit zeigt sich im cued recall Test bei den als zutreffend klassifizierten, summierten Übereinstimmungsurteile über alle Interviewsequenzen, (Gesamt-M=84.4). Betrachtet man die Richtung der Abweichungen, so zeigt sich bei der zuerst erhobenen globalen Übereinstimmungsschätzung eine deutliche Unterschätzung der objektiven 50-prozentigen Übereinstimmung. Dies zeigen die nichttransformierten Übereinstimmungsschätzungen bei depressiv verstimmten (M=37.4, SD=15.8) und nichtdepressiven (M= 35.8, SD=14.8) Versuchsteilnehmer gleichermaßen. Die Summe der dichotomisierten Einzelurteile (richtig erkannte Zustimmung/Ablehnung, ohne Berücksichtigung der empfundenen Zustimmungs-/Ablehnungsintensität) ergibt eine recht hohe prozentuale Genauigkeit, sowohl für Nichtdepressive (M=84.9, SD=12.0) wie für depressiv Gestimmte (M=83.9, SD=7.8). Von den insgesamt 16 Rückmeldesequenzen wurde durchschnittlich bei 13.5 richtig erinnert, ob der Interviewer eine positive oder negative Reaktion zeigte. Dies ist eine beachtlich hohe Genauigkeit, die zweifellos über einer Ratewahrscheinlichkeit liegt. In einer zweifaktoriellen ANOVA mit Depressivität als Gruppierungsfaktor und der Valenz der summierten Einzelurteile als Messwiederholungsfaktor zeigte sich insgesamt keine signifikante Asymmetrie der Genauigkeit zugunsten positiver oder negativer Rückmeldungen, Haupteffekt Valenz: $F(1;22)=2.5$, $p>.10$. Die Wechselwirkung von Depressivität und Valenz zeigt eine tendenzielle, aber nicht signifikante Bedeutsamkeit, $F(1;22)=3.2$, $p<.10$. Nichtdepressive zeigen – summiert über die Einzelurteile – eine etwas höhere Genauigkeit bei negativen Rückmeldungen mit durchschnittlich 7.4 von 8 möglichen Treffern gegenüber positiven Rückmeldungen mit durchschnittlich 6.2 von 8 Treffern. Depressiv gestimmte Versuchspersonen urteilen für beide Valenzarten gleich genau (für negative M=6.7, für positive M=6.8). Sie zeigen also nicht, wie in der Beckschen und in anderen Defizittheorien angenommen, eine höhere Sensibilität für negative Rückmeldungen. Es sind die „normal" gestimmten Personen, die eine leichte Neigung in diese Richtung aufweisen.

Die anschließend erhobene Schätzung der Gesamthäufigkeit für zustimmende Reaktionen ergab für depressiv und normal gestimmte Versuchsteilnehmer die gleiche mittlere Schätzung von 7.3 (SD=2.7/2.0), was einer prozentwertähnlich transformierten Genauigkeit von etwa 76 entspricht. Insgesamt bestätigen die Ergebnisse die Erwartung, dass die Einzelurteile mit dem Vorteil semantisch-episodischer Hinweisreize die höchste Urteilsgenauigkeit ergeben. Die abschließende direkte Häufigkeitsschätzungen der Teilnehmer liegt zwar näher an der objektiven Häufigkeit als die anfangs erhobene Übereinstimmungsschätzung (auf einer Analogskala), sie ist aber dennoch geringer als die Summe der richtigen Einzelurteile. Die Teilnehmer haben also offenbar nicht „mitgezählt", wie viele zustimmende Reaktionen sie bei den einzelnen Themen erinnert haben, sonst würden sich diese beiden Urteilsmaße nicht voneinander unterscheiden. Ob letztlich das Reaktivieren der themenbezogenen Erinnerungen dennoch die Genauigkeit der folgenden Gesamthäufigkeitsschätzung beeinflusst hat, lässt sich natürlich nicht sicher sagen.

5.2.4.2 Die Wirkung non- und paraverbaler Zusätze auf die Übereinstimmungsurteile

Um den Einfluss der non- und paraverbalen Zusätze der Reaktionen des Interviewers auf die Wahrnehmung und Erinnerung (cued recall) der Beobachter zu prüfen, wurde jeweils getrennt für zustimmende und widersprechende Reaktionen eine zweifaktorielle ANOVA mit dem Gruppenfaktor Depressivität und dem Messwiederholungsfaktor Rückmeldeart (nur Zustimmung/Ablehnung, + intensionaler, + intensionaler +temporaler, + intensionaler + temporaler + spatialer Zusatz) gerechnet. Es wurde entschieden, die Rückmeldevalenz nicht als einen Faktor aufzunehmen, sondern die Analysen für zustimmende und ablehnende Reaktionen zu trennen, weil vor allem die nonverbalen Zusätze bei positiver Reaktion (Lächeln, Kopfnicken, Blickkontakt) und bei negativen Zusätzen (Stirnrunzeln, Kopfschütteln, Blickabwendung) nicht als völlig gleichartige, von der Valenz unabhängige Zusätze betrachtet werden können.

Wahrgenommene Übereinstimmungsintensität bei positiven Rückmeldungen. Die Versuchsteilnehmer schätzten für jede thematisch gekennzeichnete Rückmeldesequenz des Interviewers auf einer Analogskala den relativen Grad der wahrgenommenen bzw. erinnerten Zustimmung zur Interviewten ein, von „stimmten überhaupt nicht überein" (=0) bis „stimmten total überein" (=100). Die folgende Auswertung enthält sowohl kategorial richtige (>50) wie auch eventuell vorkommende kategorial falsche (<50) Urteile. Eine explizite Auswertung der Urteilsgenauigkeit erfolgt getrennt (siehe unten). Die Skalenwerte drücken also den empfundenen Grad an Zustimmung aus (gemittelt über die Gruppe der Depressiven/Nichtdepressiven). Dies ist insofern, unabhängig von der kategorialen Richtigkeit des Urteils, durchaus informativ, weil damit zum Ausdruck kommt, ob die experimentell variierten Zusätze wie Lächeln und Kopfnicken den subjektiven Grad, oder besser die wahrgenommene Intensität der Zustimmung steigern. Es ergab sich ein signifikanter Haupteffekt für Depressivität, $F(1,22)=5.7$, $p<.05$. Depressiv Gestimmte nehmen bei positiven Rückmeldungen ein stärkeres Maß an Übereinstimmung zwischen beiden Interviewpartnern wahr als Nichtdepressive. Der ebenfalls signifikante Haupteffekt für die Rückmeldevarianten, $F(3,66)=5.7$, $p<.01$, zeigt, dass die Übereinstimmungswahrnehmung bei positiven Reaktionen des Interviewers durch die Art der Rückmeldung beeinflusst wird. Entgegen den Erwartungen gibt es keinen kumulativen Effekt der 3 Zusatzvarianten. Das Aufnehmen einer Argumentationsphrase in die verbalisierte Zustimmung ist der einzige Zusatz, der eine Steigerung der wahrgenommenen Übereinstimmung bewirkt. Das zusätzliche „forsch Reagieren", noch bevor die Interviewte ausreden konnte, und die positiven, nonverbalen Zusätze Lächeln, Kopfnicken und Blickzuwendung bewirken eine signifikante Verringerung der wahrgenommenen Übereinstimmung gegenüber der intensional erweiterten Feedbackvariante. Eine post hoc Erklärung wäre, dass nonverbale Zusätze möglicherweise in einem selbst erlebten Interview die Konsenswahrnehmung positiv beeinflussen, dass dieselben Zusätze bei einer Videobeobachtung eher ablenken, wenn gleichzeitig noch ein auffälliger verbal-inhaltlicher Zusatz (das Wiederholen eines Argumentteils) gegeben ist. Der paraverbale Zusatz „den Gesprächspartner nicht ausreden lassen" könnte bei einer zustimmenden Rückmeldung sogar irritierend wirken, weil er bei Zustimmungen im Alltag seltener vorkommt und eher typisch für heftigen Widerspruch ist. Bemerkenswert ist jedenfalls, dass depressiv gestimmte Beobachter eine größeres Maß an Zustimmung wahrnehmen, als Nichtdepressive. Am größten ist die Differenz zu Nichtdepressiven bei der Rückmeldevariante mit sämtlichen Zusätzen (pits). Dieses Ergebnis widerspricht einer gängigen Annahme der Depressionsforschung, nämlich dass Depressive grundsätzlich zu einer negativ verzerrten Wahrnehmung neigen. Es könnte allerdings sein, dass Depressive nur eindeutig auf sie selbst bezogene, unmittelbar selbst erlebte positive Rückmeldung negativer wahrnehmen als Nichtdepressive und dass die Identifikation mit der Interviewerin im hier berichteten Experiment nicht ausreichend stark war, um diese Voraussetzung zu erfüllen. Ebenfalls nicht auszuschließen ist, dass mild depressiv Verstimmte diese Verzerrungsneigung nicht haben.

Genauigkeit der Übereinstimmungsurteile. Die wahrgenommene Übereinstimmungsintensität gibt noch nicht die Genauigkeit der Wahrnehmung für die positiven Rückmeldevarianten wieder. Die durchschnittlichen Übereinstimmungsurteile für objektiv positive Rückmeldungen können durch fälschlich als negativ beurteilte Rückmeldungen (Werte < 50) verringert sein. Als Indikator für die Genauigkeit wurden die dichotomisierten Übereinstimmungsurteile (Urteile > 50 = Zustimmung; Urteile < 50 = Widerspruch) benutzt, wie bereits beim Vergleich der summierten richtigen Zustimmungsurteile aus dem cued recall Test mit der absoluten Häufigkeitsschätzung. Die entsprechende zweifaktorielle ANOVA mit Depressivität als Gruppierungs- und Rückmeldevarianten als Messwiederholungsfaktor ergab wieder einen signifikanten Haupteffekt für die Rückmeldevarianten, $F(3,66)=3.79$, $p<.05$ (siehe Abbildung 3). Der bei den graduellen Übereinstimmungsurteilen gefundene Haupteffekt für Depressivität wurde nicht mehr signifikant, $F(1, 22)=1.1$. Auch die Interaktion von Depressivität und Rückmeldevarianten wird nicht signifikant, $F(3, 66)=2.0$. Dies bedeutet, dass Nichtdepressive die Übereinstimmungsintensität der Zustimmungen generell etwas geringer beurteilten und dass dieser Unterschied zu den depressiven Versuchsteilnehmern nicht durch eine signifikant höhere Fehlerquote erklärt werden kann. Denn Depressive und Nichtdepressive haben – über alle Feedbackvarianten betrachtet, etwa gleich viele Urteilsfehler (falsch negative) und Treffer (siehe Tabelle 6 und Abbildung 3).

Tabelle 6: Genauigkeit der Übereinstimmungsurteile – positive Rückmeldungen

Rückmelde-varianten	Depressivität	Mittelwert	Standard-abweichung	N
nur verbal	nichtdepressiv	79.17	25.75	12
(p)	depressiv	79.17	33.43	12
	Gesamt	79.17	29.18	24
v + intensional	nichtdepressiv	95.83	14.43	12
(pi)	depressiv	91.67	19.46	12
	Gesamt	93.75	16.89	24
vi + temporal	nichtdepressiv	79.17	25.75	12
(pit)	depressiv	83.33	24.62	12
	Gesamt	81.25	24.73	24
vit + spatial	nichtdepressiv	54.17	45.02	12
(pits)	depressiv	83.33	24.62	12
	Gesamt	68.75	38.48	24

Für die nichtdepressiven Probanden zeigt sich eine signifikante Steigerung der Urteilsgenauigkeit durch den intensionalen Zusatz (pi), also durch das Wiederholen eines Argumentteils. Nichtdepressive zeigten bei dieser Rückmeldevariante die höchste Trefferquote für das Wiedererinnern der Valenz der Interviewerreaktion (M=95.8, SD=14.4), signifikant höher als unter allen anderen Bedingungen. Die weiteren Rückmeldezusätze „nicht ausreden lassen" sowie „Blickkontakt, Kopfnicken und Lächeln" (+t, +s) führen, statt dem erwarteten Gewinn an Genauigkeit, zu einem Verlust an Genauigkeit. Bei der Bedingung mit allen Reaktionszusätzen (pits) zeigten Nichtdepressive sogar eine signifikant geringere Urteilsgenauigkeit als bei verbalen Rückmeldevariante ohne irgend einen Zusatz (p), $F(3,66)=2.4$, $p<,05$ und der Variante mit wörtlichem Wiederholen einer Argumentationsphrase (pi), $F(3,66)=3.5$, $p<.01$. Die Gruppe Depressiver zeigte ebenfalls bei der Varianten pi die höchste Genauigkeit (M=91.7, SD=19.4). Die Differenz zu den anderen Bedingungen ist jedoch nicht signifikant. Depressiv Gestimmte werden im Unterschied zu Nichtdepressiven nicht durch die verschiedenen Feedbackvarianten beeinflusst. Sie zeigen bei keiner Rückmeldebedingung eine geringere Urteilsgenauigkeit als Nichtdepressive. Bei der Variante mit allen Zusätzen (pits) sind sie genauer als Nichtdepressive.

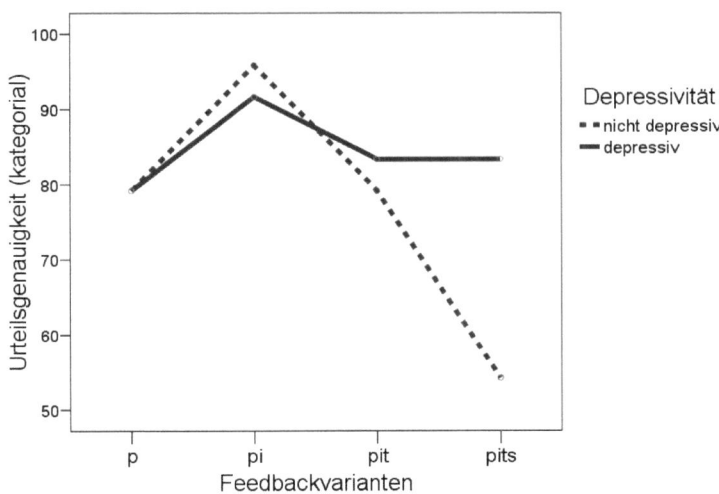

Abbildung 3: (Genauigkeit der Übereinstimmungsurteile (100=max. genau)

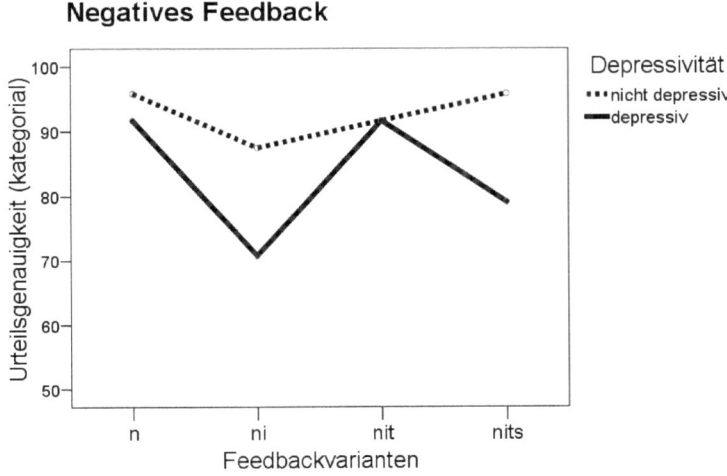

Abbildung 4: Genauigkeit der Übereinstimmungsurteile (100=max. genau)

Wahrgenommene Widerspruchsintensität bei negativen Rückmeldungen. Für die widersprechenden Reaktionen des Interviewers wurde wie bei den zustimmenden Reaktionen zunächst das eingeschätzte Maß an „Nichtübereinstimmung" analysiert. Hierzu wurde die Skalierung für die 8 Items mit widersprechenden Reaktionen des Interviewers invertiert. Der Pol „stimmen überhaupt nicht überein" bekam den Höchstwert 100, der Pol „stimmen total überein" den Wert 0. Falls die betreffenden Rückmeldungen richtig als Nichtübereinstimmung erinnert wurde, so musste die Widerspruchsintensität einen Wert über 50 haben. Die übliche zweifaktorielle ANOVA ergab einen signifikanten Haupteffekt für die Rückmeldevarianten, $F(3,66)=3.5$, $p<.05$. Weder der Haupteffekt für Depressivität, $F(1, 22)=1.6$, n.s., noch die Interaktion von Depressivität und Rückmeldevarianten, $F(3,66)=1.6$, n.s., wurden signifikant. Untersucht man die Veränderungen der Übereinstimmungsintensität für widersprechende Reaktionen für die Gruppe der depressiv gestimmten Teilnehmer, so bewirkt der intensionale Zusatz (ni) – der Interviewer übernimmt eine Argumentationsphrase der Interviewten – eine signifikante Verringerung der wahrgenommenen Widerspruchsintensität gegenüber der Variante „Widerspruch ohne Zusatz" (n). Diese Verringerung der wahrgenommenen Intensität des Widerspruchs ist plausibel. Sehr wahrscheinlich kommt es in der Alltagskommunikation häufig bei Zustimmungen und sehr selten bei Ablehnungen vor, dass man einen Argumentationsteil des anderen wörtlich wiederholt. Die weiteren Zusätze „Nicht ausreden lassen" (t) und „Blickabwenden, Kopfschütteln und Stirnrunzeln" (s) bewirken gerade einmal, dass die retrospektiv eingeschätzte Widerspruchsintensität auf das Niveau des bloßen verbalen Widerspruchs ohne irgend einen Zusatz angehoben wird. Bei Nichtdepressiven führen die verschiedenen Zusätze bei den negativen Reaktionen des Interviewers zu keiner signifikanten Veränderung der retrospektiv beurteilten Widerspruchsintensität. Dies gilt auch für die bei depressiv Gestimmten gefundene, gegenläufige Wirkung des „Wiederholens eines Argumentationsteils der Interviewten".

Nichtdepressive und depressiv Gestimmte nehmen die Intensität negativer (widersprechender) Reaktionen des Interviewers bei keiner Rückmeldevariante signifikant verschieden wahr. Die geringere Dissenswahrnehmung Depressiver bei Variante ni ist nur tendenziell signifikant ($p<.10$). Wie bereits bei den zustimmenden Reaktionen, bewirkten die non- und paraverbalen Zusätze der ablehnenden Reaktionen keine Steigerung der wahrgenommenen Widerspruchsintensität. Ebensowenig zeigt sich die in der Depressionsforschung häufig postulierte selektive Wahrnehmung von negativer Ergebnisinformation bei depressiv Gestimmten. Auch hier sei einschränkend darauf hingewiesen, dass es sich nicht um wirklich selbst erlebte, sondern lediglich um „identifikatorisch" wahrgenommene soziale Reaktionen handelt.

Genauigkeit der Dissensurteile. Auch für die ablehnenden Reaktionen wurde mit den kategorial transformierten Dissensurteilen (für die invertierten Skalenwerte > 50 zutreffend Dissens, für Werte < 50 fälschlich Konsens) die übliche zweifaktorielle ANOVA gerechnet. Die Haupteffekte für die Rückmeldevarianten ($F(3,66)=2.1$, $p>.10$) und für Depressivität ($F(1,22)=2.9$, $p>.10$) wurden nicht signifikant, ebensowenig wie die Interaktion beider Faktoren, $F(3,66)=.93$, n.s. (siehe Abbildung 4). Der intensionale Zusatz „Argumentteil der Interviewten Wiederholen" hat sich demnach bei depressiv Gestimmten zwar auf die wahrgenommene Intensität des Widerspruchs ausgewirkt, er hat jedoch nicht zu einer Zunahme an fälschlichen Übereinstimmungsurteilen geführt.

Tabelle 7: Genauigkeit der Übereinstimmungsurteile – negative Rückmeldungen

Rückmelde-varianten	Depressivität	Mittelwert	Standard-abweichung	N
nur verbal	nichtdepressiv	95.83	14.43	12
(n)	depressiv	91.67	19.46	12
	Gesamt	93.75	16.89	24
v + intensional	nichtdepressiv	87.50	22.61	12
(ni)	depressiv	70.83	25.75	12
	Gesamt	79.17	25.18	24
vi + temporal	nichtdepressiv	91.67	28.87	12
(nit)	depressiv	91.67	19.46	12
	Gesamt	91.67	24.08	24
vit + spatial	nichtdepressiv	95.83	14.43	12
(nits)	depressiv	79.17	33.43	12
	Gesamt	87.50	26.58	24

Urteilssicherheit. Bei einer dreifaktoriellen ANOVA für die subjektive Urteilssicherheit mit Depressivität als Gruppierungsfaktor und Valenz sowie Rückmeldevarianten als Messwiederholungsfaktoren ergab sich ein signifikanter Haupteffekt für die Valenz der Rückmeldungen, $F(1,22)=13.72$, $p<.001$ und ein signifikanter Haupteffekt für die Rückmeldevarianten, $F(3,66)=4.23$, $p<.01$. Auch die Interaktion von Valenz und Rückmeldevarianten wurde signifikant, $F(3,66)=5.15$, $p<.01$. Weder der Haupteffekt für Depressivität noch eine der übrigen Interaktionen wurden signifikant. Die Urteilssicherheit war für negative Rückmeldungen höher ($M=77.5$) als für positive ($M=65.6$). Für die Rückmeldevariante mit allen Zusätzen ist die Urteilssicherheit signifikant niedriger ($M=66.3$) als für die Rückmeldung ohne irgendeinen Zusatz ($M=76.9$). Die Analyse der Wechselwirkung von Valenz und Rückmeldevarianten zeigt, dass bei Rückmeldungen ohne einen Zusatz, die Sicherheit für negative Rückmeldung signifikant höher ist als für positive. Dasselbe gilt auch für die Rückmeldungen mit allen Zusätzen (pits, nits). Dort ist die Sicherheit für positives Feedback am geringsten ($M=56.0$) und für negatives Feedback signifikant höher ($M=76.7$). Für die intensional ergänzten Feedbackvarianten sind die Urteilssicherheiten für beide Valenzen gleich. Für die intensional und temporal erweiterten Rückmeldungen zeigt sich eine nichtsignifikante Tendenz für eine höhere Sicherheit bei negativen Rückmeldungen. Die subjektive Urteilssicherheit korreliert für negative Rückmeldungen signifikant mit der wahrgenommenen Widerspruchsintensität, $r=.50$, $p=.01$. Für positive Rückmeldungen ist die Korrelation zwischen Urteilssicherheit und Übereinstimmungsintensität $r=.29$, n.s.. Für die Urteilssicherheit gilt – ähnlich wie für die Beurteilung der Übereinstimmungs- bzw. Widerspruchsintensität, dass entgegen den Erwartungen, die non- und paraverbalen Zusätze keinen steigernden Effekt gehabt haben.

5.2.4.3 Einstellungsänderungen

Bei den 16 sozialen Szenarien mit einem Entscheidungskonflikt erfragte der Interviewer im Video eine begründete Verhaltensabsicht, nämlich ob man in der skizzierten Situation eher ein offensives, die eigenen Interessen wahrendes oder ein defensives, die entgegenstehenden Interessen anderer berücksichtigendes Verhalten präferieren würde. Den Ergebnissen der Studien 1 und 2 entsprechend ist zu erwarten, dass Depressive a priori – ohne Induktion einer offensiven Reaktionsbereitschaft – eine Neigung zu defensiven Verhaltenspräferenzen haben. So wäre auch für diese Untersuchung zu erwarten, dass depressiv verstimmte Versuchsteilnehmer sich bei vielen der vom Interviewer geschilderten sozialen Situationen defensiv verhalten würden, bei denen die interviewte Person eine offensive Verhaltensabsicht äußert und der Interviewer in die offensive Reaktion befürwortet. Da ja alle Untersuchungsteilnehmer annahmen, dass sie nach dem Betrachten des videographierten Interviews ebenfalls interviewt werden, wäre es denkbar, dass alle eine Motivation haben, sich den Einstellungen des Interviewers anzupassen, um negative Rückmeldungen zu vermeiden. Wegen der erwähnten stärkeren Defensivität bei Depressiven, wäre zu erwarten, dass depressiv verstimmte Personen eine stärkere Neigung haben als Nichtdepressive, sich den Interviewereinstellungen anzupassen. Um dies zu prüfen wurde der bereits beschriebene Fragebogen zur Messung der Einstellung vor und nach dem Betrachten des Videos vorgelegt. Der Test enthielt für jedes im Interview thematisierte soziale Szenario eine inhaltlich sehr ähnliche Kurzschilderung mit einem inhaltlich entsprechendem Entscheidungskonflikt. Für jede Szene wurde auf einer Analogskala die Zustimmung zu einer offensiv oder einer defensiv formulierten Verhaltensalternative erfragt, so dass über den Gesamttest, dass mittlere Ausmaß an Offensivität berechnet werden konnte. Eine zweifaktorielle ANOVA mit Depressivität als Gruppierungsfaktor und Offensivität vor und nach der Interviewbeobachtung als Messwiederholungsfaktor ergab weder für Depressivität, $F(1,22)=1.1$, noch für den Messwiederholungsfaktor Offensivitätseinstellung (prä/post), $F(1,22)=.01$, einen signifikanten Haupteffekt. Auch die Wechselwirkung wurde nicht signifikant, $F(1,22)=2.4$, $p>.10$. Die Mittelwerte für Depressive (M1=49.1, M2=50.4) und Nichtdepressive (M1=53.9, M2=52.7) zeigen, anders als erwartet, dass weder vor noch nach dem Ansehen des Interviewvideos ein wesentlicher Unterschied an Offensivität zwischen Depressiven und Nichtdepressiven bestand. Es zeigt sich auch bei keiner Gruppe eine bedeutsame Änderung der Offensivitätseinstellung. Die Messung der mittleren Offensivität über alle Items gibt allerdings keinen Aufschluss über die Frage einer besonderen Beeinflussbarkeit Depressiver durch den Interviewer oder die interviewte Studentin im Video, da ja darauf geachtet wurde, dass offensive und defensive Handlungsabsichten der Studentin und die Wertungspräferenzen des Interviewers ausgeglichen sind. Deshalb wurden etwaige prä-post Offensivitätsänderungen der Untersuchungsteilnehmer in Abhängigkeit folgender 4 Präferenzkombinationen im Video untersucht, Interv.-offens./Stud.-offens., Interv.-offens./Stud.-defens., Interv.-defens./Stud.-offens., Interv.-defens./Stud.-defens. Die insgesamt 16 interviewparallelen Einstellungsitems wurden diesen Präferenzkombinationen entsprechend in 4 Untergruppen mit je 4 Einstellungsitems geordnet und eine vierfaktorielle (Gruppierungsfaktor: Depressivität, Messwiederholungsfaktoren: Einstellungsmessung – prä/post, Offensivität – Interviewer (off/def), Offensivität – Studentin (off/def)) ANOVA berechnet. Es ergab sich ein hochsignifikanter Haupteffekt für Offensivität der Studentin, $F(1,22)=23.9$, $p<.001$. Die 3 anderen Haupteffekte Depressivität, Einstellungsmessung (prä/post), Offensivität des Interviewers erreichten keine Signifikanz ($F(1,22)<=1.1$). Außerdem wurden die Dreifachinteraktionen Depressivität x Einstellungsmessung(prä/post) x Offensivität des Interviewers signifikant ($F(1,22)=5.9,p<.05$). Die Dreifachinteraktion Depressivität x Offensivität der Studentin x Offensivität des Interviewers zeigte eine nichtsignifikante Tendenz, $F(1,22)=3.7$, $p<.10$. Der hoch signifikante Haupteffekt Offensivität der Studentin (im Interview) zeigt, dass die Offensivitätseinstellungen der Untersuchungteilnehmer jeweils der Offensivität der Verhaltensabsicht der Studentin entgegengesetzt waren. Wenn die Studentin offensive Verhaltensabsichten äußerte, war die Einstellung der Untersuchungsteilnehmer eher defensiv und umgekehrt, wenn sie defensive Verhaltensabsichten mitteilte, offensiv. Dies gilt für Depressive und Nichtdepressive Versuchsteilnehmer. Dieser Haupteffekt bedeutet jedoch nicht, dass eine starke Einstellungsänderung durch das Verhalten der Studentin im Video stattgefunden hat, denn die genannte Gegenläufigkeit der Einstellung bestand schon bei der 1. Einstellungsmessung also vor dem Betrachten des Videos, wie die entsprechende ANOVA für die 1. Einstellungsmessung zeigt (Haupteffekt für Offensivität der Studentin: $F(1,22)=22.1$, $p<.001$). Die Mittelwerte der Versuchsteilnehmer liegen bei offensiven Verhaltensabsichten der Interviewten mit M=44 (SD=10.8) im defensiven Bereich und bei defensiven Verhaltensabsichten mit M=58.8 (SD=12.1) deutlich im offensiven Bereich. Bei Depressiven werden die Offensivitäteinstellungen dann etwas höher, wenn sowohl der Interviewer wie die Studentin ein offensives Verhalten präferieren. Wenn der Interviewer der Studentin widerspricht, passen sie ihre Einstellung scheinbar der Studentin an. Sie werden etwas offensiver, wenn die Studentin offensiv war und negatives Feedback bekam und etwas defensiver, wenn die Studentin defensiv war und negatives Feedback bekam. Die Änderungsbeträge sind allerdings nicht sehr hoch. Den höchsten Änderungsbetrag zeigen depressiv Gestimmte, wenn sowohl die Studentin als auch der Interviewer ein defensives Verhalten präferieren. Dann allerdings zeigen Depressive eine deutlich offensivere Einstellung als bei der Vormessung, sie passen sich also nicht den Einstellungen der Videoakteure an. So gesehen, gibt es keine überzeugenden Hinweise für eine erhöhte Suggestibilität depressiv Gestimmter, denn die leichten Steigerungen bzw. Senkungen der Offensivität in Richtung Interviewte könnten auch bloße statistische Regressionseffekte bei wiederholter Messung sein. In beiden Fällen ist die Änderung nicht so stark, dass sie in den offensiven bzw. defensiven Bereich, also in den Präferenzbereich der Interviewten hineingeht, und somit als wirkliche Einstellungsänderung zu werten wäre. Nichtdepressive zeigen nur in 2 der 4 mögliche Fälle eine Änderung ihrer Einstellungswerte. Eine leichte Offensivitätssteigerung ergibt sich, wenn Interviewer und Interviewte offensive Präferenzen zeigen. Die Einstellungswerte werden defensiver – liegen aber immer noch deutlich im offensiven Bereich, wenn Interviewer und Interviewte defensives Verhalten präferieren. Bei den beiden Widerspruchsvarianten (Interviewer gibt negatives Feedback) zeigen sich keinerlei Änderungen bei Nichtdepressiven.

5.2.5 Diskussion (Studie 3)

Mit Studie 3 konnten 2 Erwartungen bestätigt werden. Zum einen, dass depressiv Gestimmte, verglichen mit Nichtdepressiven bei der Beobachtung einer quasinatürlichen Rückmeldesituation keine negativ verzerrte Wahrnehmung und Erinnerung der Rückmeldung haben. Zweitens konnte gezeigt werden, dass die Vorgabe episodischer Information (cued recall, ein Stichwort zum Interviewthema) zu einer beträchtlich hohen Urteilsgenauigkeit bei Depressiven und Nichtdepressiven führt. Dies legt den Schluss nahe, dass das Erfragen eines statistischen Gesamturteils kein geeignetes Maß für die Schätzung der Wahrnehmungsgenauigkeit Depressiver ist. Erwartungswidrig ist der Befund, dass die non- und paraverbalen Zusätze, von denen ein salienzsteigernder und wahrnehmungsrelevanter Effekt erwartet wurde, mehrheitlich keine Steigerung der wahrgenommenen Intensität von Zustimmung oder Ablehnung und der Wahrnehmungsgenauigkeit brachten. Es scheint, als wenn nur die verbalen Informationen, der evaluative Inhalt der Äußerung an sich und die verbale Aufnahme bzw. Wiederholung einer Argumentationsphrase des Gesprächspartners bei positiver Rückmeldung für die Erinnerung der sozialen Reaktionen genutzt werden. Dabei bleiben jedoch folgende Fragen offen. Zu aller erst stellt sich die Frage, ob beobachtetes Feedback im Video ähnlich genau wahrgenommen wird, wie selbst erfahrenes Feedback in einem eigenen Interview. Selbst wenn man annimmt, dass die mild depressiven und nichtdepressiven Untersuchungsteilnehmer sich gleichermassen mit der angeblichen Vorgängerin (der interviewten Studentin) im Video identifiziert haben, weil sie ja erwarteten, selbst gleich interviewt zu werden, so besteht doch ein wesentlicher Unterschied zur selbsterfahrenen Rückmeldung. Im eigenen Interview werden die Verhaltensabsichten zu den geschilderten sozialen Konfliktsituationen selbst generiert. Dies erleichtert es zweifellos zu erkennen, ob die Reaktion des Interviewers widersprechend oder zustimmend ist. Wahrscheinlich ist auch die affektive Wirkung der unmittelbaren, selbst erfahrenen Reaktionen stärker als beim Beobachten. Aus beiden Gründen könnte die Enkodierung und Erinnerung der Interviewerreaktionen wesentlich leichter und intensiver sein als im beobachteten Interview. Beim Beobachten eines fremden Interviews muss der Beobachter Inhalt und Valenz von 2 „fremden" Verhaltensabsichten aus dem Gesprächskontext erschließen, sich einprägen und später wiedererinnern. Dies könnte so viel Aufmerksamkeitskapazität binden, dass ein Beachten der non- und paraverbalen Zusätze behindert wird, so dass diese Zusatzinformationen nicht für die Beurteilung der Übereinstimmung genutzt werden können. Die auf dem Bildschirm beobachteten non- und paraverbalen Zusätze der Interviewerreaktionen sind außerdem hinsichtlich ihrer Deutlichkeit und Einprägsamkeit vielleicht nicht so hoch, wie in einem echten Interview.

Aus diesen Gründen ist es denkbar, dass eine etwaige höhere Sensibilität Depressiver für soziale Rückmeldungen nur bei eindeutig selbstbezogenen, konkret erfahrenen Bewertungen auftritt. Dies könnte sowohl für die gängige Annahme einer negativ verzerrten Wahrnehmung von Rückmeldungen als auch für die in Studie 3 geprüfte Anpassung der Einstellungen gelten. Diese Überlegungen sprechen für eine Replikation der Studie, bei der Depressive und Nichtdepressive die bewertenden Rückmeldungen in einem Live-Interview erfahren. Mit der 4. Studie wurde eine solche Replikation durchgeführt. Im Unterschied zu Studie 3 wurden allerdings stationär behandelte, klinisch depressive und nichtdepressive Patienten (als Kontrollpersonen) in die Studie aufgenommen. Damit sollte, wie schon mit der modifizierten Replikation der Studie 1 durch Studie 2 untersucht werden, inwieweit klinisch Depressive sich anders verhalten als vorübergehend depressiv verstimmte Studenten.

5.2.6 Methode (Studie 4)

Vpn. Aus verschiedenen psychiatrischen Einrichtungen wurden 15 Patienten (BDI, M=24.4, SD=4.0) mit einer majoren depressiven Episode (als Erstmanifestation oder bei einer rezidivierenden depressiven Störung; keine andere psychische Störung) sowie 15 nichtdepressive Patienten (BDI: M=5.4, SD=4.8) mit der

Diagnose einer Angst- oder Persönlichkeitsstörung oder einer Suchterkrankung für die Untersuchung gewonnen. Depressive und nichtdepressive Versuchsteilnehmer waren hinsichtlich Geschlecht, Bildungsniveau (niedrig, mittel, hoch) und Alter (maximale Differenz 5 Jahre) parallelisiert.

Versuchsmaterial, Versuchsablauf. Entsprechend dem Vorgehen bei Studie 3 erhielten die Teilnehmer zunächst das Becksche Depressionsinventar zur Messung der aktuellen Depressivität. Anschließend wurde wieder ein Fragebogen zur 1. Messung der Offensivität der präferierten Verhaltensabsichten bei insgesamt 20 sozialen Konfliktsituationen vorgelegt. In einem Vorversuch mit insgesamt 20 nichtdepressiven Personen wurden diese 20 von insgesamt 30 Konfliktsituationen ausgewählt, weil sie die gewünschte Gleichverteilung von offensiven und defensiven Verhaltenswahlen hinreichend genau erfüllten. Wie in Studie 3 war festgelegt, dass genau so viele zustimmende wie widersprechende Rückmeldungen durch die Interviewerin erfolgen sollten. Bei Studie 4 wurden nur 3 positive Rückmeldevarianten, p (nur verbal-positiv), pi (verbal-positiv + intensional) und pis (verbal-positiv + intensional + spatial) sowie die entsprechenden 3 negativen Varianten (n, ni, nis) gegeben. Auf den temporalen Zusatz (t – Rückmeldung geben, bevor der Interviewpartner ausgeredet hat) von Studie 3 wurde verzichtet. Es schien uns in echten Interviews nicht so leicht und glaubwürdig zu realisieren. Durch Erhöhung der im Interview verwendeten sozialen Konfliktsituationen von 16 auf 18, konnte jede Rückmeldevariante 3-mal wiederholt werden. Da in dieser Studie die experimentell kontrollierten Feedbackvarianten mit verschiedenen nonverbalen bzw. verbalen Zusätzen im Rahmen wirklich durchgeführter Interviews mit den Versuchsteilnehmern gegeben werden sollte, wurde ein Drehbuch für die Interviewerin vorbereitet. Es enthielt die 18 schriftlich formulierten sozialen Konfliktsituationen des Interviews, deren Reihenfolge für alle Teilnehmer gleich war. Zu jeder Konfliktsituation wurde entweder ein offensiv oder defensiv formulierter Verhaltensvorschlag vorgelesen. Wie in Studie 3 war jeweils die Hälfte der Verhaltensvorschläge offensiv und defensiv formuliert. Die Versuchsteilnehmer wurden nach dem Verlesen eines Szenarios und des Verhaltensvorschlags aufgefordert, ihre Verhaltensabsicht für diese Konfliktsituation mitzuteilen, indem sie dem vorgelesenen Vorschlag zustimmte oder sich für ein gegenteiliges Verhalten entschied. In beiden Fällen sollte sie ihre Entscheidung begründen. Das Interviewer-Drehbuch enthielt für jedes Konflikt-Szenario die genaue Regieanweisung, welche Rückmeldevariante gegeben werden soll, ob also nur eine verbale Zustimmung oder Ablehnung gegeben werden soll oder eine bestimmte Variante der Zusätze gezeigt werden soll. Die Reihenfolge der Rückmeldevarianten war für alle Teilnehmer gleich. Da natürlich nicht feststand, ob die interviewte Person eine offensive oder defensive Verhaltensentscheidung fällen würde, musste für beide Fälle bei jedem Interviewthema eine inhaltlich passende und möglichst gut begründete, zustimmende oder ablehnende Reaktion vorbereitet sein. Das flüssige Gelingen, die experimentell vorgegebenen Feedbackvarianten zu realisieren, musste also mehrfach geübt, videographiert und anschließend kontrolliert werden. In einem Vorversuch wurde die genaue Umsetzung des „Drehbuchs" durch 3 unabhängige Rater bei 2 aufgezeichneten Interviews kontrolliert. Jeder Rater hatte eine Liste, deren Spalten die 3 positiven (p, ps, psi) und die 3 negativen (n, ns, nsi) Feedbackvarianten enthielt. Sie waren darüber informiert, welche nonverbalen Feedbackzusätze (Lächeln, Blickkontakt und Nicken) für zustimmende Reaktionen und für ablehnende Reaktionen vorkommen konnten und dass sowohl bei Zustimmungen als auch bei Ablehnungen ein Argumentationsteil der interviewten Person wiederholt werden konnte. Aufgabe des Raters war es, jede der 18 Rückmeldesequenzen genau zu beobachten und zu entscheiden, welche der 6 möglichen Rückmeldevarianten gegeben ist, um dann die identifizierte Variante in die Liste einzutragen. Die Übereinstimmungen mit dem Drehbuch waren sehr hoch. Bei einem Rater stimmten bei beiden Interviews jeweils eine von 18 eingeschätzten Rückmeldungen nicht mit dem Drehbuch überein. Bei den beiden anderen Ratern stimmte beim 1. Interview eine Einschätzung nicht mit dem Drehbuch überein und beim 2. Interview stimmten alle 18 Einschätzungen mit dem Drehbuch überein. Berechnet man Cohen's Kappa-Werte für die Übereinstimmung eines Raters mit der im Drehbuch vorgegebenen Sequenz der Rückmeldevarianten über alle 36 Szenen beider Interviews, die es zu beurteilen galt, so ergibt sich für Rater 1 ein ungewichtetes Kappa von .93 und für die beiden anderen ein Kappa von .97. Es ist legitim, die Berechnung mit der normativen Drehbuchsequenz der Feedbackvarianten vorzunehmen, weil die von einem Rater als abweichend beurteilte Szene immer von den beiden anderen Ratern als drehbuchkonform eingeschätzt wurde. Das spricht dafür, dass es sich um eine Fehleinschätzung des jeweiligen Raters handelt und nicht um einen Enkodierfehler der Interviewerin. Damit waren die Voraussetzungen für eine zuverlässige Realisierung der vorgegebenen Rückmeldungen in den Live-Interviews gegeben.

Alle Interviews wurden von derselben Interviewerin durchgeführt. Sie fanden in einem Raum der jeweiligen Klinik des Patienten statt. Nach dem Interview hatten die Teilnehmer zunächst, wie bei Studie 3, die globale Übereinstimmung mit der Interviewerin auf einer Analogskala einzuschätzen, dann wurde die direkte Schätzung der Zustimmungshäufigkeit erfragt. Anschließend erfolgten für alle 18 Interviewthemen die cued recall Einschätzungen, ob bei dem betreffenden Szenario Zustimmung oder Widerspruch gegeben war und wie sicher sich der Versuchsteilnehmer daran erinnern konnte. Danach erfolgte die zweite Messung der Einstellung zu den inhaltsparallelen Konfliktszenen. Nachdem die Versuchsteilnehmer noch einige Fragen zum Erleben der Interviewsituation beantwortet hatten, erfolgte das abschließende debriefing.

5.2.7 Ergebnisse

Manipulation-Check. In der Nachbefragung hatten die Untersuchungsteilnehmer Gelegenheit in einem Fragebogen anzugeben, wie glaubwürdig sie die Rückmeldungen der Interviewerin fanden und mündlich mitzuteilen, ob ihnen etwas Besonderes am Untersuchungsvorgehen aufgefallen ist. Die Glaubwürdigkeit wurde durchgängig als sehr hoch eingeschätzt (M=7.9, SD=1.5). Bei einer Skala, die von 1 „überhaupt nicht überzeugend" bis 10 „völlig überzeugend" reichte, lagen alle Werte zwischen 5 und 10. Niemand äußerte irgendeinen Verdacht in Bezug auf ein kontrolliertes, a priori festgelegtes Rückmeldeverhalten.

5.2.7.1 Genauigkeit der Übereinstimmungsurteile im Vergleich

Wie in Studie 3 wurden zunächst einmal die 3 verschiedenen Übereinstimmungsschätzungen, die auf einer Analogskala eingeschätzte globale Übereinstimmung, die Schätzung der absoluten Häufigkeit zustimmender Reaktionen sowie die Summe der einzelnen thematisch erfragten Übereinstimmungsurteile hinsichtlich ihrer Genauigkeit miteinander verglichen. Dazu wurden alle 3 Urteilsvarianten in eine prozentwertartige Skala der Abweichungen von der maximalen Genauigkeit transformiert, so dass der Wert 100 jeweils maximale Genauigkeit bedeutet. Die transformierten Urteile wurden einer zweifaktoriellen ANOVA mit dem Gruppierungsfaktor Depressivität und dem Messwiederholungsfaktor Urteilsarten unterzogen. Es ergab sich nur ein signifikanter Haupteffekt für die Urteilsarten, $F(2,56)=17.0$, $p<.001$. Weder der Haupteffekt für Depressivität, $F(1,28)=.00$, noch die Interaktion von Depressivität und Urteilsarten, $F_{(2, 56)}=.88$, wurden signifikant. Wie in Studie 3 war die Genauigkeit der globalen Übereinstimmungsschätzung am geringsten, für Nichtdepressive M=61.3, für Depressive M=64.0 (Gesamt M=62.7). Ebenfalls wie in Studie 3 waren die Genauigkeiten für die Schätzungen der Zustimmungshäufigkeiten etwas höher, für Nichtdepressive M=72.6, für Depressive M=65.2, wobei der Unterschied zum globalen Übereinstimmungsurteil nicht signifikant ist. Auch in Übereinstimmung mit den Ergebnissen aus Studie 3 zeigte sich, dass die über alle 18 Interviewthemen aufsummierten, kategorialen Übereinstimmungsurteile signifikant genauer waren als die beiden anderen Urteile (Nichtdepressive M=87.0, Depressive M=91.1). Die Genauigkeit der summierten cued recall Urteile ist noch höher als in Studie 3. Dies ist ein erster Hinweis darauf, dass ein unmittelbares Erleben der evaluativen Rückmeldungen im Vergleich zum „identifikatorischen Beobachten" der Rückmeldungen bei einem anderen, die Genauigkeit noch zu steigern vermag. In beiden Studien zeigt sich, dass die Nutzung von episodischer (semantischer) Information die Erinnerung an die Valenz der Rückmeldung erheblich steigert. Im Unterschied zu Studie 3 zeigte sich bei allen 3 Übereinstimmungsmaßen – für die nichttransformierten Werte – eine Überschätzung der tatsächlichen Zustimmungen. Die Überschätzung war für das globale Übereinstimmungsurteil erheblich. Vollkommen richtig wäre ein Skalenwert von 50, geschätzt wurde von Nichtdepressiven durchschnittlich 62.7 und von Depressiven 60.0 (Gesamt M=61.3). Die tatsächliche Häufigkeit der Zustimmungen war 9, geschätzt haben Nichtdepressive durchschnittlich 10.8 und Depressive 9.6 (Gesamt M=10.2). Eine relativ geringe Überschätzung zeigt sich für die summierten Einzelurteile. Der relative Anteil an Zustimmungen liegt objektiv bei 0.5, die summierten Übereinstimmungsurteile sind für Nichtdepressive 0.53, für Depressive 0.55 (Gesamt M=0.54).

5.2.7.2 Die Wirkung non- und paraverbaler Zusätze auf die Urteilsgenauigkeit

Die Teilnehmer haben für jede Rückmeldesequenz (cued recall) kategorial eingeschätzt, ob eine zustimmende oder ablehnende Reaktion erfolgte. In einer dreifaktoriellen ANOVA mit Depressivität als Gruppierungsfaktor und Rückmeldevarianten sowie Valenz der Rückmeldungen als Messwiederholungsfaktoren wurde die relative Genauigkeit für die kategorialen Zustimmungsurteile untersucht. Dazu wurden die Konsens- und Dissensurteile so transformiert, dass unabhängig von der

Valenz die Abweichung zur maximalen Genauigkeit bzw. die Zahl der Treffer zum Ausdruck kommt. Es zeigte sich ein signifikanter Haupteffekt für Valenz, $F(1, 28)=6.1$, $p<.05$, der wie bereits oben vermutet, bestätigt, dass die Urteils-genauigkeit für positive Rückmeldungen ($M=93.3$) höher ist als für negative ($M=84.8$) Reaktionen (siehe Abbildung 5 und 6).

Depressive und Nichtdepressive urteilen nicht unterschiedlich genau, $F(1,28)=.5$, n.s. Der Haupteffekt für die Rückmeldevarianten zeigt eine gewisse, nicht-signi-fikante Tendenz eines Genauigkeitsgewinns durch die nonverbalen bzw. verbalen Zusätze, $F(2,56)=2.4$, $p=.10$. Keine der Interaktionen wurde signifikant. Das bedeutet, dass die wahrgenommene Übereinstimmung weder von der Depressivität noch in bedeutsamer Weise von den experimentell variierten nonverbalen und verbalen Zusätzen beeinflusst wurde. Die Übereinstimmungsurteile für die positiven Rückmeldungen (p, ps, psi) sind insgesamt sehr hoch, sie sind nahe an der objektiven Quote (siehe Tabelle 8). So weichen beispielsweise die summierten Übereinstimmungsurteile Depressiver für die Rückmeldevarianten „p" (ohne Zusätze) und „psi" (alle Zusätze) nur 2 % von der maximal möglichen Genauigkeit ab. Bei diesen Rückmeldevarianten ergeben sich wegen eines Deckeneffektes geringere Streuungen der Werte, so dass die Annahme der Varianzhomogenität verletzt wird.

Positives Feedback

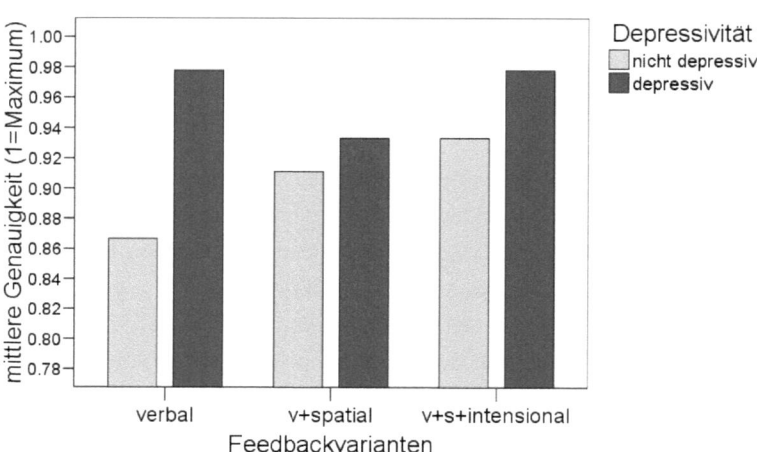

Abbildung 5: Genauigkeit der Übereinstimmungsurteile (1 = max. genau)

Negatives Feedback

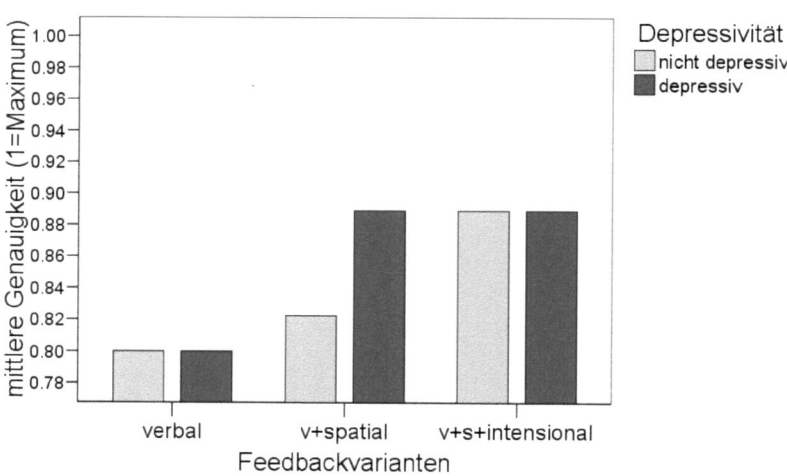

Abbildung 6: Genauigkeit der Übereinstimmungsurteile (1 = max. genau)

Tabelle 8: Genauigkeit der Übereinstimmungsurteile

Rückmelde-varianten	Depressivität	Mittelwert	Standard-abweichung	N
nur verbal	nichtdepressiv	.87	.30	15
(positiv)	depressiv	.98	.09	15
	Gesamt	.92	.23	30
v + spatial	nichtdepressiv	.91	.20	15
(positiv)	depressiv	.93	.14	15
	Gesamt	.92	.17	30
vs + intensional	nichtdepressiv	.93	.14	15
(positiv)	depressiv	.98	.09	15
	Gesamt	.96	.12	30
nur verbal	nichtdepressiv	.80	.25	15
(negativ)	depressiv	.80	.28	15
	Gesamt	.80	.26	30
v + spatial	nichtdepressiv	.82	.33	15
(negativ)	depressiv	.89	.24	15
	Gesamt	.86	.29	30
vs + intensional	nichtdepressiv	.89	.27	15
(negativ)	depressiv	.89	.21	15
	Gesamt	.89	.24	30

Urteilssicherheit. Die Versuchsteilnehmer konnten unmittelbar nach der Einschätzung, ob zu einem Interviewthema eine zustimmende oder eine widersprechende Reaktion der Interviewerin erfolgte, die subjektive Sicherheit ihrer Erinnerung – wie bei Studie 3 – auf einer Analogskala angeben. Die Ankreuzungen wurden dann von 1 bis 10 skaliert. Die Urteilssicherheit war außerordentlich hoch. Die durchschnittliche Sicherheit für die Übereinstimmungs-beurteilungen bei den 3 positiven und 3 negativen Rückmeldevarianten reichte von 8.7 bis 9.9. mit Standardabweichungen zwischen 0.4 und 1.4. Die empfundene Urteilssicherheit ist noch bedeutend höher als bei Studie 3, bei der das Feedback ja nur im Video auf eine andere Person bezogen und nicht selbst, in einem realen Gespräch erlebt wurde. Die dreifaktorielle ANOVA mit Depressivität als

Gruppierungsfaktor und den Feedbackvarianten sowie der Valenz der Rückmeldungen als Messwiederholungsfaktoren ergab einen signifikanten Haupteffekt für Depressivität, $F(1,28)=9.2$, $p<.01$. Trotz der insgesamt sehr hohen Urteilssicherheit geben Depressive ($M=9.1$, $SD=1.1$) eine geringere Sicherheit an als Nichtdepressive ($M=9.8$, $SD=0.5$). Kein anderer Haupteffekt oder eine der Interaktionen wurde signifikant. Die subjektive Urteilssicherheit war weder von den non- und den verbalen Zusätzen noch von der Valenz der Rückmeldungen beeinflusst, sondern ausschließlich von der Depressivität. Bei den sehr hohen Werten für die Urteilssicherheit ergaben sich Deckeneffekte, die mit einer verringerten Streuung der Werte einhergehen, so dass die Annahme der Varianzhomogenität, wie bereits bei der Urteilsgenauigkeit für positives Feedback, verletzt ist (siehe Tabelle 9).

Tabelle 9: Sicherheit der Übereinstimmungsurteile

Rückmelde-varianten	Depressivität	Mittelwert	Standard-abweichung	N
nur verbal	nichtdepressiv	9.87	0.43	15
(positiv)	depressiv	8.78	1.23	15
	Gesamt	9.32	1.06	30
v + spatial	nichtdepressiv	9.89	0.27	15
(positiv)	depressiv	9.31	1.13	15
	Gesamt	9.60	0.86	30
vs + intensional	nichtdepressiv	9.93	0.19	15
(positiv)	depressiv	9.33	0.96	15
	Gesamt	9.63	0.74	30
nur verbal	nichtdepressiv	9.71	0.60	15
(negativ)	depressiv	9.22	1.09	15
	Gesamt	9.47	0.90	30
v + spatial	nichtdepressiv	9.62	0.90	15
(negativ)	depressiv	9.02	1.39	15
	Gesamt	9.32	1.19	30
vs + intensional	nichtdepressiv	9.67	0.83	15
(negativ)	depressiv	9.07	1.10	15
	Gesamt	9.37	1.00	30

5.2.7.3 Einstellungsänderungen

Analog zu Studie 3 sollte geprüft werden, ob sich die Verhaltensabsichten bzw. die Offensivität der Verhaltensbereitschaft in den vorgegebenen sozialen Konflikt-situationen durch die bewertenden Rückmeldungen der Interviewerin verändert haben. Hierzu wurde vor und nach dem Interview jeweils ein Fragebogen mit Konfliktszenarien vorgegeben, bei denen die Versuchsperson sich entweder für eine offensive oder defensive Reaktion entscheiden musste. Der Fragebogen enthielt wieder die, zu den im Interview vorgegebenen Konfliktszenen inhaltspa-rallelen, Einstellungsitems sowie weitere Füllitems. Die Reihenfolge war im Vor-

und Nachtest verschieden. Es wurde untersucht, ob sich eine generelle Änderung der Offensivität der Reaktionsbereitschaft ergeben hat und ob sich depressive Versuchsteilnehmer eher als nichtdepressive den Offensivitätspräferenzen der Interviewerin anpassen. Die zweifaktorielle ANOVA mit dem Gruppierungsfaktor Depressivität und dem Messwiederholungsfaktor Zeitpunkt (prä/post) ergab weder für Depressivität ($F(1,28)=2.2$, $p>.10$) noch für den Messzeitpunkt ($F(1,28)=2.2$, $p>.10$) einen signifikanten Haupteffekt, obwohl die Mittelwerte für Depressive eine etwas geringere Offensivität als für Nichtdepressive aufweisen. Im Durchschnitt gab es 1.5 Änderungen in Richtung Offensivität und 1.9 Änderungen in Richtung Defensivität, so dass sich die Prä-Post-Änderungen in Bezug auf die Offensivität weitgehend aufheben. Hierbei zeigte sich kein Unterschied zwischen Depressiven und Nichtdepressiven. In einer weiteren Analyse wurde geprüft, inwieweit die interviewten Personen sich der Einstellung der Interviewerin angepasst haben. Dies wäre für die 9 widersprechenden Reaktionen der Interviewerin zu erwarten. Jeweils getrennt für den Anteil offensiver und defensiver Präferenzen bei den negativen Rückmeldungen wurde hierzu eine einfaktorielle ANOVA mit dem Gruppierungsfaktor Depressivität gerechnet. Die abhängige Variable war die Häufigkeit einer Änderungen der Offensivität von der 1. zur 2. Messung, die in Richtung der Einstellung der Interviewerin ging. Weder für offensive noch für defensive Anpassungen an die Interviewerin ergab sich ein signifikanter Effekt für Depressivität. Die durchschnittliche Zahl solcher Änderungen war insgesamt (offensive M=0.87; defensive M=0.93) so gering, dass man ohnehin von keiner nennenswerten Anpassungsneigung der Untersuchungsteilnehmer ausgehen kann.

5.2.8 Zusammenfassung und Diskussion (Studien 3 und 4)

Aufgrund der Beeinflussbarkeit der retrospektiven Häufigkeitsschätzungen durch die Induktion einer offensiven Reaktionsbereitschaft in Studie 1 und aufgrund der starken Unterschätzungen der tatsächlichen Erfolgsquote in Studie 2 wurde vermutet, dass das Erfragen von statistischer Information in vielen Fällen zu Urteilsunsicherheit führt und dass die Urteile dann durch personseitige und situative Faktoren beeinflusst werden können. Es spricht vieles dafür, dass Menschen in der Regel schlechte Statistiker sind, wenn es darum geht, Ereignishäufigkeiten und Kontingenzen zu schätzen. Die Bedeutung der Nutzung von statistischer Information für die Beurteilung der eigenen Wirksamkeit, Tüchtigkeit und eigener Fähigkeiten wurde in der Depressionsforschung überschätzt. Wie auch Fiedler (1985) vermutet, sind es in vielen Fällen andere, nämlich episodische Informationen, die für eine angemessene Beurteilung der genannten Eigenschaften herangezogen werden können. Mit der Versuchsanordnung in den Studien 3 und 4 wurde in mehrfacher Hinsicht Gelegenheit geschaffen, episodische Information für die retrospektive Einschätzung der Häufigkeit, der Valenz und der Intensität sozialer Bewertungsreaktionen zu nutzen. Die Einbettung der Rückmeldeinformation in ein Gespräch bringt es mit sich, dass die Enkodierung der Ergebnisinformation – eine bewertende Reaktion auf die geäußerte Verhaltensabsicht – in einem sprachlich-semantischen Format geschieht. Dadurch wird die retrospektive Erinnerung der erhaltenen Rückmeldungen erleichtert. Man braucht oft nur einen kleinen Teil der verbalisierten Rückmeldung, beispielsweise ein thematisches Stichwort, um den Inhalt der Rückmeldung rekonstruieren zu können. Eine zweite Form episodischer Information, die bei verbalen Rückmeldungen in Gesprächssituationen als Erinnerungshilfe für die nachträgliche Rekonstruktion von Valenz und Intensität der Bewertung herangezogen werden kann, sind non- und paraverbale Informationen. Lächeln, Blickkontakt, bejahendes Nicken und einen Argumentationsteil des Vorredners wiederholen sind denkbare „Erinnerungshilfen" für positive Rückmeldungen. Stirnrunzeln, Blickabwendung, Kopfschütteln und den anderen nicht ausreden lassen, sind sicherlich mögliche cues für negative Rückmeldungen. In den Studien 3 und 4 wurden die verbalisierten Rückmeldungen mit solchen Zusätzen versehen – in einer experimentell kontrollierten Quote. In beiden Studien wurde neben einer globalen Übereinstimmungseinschätzung und dem häufig verwendeten Häufigkeitsurteil für positive Reaktionen auch ein cued recall Test durchgeführt. Mit der Vorgabe eines Stichwortes zu jeder Interviewsequenz wurde die Erinnerung an die einzelnen Rückmeldevalenzen und die empfundene Intensität der Rückmeldung erfragt. Dadurch sollte geprüft werden, ob die Verwendung semantischer cues gegenüber einem globalen oder einem Häufigkeitsurteil zu einem Genauigkeitsgewinn bei der Einschätzung erhaltener Zustimmungen führt. In Studie 3 wurden die später erfragten Rückmeldungen nicht von den depressiv verstimmten und nichtdepressiven Versuchsteilnehmern direkt erlebt, sondern indirekt bei einer „identifikatorischen Beobachtung" einer vermeintlichen Vorgängerin in einem Videofilm, der als Vorbereitung auf ein angeblich eigenes Interview dargeboten wurde. In Studie 4 erlebten depressive und nichtdepressive Klinikpatienten die experimentell kontrollierten Rückmeldungen in einem Live-Interview.

Hinsichtlich der Genauigkeit ergibt sich in beiden Studien die selbe Reihenfolge. Global-intuitive Schätzungen der Übereinstimmung, in denen also keine statistisches Urteil erfragt wird, sind am ungenauesten. Die „erzwungenen", unangekündigten Schätzungen der Häufigkeit positiver Rückmeldungen liegen etwas höher, sind allerdings nicht signifikant genauer als die intuitiven Übereinstimmungsschätzungen. Über die summierten cued recall Urteile für die einzelnen Gesprächsthemen wird in beiden Studien eine Genauigkeit erreicht, die signifikant über dem globalen und dem Häufigkeitsurteil liegt. Dies spricht dafür, dass das Erfragen rein statistischer Urteile nicht gut geeignet ist, um die Wahrnehmungsgenauigkeit Depressiver im Vergleich zu Nichtdepressiven zu prüfen. Es führt besonders dann zu einer Unterschätzung der tatsächlich aufgenommenen Ergebnisinformation, wenn die Versuchspersonen episodische bzw. semantische Informationen zu den Rückmeldeereignissen wahrnehmen und speichern konnten.

Depressive unterscheiden sich in der Genauigkeit der wahrgenommenen Rückmeldungen nicht von nichtdepressiven Teilnehmern. Dies gilt für alle 3 Übereinstimmungsbeurteilungen. In keiner der beiden Studien gibt es Hinweise auf eine, in der Depressionsforschung häufig vertretene, depressionstypische negative Verzerrung der Ergebniswahrnehmung. Im Gegenteil, in Studie 3 schätzen depressiv Gestimmte die Übereinstimmungsintensität bei positiven Rückmeldungen signifikant höher ein als Nichtdepressive. In Studie 4 ist die Urteilsgenauigkeit von Depressiven und Nichtdepressiven für positive Rückmeldungen signifikant höher als für negative. Die Urteilsgenauigkeit für positive Rückmeldungen liegt bei Depressiven sogar leicht über der von Nichtdepressiven, auch wenn der Unterschied nicht signifikant wird. In Studie 3 zeigen gerade die Nichtdepressiven eine signifikant höhere Genauigkeit (Sensibilität) für negative Rückmeldungen, während Depressive für positive und negative Rückmeldungen die gleiche Genauigkeit zeigen.

Die Abweichungen der Übereinstimmungsurteile von der objektiv gegebenen 50-prozentigen Zustimmungsquote sind nicht zu gleichen Teilen Unter- und Überschätzungen. In Studie 3 kommt es zu systematischen Unterschätzungen, in Studie 4 zu Überschätzungen der zustimmenden Reaktionen. Dies gilt in beiden Fällen sowohl für Depressive wie für Nichtdepressive. Eine Erklärung hierfür könnte die sehr unterschiedliche Sympathie für die Person des Interviewers sein. In der Nachbefragung wurde jeweils ein Sympathieurteil auf einer Skala von 1-10 erfragt. In Studie 3 erhielt der männliche Interviewer im Video mit M=2.5 (SD=2.4) auffallend geringe Sympathiewerte. Die Interviewerin im Live-Interview der Studie 4 bekam mit M=8.9 (SD=1.5) dagegen extrem hohe Sympathiewerte. Es ist nicht ganz abwegig anzunehmen, dass starke Sympathie und sehr geringe Sympathie die Aufmerksamkeit für gleichvalente Rückmeldungen dieser Person steigert, so dass es zu einer genaueren Enkodierung und Erinnerung der gleichvalenten Rückmeldungen kommt. Dieser Sympathieeffekt kommt besonders bei den global-intuitiven und den Häufigkeitsschätzungen zum Tragen. Bei den cued recall Urteilen wirken die semantischen „Erinnerungshilfen" hinreichend stark, um den Sympathieeffekt relativ gering zu halten.

Unmittelbar selbst erlebte soziale Reaktionen auf eigene Meinungsäußerungen führen zu einer höheren Wahrnehmungs- und Erinnerungsgenauigkeit wie beobachtete Reaktionen, die auf eine andere Person bezogen sind – selbst dann, wenn man sich mit dieser Person identifiziert und ähnliche Reaktionen auf eigenes Verhalten antizipiert. Dies belegen sowohl die höheren Urteilsgenauigkeiten als auch die höhere Urteilssicherheit in Studie 4 im Vergleich zu Studie 3.

Ein recht erstaunliches Resultat beider Studien ist, dass die nonverbalen und verbalen Zusätze, die eigentlich salienzsteigernd wirken sollten, keinen nennenswerten oder zumindest keinen förderlichen Beitrag zur Genauigkeit der Wahrnehmung bzw. der Übereinstimmungsurteile leisten. Gerade Depressive, denen man gemeinhin eher eine höhere Sensibilität für nonverbale Verstärkungen der evaluativen Botschaft unterstellen würde, zeigen sich noch weniger davon beeindruckt (Studie 3) als Nichtdepressive. Von der verfügbaren episodischen Information nutzen depressive wie nichtdepressive Untersuchungsteilnehmer also letztlich nur die verbal-semantische Information für ihre Übereinstimmungsurteile. Damit soll keineswegs gesagt sein, dass non- und paraverbale Information aus realen Interaktionen gar keine Rolle spielt. Sehr wahrscheinlich beeinflusst diese die Sympathie, die subjektive Attraktivität und vielleicht auch die Präferenz für weitere Kontakt- oder Mitarbeitsangebote, aber offenbar nicht die Wahrnehmung evaluativer Rückmeldung. Depressive erweisen sich in beiden Studien ebensowenig wie Nichtdepressive als suggestibel für die Meinung des Interviewers. Die Ergebnisse der Studien 1 bis 4 sprechen also für die Normalität depressiver Wahrnehmung von Ergebnisrückmeldungen. Dabei ist zu betonen, dass dies nicht nur für depressiv verstimmte Studenten, sondern auch für mäßig und stark depressive Patienten in stationärer Behandlung gesagt werden kann. Was Depressive offenbar von Nichtdepressiven unterscheidet, ist der mit anderen

Studien übereinstimmende Befund, dass sie eine geringere Urteilssicherheit angeben oder anders ausgedrückt, dass sie sehr wahrscheinlich mehr subjektive Urteilssicherheit brauchen und wünschen als Nichtdepressive.

6. Vermeidungslernen und Kontingenzwahrnehmung (Studie 5)

6.1 Einführung

Experimente zum Vermeidungslernen haben durch die Theorie der gelernten Hilflosigkeit besondere Bedeutung für die Depressionsforschung bekommen. Sie waren wesentlicher Bestandteil der tierexperimentellen Untersuchungen von Overmier und Seligman (1967) sowie von Seligman und Maier (1967), in denen der Zusammenhang von Angstkonditionierung und instrumentellem Lernen untersucht werden sollte. Im ersten Teil der Versuche lernten Hunde, dass unmittelbar nach der Darbietung eines Tonsignals (dem konditionierten Reiz) ein schmerzhafter elektrischer Schlag folgte. Dabei waren die Hunde wie bei den Pavlovschen Konditionierungsexperimenten mit Riemen so fixiert, dass sie den elektrischen Reizen nicht ausweichen konnten. Im zweiten Teil der Versuche wurden die Hunde in die sog. „shuttle box" gesetzt, einem Versuchskäfig mit 2 durch eine Barriere getrennte Hälften, deren Boden elektrisch aufgeladen werden konnte. Geprüft wurde, wie lange es dauert, bis die Hunde herausfinden wie sie dem Schmerz – ausgelöst durch das elektrisierte Metallgitter des Käfigbodens – entfliehen oder ihn ganz vermeiden konnten. Dies konnten sie, indem sie – anfänglich mehr oder weniger zufällig – die Barriere überkletterten oder übersprangen und dabei bemerkten, dass sie im Nachbarabteil des Käfigs keinen Stromschlag bekamen. Eine Vergleichsgruppe von Hunden, die den ersten Teil des Versuchs nicht durchlaufen haben, lernten in der Regel bereits nach wenigen Durchgängen den Schmerzreiz durch einen Sprung ins andere Abteil zu verkürzen. Dabei verhielten sie sich anfangs sehr schreckhaft und panisch bis sie Laufe von 50 Durchgängen gelernt hatten, ruhig vor dem Gitter zu stehen, um zu warten bis das Ankündigungssignal (Ton, Verringerung der Helligkeit) kam, um scheinbar gelassen mit einem Sprung das Gitter zu überwinden. Sie hatten gelernt, jeden

Schmerzreiz zu vermeiden, indem sie die Zeit zwischen Ankündigungssignal und Reizapplikation zum Sprung nutzten. Von den Tieren, die den ersten Versuchsteil durchliefen und dort die Erfahrung gemacht hatten, dass sie den Stromschlägen nicht ausweichen können, verhielten sich manche – für die Experimentatoren unerwartet – völlig anders. Anfangs rasten sie ähnlich wie die Hunde ohne Vorbehandlung durch den Käfig, hielten dann aber inne, legten sich auf den Boden, winselten und ließen die Stromschläge passiv über sich ergehen. Ein Teil dieser Tiere lernte auch nach vielen wiederholten Durchgängen nicht, die Schmerz-reize durch Überwinden der Barriere zu vermeiden. Seligman interpretierte dieses Verhalten als gelernte Hilflosigkeit. Dem Paradigma der gelernten Hilflosigkeit zufolge, bewirkt die anhaltende Erfahrung, dass es keine instrumentelle Verhaltensweise gibt, um aversive oder traumatische Erfahrungen zu beeinflussen oder zu vermeiden, eine Erwartung, dass auch spätere Situationen unkontrollierbar sind. Diese gelernte, auf andere Situationen übertragene Erwartung untergräbt die Motivation aktiv zu versuchen, eine aversive Situationen zu vermeiden. Seligman nimmt an, dass nicht nur die geringe Zahl oder das Ausbleiben von Vermeidungs-versuchen verhindert, dass man später objektiv gegebene Einflussmöglichkeiten entdeckt. Er glaubt, dass es dem hilflosen Tier auch schwer fällt, wahrzunehmen, zu lernen und „zu glauben", dass der aversive Zustand vermeidbar ist, selbst wenn er wiederholt die Erfahrung gemacht hat, dass er beendet werden konnte. Demzufolge wäre gelernte Hilflosigkeit mit einem Motivations-, Wahrnehmungs- und Lerndefizit verbunden. In vielen experimentellen Untersuchungen mit Hunden und anderen Tierarten konnte die oben beschriebenen Hilflosigkeitsreaktionen auf vorausgehende Unkontrollierbarkeitserfahrungen bestätigt werden. Deshalb war es naheliegend, die Theorie der gelernten Hilflosigkeit auch auf den Humanbereich auszuweiten. Einerseits wurde versucht Hilflosigkeit – wie bei den Tierversuchen, experimentell zu erzeugen, und deren Wirkung auf die Wirksamkeitserwartungen und Leistungen bei Folgeaufgaben zu testen. Andererseits nahm Seligman an, dass reaktiven Depressionen die gleichen Erfahrungen und Reaktionsmechanismen zugrunde liegen, wie bei den vielfach untersuchten Hilflosigkeitsreaktionen. Bei einer sog. „Hilflosigkeitsdepression" muss die betroffene Person entweder traumatisierende bzw. sehr aversive Lebenserfahrungen gemacht haben, bei denen sie objektiv keine Einflussmöglichkeit hatte oder sie hat trotz intensiver und ausdauernder Anstrengungen ein sehr bedeutsames Lebensziel verfehlt. In der Theorie der Hilflosigkeitsdepression nimmt man für Personen im depressiven Zustand wie bei der experimentell induzierten Hilflosigkeit an, dass die Erwartung der Nichtkontrollierbarkeit besteht und dass, die Fähigkeit zu lernen, ob und wie viel Kontrolle man über ein Ereignis hat, beeinträchtigt ist. Anfangs hat man bei den Hilflosigkeitsexperimenten vorwiegend die Effekte auf das Leistungsverhalten und die Erwartung untersucht.

In den Untersuchungen von Alloy und Abramson (1979) wurde erstmals die Fähigkeit zur Wahrnehmung von Handlungs-Ergebnis-Kontingenzen bei depressiv gestimmten Personen, also bei „natürlicher" Hilflosigkeit experimentell getestet. Die Untersuchungsteilnehmer wurden explizit dazu aufgefordert, herauszufinden ob sie durch eine zur Verfügung stehende Handlung auf ein definiertes Zielereignis einen Einfluss haben oder ob dieses Ereignis völlig unabhängig von ihren Handlungen, also unkontrollierbar ist. Sie saßen vor einer Apparatur, bei der ein grünes Licht aufleuchten konnte. Alles was sie in jeweils 40 Durchgängen tun konnten, war entweder einen Knopf zu drücken (R) oder ihn nicht zu drücken (-R), um dann jeweils zu beobachten, ob das Licht (C) – die zu erzielende kontingente Reaktion, aufleuchtet. Die Quote an Bekräftigungen für das Knopfdrücken sowie für das Nichtdrücken konnte experimentell vorgegeben werden. Das Maß für die objektiv gegebene Kontrollierbarkeit (die objektive Kontingenz) wurde entsprechend Jenkins & Ward (1965) als Differenz der beiden bedingten Wahrscheinlichkeiten definiert, die Wahrscheinlichkeit des grünen Lichts, wenn Knopfdruck gegeben minus der Wahrscheinlichkeit des grünen Lichts, wenn Knopfdruck nicht gegeben, $K=p(C/R)-p(C/-R)$. Mit der beschriebenen Versuchsanordnung konnte die Häufigkeit der erwünschten Konsequenz unabhängig vom Grad der Kontrollierbarkeit variiert werden. So wäre bei (75-50) und bei (50-25) jeweils 25 % Kontrolle gegeben. Bei einem Vergleich beider Varianten mit gleicher „Kontrollierbarkeit" kann geprüft werden, ob die subjektive Wahrnehmung der Kontrolle von der Zahl erwünschter Ereignisse abhängt. Eine weitere Besonderheit dieser Versuchsanordnung ist, dass Kontrolle entsprechend der oben genannten Definition auch dann gegeben ist, wenn die bedingte Wahrscheinlichkeit für die erwünschte Konsequenz bei Nichtdrücken des Knopfes höher ist als bei Drücken des Knopfes, also z.B. (50-75), (25-75) oder (0-25). Nichtkontrollierbarkeit wäre immer dann gegeben, wenn beide bedingten Wahrscheinlichkeiten gleich sind, (75-75) oder (25-25).

Es besteht kein Zweifel, dass mit einer solchen Versuchsanordnung, die kognitive Fähigkeit ausgelotet werden kann, unterschiedlich schwer zu erkennende Kontingenzdifferenzen wahrzunehmen. Will man damit allerdings ein für die Entstehung oder Aufrechterhaltung von Depressivität verantwortliches kognitives Defizit außerhalb des Versuchslabors nachweisen, so ergeben sich meines Erachtens folgende Schwierigkeiten: 1. Mit der Festlegung der bedingten Wahrscheinlichkeiten ist keineswegs festgelegt, welche Kontingenzerfahrungen die Versuchspersonen machen. Denn sie können bei der festen Quote von beispielsweise 40 Durchgängen, das Verhältnis von aktiven und passiven Handlungen frei bestimmen. Depressive haben in den Experimenten von Alloy & Abramson weniger aktive Handlungen (Knopfdrücken) eingesetzt als Nichtdepressive. Damit wird die absolute Zahl der erwünschten Effekte nicht mehr konstant gehalten und ihr Einfluss auf die Wahrnehmung und die retrospektive Schätzung der Kontingenz bzw. der Kontrolle bleibt ungeklärt. 2. Die Versuchsteilnehmer wurden explizit aufgefordert herauszufinden, ob sie Kontrolle über das Ereignis „grünes Licht" haben oder nicht. In der Realität außerhalb des Labors kann man nicht davon ausgehen, dass eine permanente Motivation besteht, Handlungs-Ergebnis-Kontingenzen bewusst zu ermitteln. 3. Mit dem Experiment wird implizit davon ausgegangen, dass die subjektive Kontrollierbarkeit eines Ereignisses vorwiegend oder ausschließlich über die Wahrnehmung von Handlungs-Ergebnis-Kontingenzen erschlossen wird, ohne dass ein Konzept über den kausalen Mechanismus besteht bzw. ohne dass man weiß, warum die Handlung zum gewünschten Ergebnis führt. In einer extremen Form geht man wie der Philosph Hume (1711-1776) davon aus, dass Menschen grundsätzlich keine Ursächlichkeit wahrnehmen können, da es keine Eigenschaft gebe, die die Wirkung an die Ursache bindet. Nach Hume führen 3 Wahrnehmungsbedingungen zur Annahme der Kausalität, nämlich die Beobachtung raum-zeitlicher Kontiguität, die zeitliche Priorität der Ursache, und die Wiederholung des gleichen Ablaufs. Hume nahm aber auch an, dass Menschen daraus Schlüsse ziehen und universelle „Weltkontingenzen" ableiten, die allerdings nicht immer bzw. überall gelten müssen oder auch falsch sein können.

Diese Auffassung ist m.E. in vielen Teilen richtig. Das Gesagte gilt vor allem für menschliche Beobachtungen in jenen Bereichen der physikalischen und sozialen Welt, von denen man wenig weiß. Unbeachtet bleibt dabei, dass es viele Realitätsbereiche gibt, in denen Menschen schon seit vielen Generationen instrumentelles Wissen und technisch-handwerkliche Kompetenz und dadurch auch ein Verständnis der kausalen Mechanismen entwickelt haben, das weit über das bloße Lernen von raum-zeitlicher Kontiguität hinausgeht. Ein erheblicher Teil dieses Handlungswissens wird über soziale Kommunikation gelernt und muss nicht ontogenetisch immer wieder durch eigene Handlungs-Ergebnis-Erfahrungen erworben werden. Die Versuchstiere in den Tierexperimenten zur Gelernten Hilflosigkeit mögen durchaus noch jene – außerhalb des Forschungslabors nie gemachte – unerklärliche Erfahrung gemacht haben, dass ein plötzlicher Schmerz an den Pfoten – ausgelöst durch das elektrische Gitter der shuttle-box – weder durch einen reflexhaft ausgelösten Sprung zur Seite noch durch Wegbewegen von der schmerzauslösenden Stelle zur sonst gewohnten Beendigung oder dem Nachlassen des Schmerzes führt. Die Tiere haben keine Möglichkeit den kausalen Mechanismus der Schmerzapplikation in einer künstlichen Laborsituation zu durchschauen. Für sie ist das Gefangensein in der shuttle-box und die unkontrollierbare und unerklärbare Schmerzerfahrung ein fundamentaler Verlust sämtlicher instrumenteller Verhaltensweisen zur Beendigung der aversiven Schmerzerfahrung und zum Verlassen der Situation.

Schon beim Transfer solcher Experimentalanordnungen in den Humanbereich, gilt dies nicht mehr. Wenn man Versuchspersonen vor eine Apparatur setzt, die unangenehmen Lärm erzeugt, der sich unangekündigt wiederholt und den man nicht abstellen kann, dann sind diese Versuchsteilnehmer nicht so naiv und hilflos wie die Tiere. Sie wissen, dass sie an einem Experiment teilnehmen, zu dem es offenbar gehört, dass sie Lärm dargeboten bekommen, gegen den sie – in einer Versuchsbedingung – offenbar nichts tun können. Sie wissen, dass dies eine von den Experimentatoren konstruierte Laborwelt ist, der sie sich für eine begrenzte Zeit aussetzen. Sie wollen, wie wohl die meisten Versuchsteilnehmer, das was es zu tun gibt, möglichst gut machen. Dabei machen sie im ersten Versuchsteil – der Hilflosigkeitsinduktionsphase – die unerfreuliche Erfahrung, dass sie offenbar kein Mittel haben, den Lärm abzustellen oder dass sie keine einzige Leistungsaufgabe von einer ganzen Serie lösen konnten. Schlimmstenfalls könnten sie vermuten, dass dies anderen Versuchsteilnehmern gelungen ist. Sie wissen allerdings, dass außerhalb der Laborsituation, die Welt nach wie vor so funktioniert, wie sie es gewohnt sind. Im Unterschied dazu ist die Einschränkung der Tiere in den Hilflosigkeitsexperimenten geradezu existenziell.

Insofern war es eine recht hohe Erwartung, mit den relativ „harmlosen" Experimenten im Humanbereich den Kernmechanismus von Hilflosigkeitsreaktionen abbilden zu können. Die Übertragung des Hilflosigkeitsmodells auf die Entstehung psychoreaktiver Depressionen scheint dagegen wesentlich plausibler. Seligman (1975) geht davon aus, dass fundamentale Verlustereignisse oder Traumatisierungen Vorläufer einer depressiven Episode sind. Mit diesen Ereignissen haben die betroffenen Personen verschiedene Hilflosigkeitserfahrungen gemacht. Eine wichtige Unterscheidung bei schwerwiegenden biographischen Ereignissen ist, die subjektive Gewissheit, ob das Ereignis völlig zufällig und grundsätzlich unbeeinflussbar ist, oder ob man weiß, erwartet oder hofft, dass es Möglichkeiten gibt, das Unerwünschte abzuwenden oder das Erwünschte durch eigenes Handeln zu erreichen. So werden die meisten Menschen beim krebsbedingten Tod eines Angehörigen die Überzeugung haben, dass dieses tragische Ereignis nicht von ihnen beeinflusst werden konnte. Dagegen mag ein Angestellter, dessen Firma für einen späteren Zeitpunkt die Reduktion der Belegschaft angekündigt hat, die Erwartung haben, durch hohen Einsatz und besondere Leistungsergebnisse verhindern zu können, dass er zum Kreis der Entlassenen gehören wird. Eine sicherlich schwer zu klärende Frage – die auch Seligman nicht beantwortet hat – ist, von welchen Bedingungen es abhängt, ob eine Person bei einem der beiden Ereignissen klinisch depressiv wird. Es ist klar, dass nicht das Ereignis selbst depressiv macht, auch wenn es mit der Erfahrung massiver Hilflosigkeit verbunden war. Denn man findet leicht Menschen, die eines der beiden Ereignisse erlebt haben und deshalb traurig oder verzweifelt waren, aber nicht depressiv geworden sind. Angenommen, die Person im zweiten Beispiel wird trotz vieler Überstunden, höchster Anstrengung und sehr guter Leistungen nach einem Jahr dennoch entlassen, so könnte es hinsichtlich einer daraus entstehenden Depressivität von Bedeutung sein, ob sie glaubt, sie hätte sich noch mehr anstrengen müssen, um der Entlassung zu entgehen oder ob sie zur Überzeugung kommt, dass Anstrengung und Leistung völlig sinnlos waren, weil sie bei der Entscheidung der Firma überhaupt nicht berücksichtigt wurden.

In der Regel wissen Menschen, ob bestimmte Handlungsergebnisse fähigkeits- oder zufallsabhängig sind. Bei Fähigkeitsaufgaben haben sie meist auch eine mehr oder weniger zutreffende Überzeugung davon, ob sie die notwendige Fähigkeiten dafür zu besitzen oder nicht. Bei manchen Ergebniserfahrungen kann sich die subjektive Überzeugung, wie viel Zufall und wie viel Fähigkeit beteiligt sind, fliessend ändern und von gängigen Erwartungen abweichen. Manch einer, der eine Serie von erwünschten Sechsern beim Würfeln hat, mag sich die Überzeugung zu eigen machen, er habe im Unterschied zu anderen die Eigenschaft, Glück beim Würfeln zu haben. Umgekehrt mag jemand mit stark schwankenden Leistungs- resultaten bei einer Geschicklichkeitsaufgabe von Glück oder Pech reden, anstatt von wechselnder Aufmerksamkeit oder zu wenig Übung und Handlungssicherheit. Im Allgemeinen wissen Menschen jedoch recht gut, ob sie durch gesteigerte Anstrengung noch bessere Leistungen erzielen oder bei einer neu zu lernenden

Fertigkeit durch wiederholtes und ausdauerndes Üben ein bestimmtes Mindestmaß an Kompetenz erreichen können.

James und Rotter (1958) sowie Phares (1957) haben in ihren Studien die Erwartung, dass die Ergebnisse einer Handlung zufällig oder fähigkeitsabhängig sind, experimentell variiert. Es sollte nachgewiesen werden, dass das Verständnis einer Aufgabe als fähigkeits- oder zufallsabhängig die Erfolgserwartungen der Personen, die Anstrengungsbereitschaft, die Ausdauer und die Extinktionsrate (die Zahl wiederholter Reaktionen, nachdem zuvor gegebene Bekräftigungen völlig ausbleiben) entscheidend verändert. Durch unterschiedliche Instruktionen haben James und Rotter (1958) bei den Versuchsteilnehmern die Erwartung erzeugt, es handele sich um eine „skill" oder eine „chance" Aufgabe. Tatsächlich bearbeiteten beide Instruktionsgruppen die selbe Aufgabe. Mit dieser Versuchsanordnung ist den Autoren der bemerkenswerte Nachweis gelungen, dass nicht grundsätzlich eine intermittierende 50-prozentige Verstärkung des Handelns die größte Extinktionsresistenz ergibt, wie dies in tierexperimentellen Untersuchungen vielfach gefunden wurde und in Lehrbüchern als optimaler Verstärkerplan postuliert wird. Dies gilt nach den Ergebnissen von James und Rotter (1958) nur dann, wenn die Aufgabe als zufallsabhängig betrachtet wird. Bei fähigkeitsabhängigem Aufgabenverständnis ergibt dagegen eine 100-prozentige Verstärkerquote die größte Löschungsresistenz. Daraus kann man den naheliegenden Schluss ziehen, dass Tiere in den entsprechenden Untersuchen zum wirkungsvollsten Verstärkerplan die positiven Effekte ihrer Reaktionen nicht als fähigkeitsabhängig empfunden haben und dass sie bei den verwendeten Versuchsandordnungen nicht im Stande sind, ein Konzept der Fähigkeit aufzubauen. Phares (1962) wollte mit einer anderen Untersuchung zeigen, dass durch die Erwartung und die konkrete Erfahrung, dass man schmerzhafte Reize durch instrumentelles Verhalten vermeiden kann, die Wahrnehmungsschwelle für die mit dem Schmerz assoziierten Signale signifikant stärker gesenkt wird als bei der Einstellung und der Erfahrung, dass die Schmerzreize nur mit einer Zufallschance durch eigenes Verhalten zu vermeiden sind. Zu diesem Zweck wurde für 12 sinnlose, dreibuchstabige Silben die Wahrnehmungs- bzw. Leseschwelle ermittelt. Im zweiten Versuchsteil wurden alle 12 Silben in 10 Durchgängen jeweils einmal pro Durchgang in variierender Reihenfolge dargeboten. Die Darbietung von 6 der 12 Silben war mit der Verabreichung eines schmerzhaften Stromreizes verbunden. Eine von 3 Versuchsgruppen, die „Fähigkeitsgruppe", wurde instruiert, dass jeder „Schmerzsilbe" ein bestimmter Knopf von insgesamt 6 zugeordnet sei. Sobald die zugehörige

Schmerzsilbe erscheint, könne man durch Drücken desselben, den Schmerzreiz sofort abstellen bzw. ganz vermeiden, wenn man sofort beim Erscheinen der Silbe drückt. Es gelte, so schnell wie möglich herauszufinden, welcher Knopf welcher Silbe zugeordnet ist. Dann könne man im Laufe der 10 Darbietungsserien Kontrolle über das Auftreten des Schmerzes erlangen und diesen vollständig vermeiden. Der Zufallsgruppe wurde mitgeteilt, dass mit jedem der 10 Durchgänge die Zuordnung eines Knopfes zur Schmerzsilbe wechsle. Indem man aber dennoch immer einen Knopf drücke, habe man eine Zufalls-Chance (1/6), den Schmerzreiz, der sonst über die gesamte Darbietungszeit der Silbe (2 Sek.) andauere, abzustellen. Die Kontrollgruppe erhielt keine Schmerzapplikation. Ihr wurden nach Messung der Wahrnehmungsschwellen lediglich die 12 Silben in weiteren 10 Durchgängen dargeboten. Bei allen 3 Gruppen wurden abschließend erneut die Wahrnehmungsschwellen für die 12 sinnlosen Silben ermittelt. Wie vorhergesagt, zeigte sich unter Fähigkeitsbedingung eine signifikant stärkere Erniedrigung der Wahrnehmungsschwellen als unter Zufallsbedingung, sowohl für die schmerzassoziierten als auch für die neutralen Silben. Dies könnte man damit erklären, dass die kontrollmotivierte Versuchsperson im Unterschied zur zufalls-instruierten Versuchsperson bei jeder Silbe hoch aufmerksam sein muss, um nötigenfalls den Unterbrechungsknopf zu drücken. Erwartungswidrig, und nicht gut zu erklären, ist der Befund, dass die Kontrollgruppe ohne Schmerzapplikation eine ebenso starke Schwellenerniedrigung zeigte, wie die Fähigkeitsgruppe.

Der Untersuchungsaufbau ist nichtsdestoweniger sehr gut geeignet, um die Fähigkeit zum Vermeidungslernen in Verbindung mit der Entwicklung einer perzeptuellen Erleichterung für Ankündigungssignale (die schmerzgekoppelten Silben) und die subjektive Wahrnehmung der tatsächlich erreichten Kontrolle bei Depressiven im Vergleich zu Nichtdepressiven zu untersuchen. In den Studien von Alloy & Abramson (1979) hatte die Untersuchung zur subjektiven Kontrolle einen schwerwiegenden Nachteil, nämlich dass die Versuchsteilnehmer zwar heraus-finden konnten, mit welcher unterschiedlichen Häufigkeit Drücken oder Nicht-drücken mit dem Zielereignis kontingent verknüpft ist. Sie hatten aber weder Gelegenheit ein kausales Zusammenhangsverständnis für die Kovariationen zu entwickeln noch hatten sie die Möglichkeit, geeignete instrumentelle Handlungen zu erlernen, um das Ausmaß ihrer Kontrolle aktiv zu steigern, was außerhalb des Labors in aller Regel gegeben ist. Mit dem Untersuchungsaufbau von Phares (1962) sind diese Möglichkeiten gegeben. Letztlich beschränkt sich die

Untersuchung von Alloy & Abramson (1979) auf die Prüfung der Wahrnehmungsfähigkeit für eine vorgegebene, sehr abstrakte, „statistische" Art der Kontrolle.
Dies als Kontrolle im wahren Sinne des Wortes zu empfinden, ist besonders dann
kontraintuitiv, wenn das Nichthandeln (Nichtdrücken des Knopfes) statistisch
gesehen, mit Kontrolle über das Zielereignis verbunden ist. Die einzige sinnfällige
Strategie der Versuchsperson, das Ausmaß dieser Art von Kontrolle herauszufinden besteht nun darin, etwa gleich häufig zu drücken und nicht zu drücken,
damit sie leichter die objektiven Kontingenzunterschiede zum Aufleuchten des
Lichtes erkennen kann. In Studie 5 wurde ein ähnlicher Untersuchungsaufbau wie
bei Phares (1962) gewählt. Es sollte damit geprüft werden, ob sich Depressive von
Nichtdepressiven hinsichtlich der tatsächlichen Leistungen beim Vermeidungslernen (unter Fähigkeitsbedingung), der Verringerung der Wahrnehmungsschwellen für vermeidungsrelevante Ankündigungsreize (die Silben), der
retrospektiven Schätzung der Vermeidungsleistung (der Häufigkeit erfolgreichen
Abstellens des aversiven Zustandes) und dem empfundenen Ausmaß an Kontrolle
über das aversive Ereignis unterscheiden.

6.2 Methode

Vpn. Insgesamt nahmen 22 mild depressive Studenten mit einem durchschnittlichen Depressivitätswert im BDI von 14.4 (SD=3.0, Range 10-25), und
22 nichtdepressive Studenten (BDI, M=2.18, SD=2.3, Range 0-9) an der
Untersuchung teil. Der individuelle BDI-Wert für die Gruppe der depressiv
Gestimmte musste unmittelbar vor der Untersuchung noch >= 10 sein. Jeweils die
Hälfte der depressiven und nichtdepressiven Teilnehmer wurde der Fähigkeits-
bzw. der Zufallsbedingung zugeteilt.

Versuchsmaterial, Versuchsablauf. Analog zum Vorgehen bei Phares (1962)
wurden in der ersten Phase des Experiments die individuellen Leseschwellen für
12 sinnlose Silben (goz, xun, kem, sul ...) ermittelt, die über ein Versuchssteuerungsprogramm auf dem Bildschirm eines Personal-Computer dargeboten wurden.
Dieselben Silben wurden in der zweiten Untersuchungsphase zum eigentlichen
Vermeidungslernen benutzt. Die 12 Silben wurden in insgesamt 10 Serien mit
unterschiedlicher Sequenz jeweils 4 Sekunden lang dargeboten. Die Darbietung
von 6 der 12 Silben war immer mit aversivem Lärm aus einem Aktivlautsprecher

gekoppelt (im Unterschied zu elektrischen Schmerzreizen bei Phares). Den depressiv gestimmten und den nicht depressiven Personen der Fähigkeitsgruppe wurde wie bei Phares (1962) die Instruktion gegeben, dass jeder lärmgekoppelten Silbe eine von 6 markierten Tasten auf dem Keyboard zugeordnet ist und dass diese Zuordnung für alle 10 Durchgänge gleich bleibt. Es gelte also, so schnell wie möglich die richtigen Taste-Silbe-Zuordnungen herauszufinden, um so oft wie möglich den Lärm zu vermeiden. Wie gut das gelingt, hänge von der individuellen Lernfähigkeit ab. Das Versuchssteuerungsprogramm erlaubte nur die Eingabe eines – des ersten – Tastendrucks innerhalb der Darbietungszeit. Evtl. später gedrückte Tasten blieben wirkungslos. Den beiden Zufallsgruppen (Depressive, Nichtdepressive) wurde die Auskunft gegeben, dass sich die Zuordnung der Taste zu einer Lärmsilbe mit jedem Durchgang ändert, dass man aber bei jedem Erscheinen einer Lärmsilbe so schnell wie möglich eine Taste drücken soll, damit man seine Zufallschancen wahrnimmt, so oft es geht, den Lärm abzustellen. Da ja in den beiden Fähigkeitsgruppen die Häufigkeit, Sequenz und Dauer von Lärmdurchgängen von der individuellen Lernleistung abhängt, musste sichergestellt werden, dass die Personen in den beiden Zufallsgruppen die gleichen Lärmerfahrungen machen, wie in den Fähigkeitsgruppen. Dazu wurde – wie im yoked-control-design bei den Hilflosigkeitsexperimenten – jeder Versuchsperson unter Fähigkeitsbedingung eine Versuchsperson der Zufallsbedingung zugeordnet, die exakt die gleiche Menge, also Dauer und Sequenz an Lärm erfuhr, unabhängig davon, welche Taste sie zur Lärmvermeidung drückte. Das Versuchssteuerungsprogramm orientierte sich am Ergebnisprotokoll des Fähigkeitsprobanden und gab dem zugeordneten Zufallsprobanden immer genau dann einen „Zufallstreffer", wenn die Partnerperson die richtige Taste gedrückt hatte. Somit war sichergestellt, dass die retrospektiven Schätzungen der wahrgenommenen Vermeidungsleistung nicht von unterschiedlichen Lärmerfahrungen beeinflusst werden können. Die Teilnehmer der Zufallsbedingungen machten auf diese Weise, die durchaus überraschende Erfahrung einer über die 10 Serien zunehmenden Zahl von Treffern, wobei in vielen Fällen in den Schlussdurchgängen sogar die maximale Zahl von 6 Treffern gegeben war.

6.3 Ergebnisse

6.3.1 Leistungen beim Vermeidungslernen

2 Leistungsmaße konnten mit dem Versuchssteuerungsprogramm erfasst werden, die Zahl der Treffer und die Reaktionslatenz vom Erscheinen einer Lärmsilbe bis zum Drücken der richtigen Taste. Von einer Leistung im eigentlichen Sinne kann natürlich nur bei den beiden Gruppen der Fähigkeitsbedingung die Rede sein. Dort sollte ermittelt werden, ob sich die Leistungen der depressiv Gestimmten und der Nichtdepressiven unterscheiden. Bei den Zufallsgruppen war ja die Trefferquote vorgegeben. Die Reaktionslatenzen bis zum Drücken eines Knopfes können unter Zufallsbedingung allenfalls als Maß für die Motiviertheit gewertet werden, seine Zufallschance zu nutzen. Die Trefferleistung stellt insgesamt die objektive Basis für die retrospektiv erfragte Wahrnehmung der eigenen Leistungen sowie für das subjektive Maß an Kontrolle über das aversive Lärmereignis dar. In der Annahme, dass viele Versuchsteilnehmer in den letzten Durchgängen die maximale Trefferleistung erzielen würden, und es somit zu einer Nivellierung der Leistung in den Schlussdurchgängen kommt, wurde die Trefferquote für die ersten 5 und die zweiten 5 Durchgänge getrennt berechnet. Die einfaktorielle ANOVA für Depressivität ergab weder für die ersten ($F(1,20)=.22$, n.s.) noch für die zweiten 5 Durchgänge ($F(1,20)=.11$, n.s.) einen signifikanten Leistungsunterschied zwischen Depressiven und Nichtdepressiven. Durchschnittlich lag die Trefferquote in der ersten Hälfte für Depressive bei 14.6 (SD=4.1) und für Nichtdepressive bei 13.6 (SD=5.6) und in der zweiten Hälfte bei 25.9 (SD=6.3) für Depressive und bei 25.2 (SD=3.5) für Nichtdepressive (siehe auch Tabelle 10). Wenn man die sichere Strategie verfolgt, für jeden Durchgang solange ein und dieselbe Taste zu drücken, bis man damit einen Treffer erzielt hat, bevor man die Taste wechselt, so erreicht man unabhängig von der Sequenz der Lärmsilben, dass pro Durchgang mindestens ein neuer Treffer hinzukommt, vorausgesetzt man vergisst eine einmal gefundene Taste-Lärmsilbe-Zuordnung nicht wieder. In der Summe würde man somit in den 5 ersten Durchgängen mindestens 15 Treffer erzielen. Die durchschnittlichen Trefferquoten in beiden Stimmungsgruppen liegen leicht darunter. Das bedeutet, dass einige Teilnehmer entweder eine ungünstige Strategie gewählt (zu häufig die Taste gewechselt) oder aber gefundene Tastenzuordnungen gelegentlich wieder vergessen haben oder dass sie zu schnell reagiert haben, noch bevor sie die

betreffende Lärmsilbe richtig erkennen und sich die richtige Taste vergegenwärtigen konnten. Abbildung 7 zeigt eine fast asymptotisch zunehmende Trefferquote für depressiv Verstimmte und Nichtdepressive. In den ersten beiden Durchgängen werden durchschnittlich weniger als 2 Treffer erzielt.

Etwa beim 6. oder 7. Durchgang haben viele Teilnehmer bereits ihre maximale Trefferzahl erreicht. Das bedeutet in der Regel, dass sie sich aller Tasten-Lärmsilben-Zuordnungen sicher waren und diese auch bei den späteren Durchgängen zur Lärmvermeidung einsetzen konnten. Die gleiche Trefferquote ist dann als bessere Leistung zu werten, wenn sie mit kürzeren Reaktionszeiten erreicht wurde. Um diesen Aspekt der Leistung von Depressiven und Nicht-depressiven vergleichen zu können, wurden die durchschnittlichen Reaktionszeiten für die individuell erreichten Treffer berechnet.

Tabelle 10: Häufigkeit erfolgreicher Lärmvermeidungen pro Durchgang

Durchgang Nr.:	Depressivität	Mittelwert	Standard-abweichung	N
1	nichtdepressiv	1.36	0.92	11
	depressiv	1.36	1.12	11
2	nichtdepressiv	1.64	1.21	11
	depressiv	1.91	0.70	11
3	nichtdepressiv	3.55	1.69	11
	depressiv	3.18	0.98	11
4	nichtdepressiv	3.09	1.87	11
	depressiv	3.73	1.56	11
5	nichtdepressiv	4.00	1.79	11
	depressiv	4.45	1.97	11
6	nichtdepressiv	4.55	1.44	11
	depressiv	5.18	1.33	11
7	nichtdepressiv	4.82	1.17	11
	depressiv	4.91	1.51	11
8	nichtdepressiv	5.45	1.04	11
	depressiv	5.18	1.47	11
9	nichtdepressiv	4.91	1.14	11
	depressiv	5.45	1.51	11
10	nichtdepressiv	5.45	0.69	11
	depressiv	5.18	1.33	11

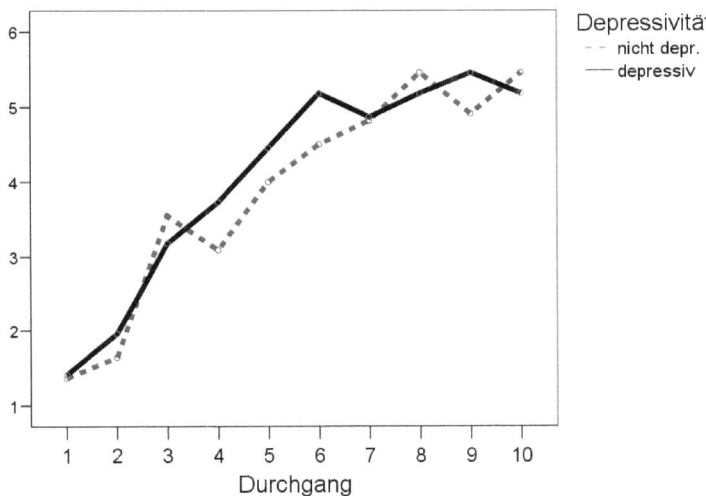

Trefferquote (Lärmvermeidung)

Abbildung 7: Zahl der Treffer für die Durchgänge 1-10

Für die beiden Fähigkeitsgruppen wurde in einer zweifaktoriellen ANOVA mit dem Gruppierungsfaktor Depressivität und dem Messwiederholungsfaktor (1. Hälfte/2. Hälfte) geprüft, ob sich die Geschwindigkeitsleistung von Depressiven und Nichtdepressiven unterscheidet. Der Haupteffekt für Depressivität zeigte eine Tendenz zur Signifikanz, $F(1,20)=3.3$, $p<.10$. Depressiv gestimmte Teilnehmer erzielen ihre Treffer mit 921 Millisekunden durchschnittlich schneller als Nichtdepressive (1063 ms). Der Haupteffekt für 1./2. Hälfte wurde signifikant, $F(1,20)=7.2$, $p<.05$. Die Reaktionslatenzen für Treffer der 1. Hälfte waren mit durchschnittlich 896 ms kürzer als für die 2. Hälfte mit 1088 ms. In den Durchgängen der 1. Hälfte kannten die Versuchsteilnehmer erst wenige Tasten-Lärmsilben-Zuordnungen. Mit zunehmender Zahl an bekannten Zuordnungen steigt offensichtlich die Entscheidungszeit, weil die Versuchspersonen eine Verwechslung sicher ausschließen möchten.

6.3.2 Wahrnehmungsschwellen

Um zu prüfen, ob sich für die Fähigkeitsbedingung eine stärkere Erniedrigung der Wahrnehmungsschwellen ergibt und ob diese auch noch für Lärmsilben höher ist als für Nichtlärmsilben, wurde eine vierfaktorielle ANOVA mit den Gruppierungsfaktoren Lärmvermeidungsbedingung (Fähigkeit/Zufall) und Depressivität und den Messwiederholungsfaktoren Messzeitpunkt (prä/post) und Silbenart (lärmgekoppelt/ohne Lärm) gerechnet. Erwartungsgemäß ergab sich ein signifikanter Haupteffekt für den Messzeitpunkt, $F(1,40)=11.2$, $p<.01$. Die benötigte Zeit zur Wahrnehmung der Silben nimmt von der ersten zur zweiten Messung signifikant ab. Im Haupteffekt für Depressivität zeigt sich eine nicht signifikante Tendenz für geringere Wahrnehmungsschwellen bei Nichtdepressiven, $F(1,40)=3.4$, $p<.10$. Weder der Haupteffekt für Lärmvermeidungsbedingung, $F(1,40)=0.2$, noch für die Silbenart (Lärmkoppelung), $F(1,40)=1.8$, wird signifikant. Die Interaktion von Silbenart und Depressivität zeigt eine nichtsignifikante Tendenz, $F(1,40)=3.1$, $p<.10$, von längeren Wahrnehmungszeiten Depressiver bei den nicht lärmgekoppelten Silben. Keine der übrigen Interaktionen erreichte Signifikanz. Das aktive Vermeidungslernen unter Fähigkeitsbedingungen hatte also nicht den von Phares (1962) berichteten Effekt einer Verringerung der Leseschwellen gegenüber der Zufallsbedingung, weder für die Silben insgesamt noch für die lärmgekoppelten Silben, bei denen man dies am ehesten erwarten würde. Die schwache, nichtsignifikante Tendenz Depressiver zu längeren Wahrnehmungsschwellen könnte man a posteriori als Effekt eines größeren Bedürfnisses nach Eindeutigkeit bzw. Sicherheit beim Benennen der Silben interpretieren.

6.3.3 Genauigkeit der Erfolgsschätzungen

Die Untersuchungsanordnung erlaubt es, wie bei den Studien 1 und 2 retrospektiv die subjektive Wahrnehmung oder besser die Schätzung der Erfolge beim Vermeidungslernen zu prüfen. Wie bei den bisher berichteten Studien wurde eine Gesamtschätzung der Erfolge beim Abstellen des Lärms über alle 10 Durchgänge verlangt. Dann hatten die Untersuchungsteilnehmer für jeden Durchgang zu schätzen, wie oft sie einen Treffer hatten. In diesem Experiment wurde die objektive Erfolgsquote nicht experimentell kontrolliert. Die individuellen Leistungen bildeten dadurch wirklich die unterschiedliche Fähigkeit der Teilnehmer ab. Diese schwankte ganz erheblich. Die geringste Gesamttrefferquote eines Teilnehmers war 10 und die höchste 48. Deshalb wurden die Häufigkeitsschätzungen nur unter Berücksichtigung der objektiven Trefferquoten ausgewertet. Die geschätzte Gesamttrefferquote lag unter Fähigkeitsbedingung für Nichtdepressive durchschnittlich 9.0 und für depressiv Gestimmte 6.6 unter der objektiven Trefferquote. Unter Zufallsbedingungen lagen Nichtdepressive durchschnittlich 5.1 und depressiv verstimmte Teilnehmer 5.4 unter der objektiven Quote.

Für die retrospektiven Schätzungen der Treffer gibt es unterschiedliche maximal mögliche Abweichungen von der tatsächlichen Quote. So ist beispielsweise bei einer Trefferquote von 40 eine Unterschätzung von 40 die größtmögliche Abweichung. Bei 30 Treffern wäre die maximale Abweichung 30. Aus diesem Grund wurde der absolute Abweichungsbetrag auf den maximal möglichen Abweichungsbetrag relativiert. Bei Trefferquoten über 29 (von maximal 60) gilt für die relativierten Schätzungen der Gesamttreffer: (1-(1/Treffer) x (Treffer-Urteil)) x 100. Für Trefferzahlen unter 30 gilt: (1-(1/(60-Treffer) x (Treffer-Urteil)) x 100. Die Multiplikation mit 100 soll lediglich prozentwertähnliche Zahlen ergeben. In der zweifaktoriellen ANOVA mit den Gruppierungsfaktoren Depressivität und Lärmvermeidungsbedingung (Fähigkeit/Zufall) wies weder der Haupteffekt für Depressivität, $F(1,40)=0,4$, noch für Vermeidungsbedingung, $F(1,40)=0.2$, noch die Interaktion auf einen bedeutsamen Einfluss hin. Die Unterschätzungen beim absoluten Häufigkeitsurteil waren also weder von der Depressivität noch von der Kontrollierbarkeit des Lärms beeinflusst. Die Urteile wichen durchschnittlich um 16.8 bis 22.6 % von der tatsächlichen Trefferquote ab.

Zur Ermittlung der Urteilsgenauigkeit für die Trefferquote bei jedem einzelnen Durchgang, wurde ebenfalls die absolute Differenz des Urteils zur Trefferquote auf die unterschiedliche maximal mögliche Abweichung relativiert, die zwischen 3 und 6 schwanken konnte. Bei über 2 Treffern von maximal 6 geschah dies durch die Formel (1-(1/Treffer) x (Treffer-Urteil)) x 100, bei weniger als 3 Treffern mit (1-(1/(6-Treffer) x (Treffer-Urteil)) x 100 für jeden der 10 Durchgänge. Die so ermittelten 10 Urteilsgenauigkeiten wurden einer dreifaktoriellen ANOVA mit den Gruppierungsfaktoren Depressivität und Lärmvermeidungsbedingung (Fähigkeit/Zufall) und dem Messwiederholungsfaktor Durchgang (1 bis 10) unterzogen. Es ergab sich ein signifikanter Haupteffekt für Genauigkeit über die 10 Durchgänge, $F(1,360)=9.6$, $p<.001$. Weder der Haupteffekt für Depressivität, $F(1,40)=1.5$, noch der für Lärmvermeidungsbedingung, $F(1,40)=1.7$, wurden signifikant. Die Wechselwirkung des Faktors Durchgänge und Depressivität erreicht mit $F(9,360)=2.2$, $p<.05$ Signifikanz. Keine der anderen zwei- oder dreifach Wechselwirkungen zeigte einen bedeutsamen Effekt. Wie in Abbildung 8 zu sehen ist, kommt der Haupteffekt für Durchgänge durch einen etwa V-förmigen Verlauf der Genauigkeitswerte zustande.

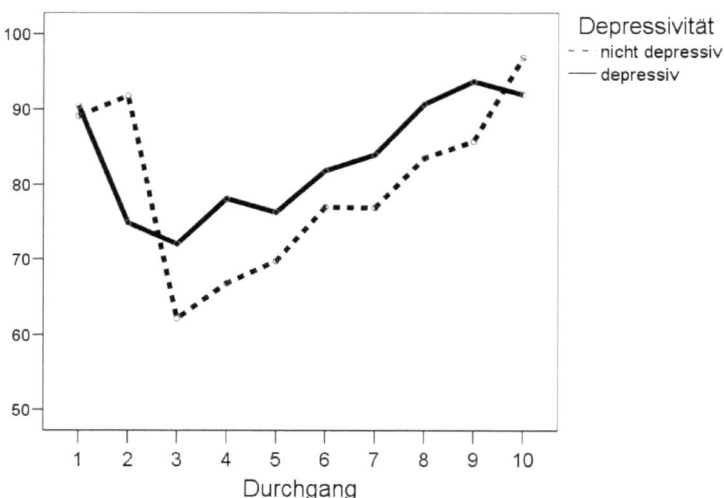

Abbildung 8: Genauigkeit der geschätzten Trefferquoten für Durchgänge 1-10

Die ja zwangsläufig sehr geringe Trefferquote im 1. Durchgang wird offenbar noch sehr gut erinnert, aber schon mit dem 2. oder 3. Durchgang fällt die Urteilsgenauigkeit stark ab. Vom vierten Durchgang an kommt es zu einer fast stetigen Zunahme der Urteilsgenauigkeit. Depressive zeigen ein Absinken der Genauigkeit bereits mit dem 2. Durchgang, das allerdings weniger stark ausfällt, als bei Nichtdepressiven. Vom 3. bis 9. Durchgang liegt die Genauigkeit Depressiver deutlich bis leicht über der von Nichtdepressiven. Lediglich im letzten Durchgang zeigen Nichtdepressive eine etwas (nicht statistisch signifikant) höhere Genauigkeit. Die hohe Genauigkeit für den 1. Durchgang ist dadurch zu erklären, dass jeweils 8 der 11 depressiven und nicht depressiven Teilnehmer genau einen Treffer erzielt hatten. Dies ist zweifellos leicht zu behalten. Mit dem 2. Durchgang versuchten alle Teilnehmer die eine oder 2 entdeckten Zuordnungen des 1. Durchgangs zu behalten und gleichzeitig weitere Tasten-Lärmsilben-Zuordnungen zu entdecken. Dies hat sehr wahrscheinlich die Aufmerksamkeit sehr beansprucht und teilweise zur Überforderung des Gedächtnisses geführt, wenn es darum ging, von den ausprobierten Tasten Zuordnungen die falschen und künftig auszuschließenden und die bereits erfolgreichen zu behalten. Mit der Zunahme sicher gelernter Tasten-Lärmsilben-Zuordnungen sinkt die Aufmerksamkeitsbeanspruchung und es steigt die Erinnerungsgenauigkeit. Da die meisten Untersuchungsteilnehmer mit dem 7. und den verbleibenden Durchgängen alle 6 oder zumindest 5 richtige Zuordnungen gelernt hatten, war nur noch wenig Spielraum für Fehleinschätzungen der Trefferquote gegeben. Beim Erwerb einer neuen instrumentellen Fertigkeit dürfte wohl sehr oft ein ähnlicher Verlauf der allmählich zunehmenden Erfolgsquote gegeben sein. Die dafür typische Verlaufsinformation ist als episodische Information zu betrachten. Sie erleichtert die Genauigkeit der Erfolgsschätzung verglichen mit einem sehr fluktuierenden Kontiguitätsmuster, wie es beispielsweise in den Experimenten von Alloy & Abramson (1979) gegeben war. Für die Beurteilung der eigenen Fähigkeit ist Information über den Verlauf von Handlungserfolgs-Kontiguitäten sicherlich sehr bedeutsam. So wird eine stetig und schnell zunehmende Erfolgsquote sehr wahrscheinlich zu einem besseren und sichereren Urteil über die betreffende Fähigkeit und das Maß an Kontrolle führen als ein sehr langsamer Anstieg oder als ein stark fluktuierender Verlauf. Die Probanden wurden nicht, wie beim Kontingenzwahrnehmungsexperiment von Alloy & Abramson (1979) aufgefordert, bewusst auf die Trefferquoten zu achten. Sie waren vielmehr gleich zu Beginn des Experimentes bemüht, sich die ausprobierten Tasten-Silben Kombinationen zu merken und eventuell eine Strategie des Testens anzuwenden.

Dies läuft einem bewussten Mitzählen zuwider und verringert wahrscheinlich die Schätzgenauigkeit. Für die Fähigkeitswahrnehmung dürfte wichtig sein, ob und mit welchem Durchgang man alle 6 Zuordnungen gefunden hat. Kumuliert man die Urteilsgenauigkeiten über die 10 Durchgänge, so ergibt sich keine bessere mittlere Gesamtgenauigkeit als bei der zuvor abgegebenen Gesamthäufigkeitsschätzung (siehe Tabelle 11). Das liegt sicherlich an den durchschnittlich geringen Urteilsgenauigkeiten für die ersten 5 Durchgänge.

Tabelle 11: Genauigkeit der Erfolgsschätzungen pro Durchgang – Skill-Bedingung

Durchgang Nr.:	Depressivität	Mittelwert	Standard-abweichung	N
1	nichtdepressiv	88.48	14.01	11
	depressiv	89.39	23.89	11
2	nichtdepressiv	94.39	9.78	11
	depressiv	71.36	22.38	11
3	nichtdepressiv	65.91	34.05	11
	depressiv	70.15	13.85	11
4	nichtdepressiv	71.97	19.46	11
	depressiv	83.03	19.90	11
5	nichtdepressiv	71.67	24.98	11
	depressiv	81.67	17.59	11
6	nichtdepressiv	78.33	20.79	11
	depressiv	87.88	29.90	11
7	nichtdepressiv	81.97	16.88	11
	depressiv	88.48	15.87	11
8	nichtdepressiv	78.64	21.17	11
	depressiv	91.52	13.28	11
9	nichtdepressiv	86.67	17.95	11
	depressiv	95.15	8.35	11
10	nichtdepressiv	100.00	0.00	11
	depressiv	93.64	10.98	11

Tabelle 12: Genauigkeit der Erfolgsschätzungen pro Durchgang – Chance-
Bedingung

Durchgang Nr.:	Depressivität	Mittelwert	Standard-abweichung	N
1	nichtdepressiv	89.70	15.31	11
	depressiv	91.52	15.23	11
2	nichtdepressiv	89.09	23.11	11
	depressiv	78.48	21.80	11
3	nichtdepressiv	58.33	34.96	11
	depressiv	73.94	16.28	11
4	nichtdepressiv	61.52	33.17	11
	depressiv	73.18	13.61	11
5	nichtdepressiv	67.73	23.71	11
	depressiv	70.91	21.50	11
6	nichtdepressiv	75.61	25.08	11
	depressiv	75.76	26.99	11
7	nichtdepressiv	71.82	18.16	11
	depressiv	79.39	28.38	11
8	nichtdepressiv	88.33	12.13	11
	depressiv	89.70	13.37	11
9	nichtdepressiv	84.70	16.91	11
	depressiv	92.12	11.76	11
10	nichtdepressiv	93.64	15.67	11
	depressiv	90.15	16.17	11

6.3.4 Wahrnehmung von Kontrolle, Glück und Anstrengung

Subjektive Kontrolle. In diesem Experiment wurde unter Fähigkeitsbedingung die individuelle Leistung beim Vermeidungslernen geprüft. Der graduelle Erfolg beim Lernen der richtigen Tasten-Lärmsilben-Zuordnungen bestimmte Geschwindigkeit und Ausmaß des Vermeidens von aversivem Lärm. Insofern ist es angemessen, den subjektiven Grad an Kontrolle über das aversive Ereignis zu erfragen. Die subjektive Kontrolle könnte einerseits durch die Zahl der Treffer bestimmt sein oder auch davon abhängen, ab welchem Durchgang man erstmals alle 6 richtigen Zuordnungen kannte. Für die gepaarten Teilnehmer der Zufallsbedingungen ist die Frage vordergründig gesehen etwas absurd, da man ihnen per Instruktion deutlich gemacht hat, dass sie nur eine Zufallschance haben, den Lärm durch Drücken irgendeines Knopfes abzustellen. Dennoch könnte der, für wirkliche Zufallsereignisse sehr unwahrscheinliche, ansteigende Verlauf der Trefferquote und die Tatsache, dass mehrheitlich bei den letzten Durchgängen die maximale Zahl an Treffern gegeben war, zu einer Kontrollillusion führen. Wir hatten dies für Nichtdepressive erwartet. Der Grad an subjektiver Kontrolle wurde mit der Aussage „Ich hatte vollkommene Kontrolle über das Auftreten des Lärms" und einer Analogskala mit den Polen „stimmt überhaupt nicht" (=0) und „stimmt vollkommen" (=5) gemessen. Die zweifaktorielle ANOVA mit den Gruppierungs-faktoren Depressivität und Lärmvermeidungsbedingung ergab keinen signifikanten Haupteffekt für Depressivität, $F(1,40)=0.0$. Der Haupteffekt für Lärmvermeidungs-bedingung erreichte mit $F(1,40)=2.0$, keine Signifikanz. Auch die Interaktion von Depressivität und Lärmvermeidungsbedingung wurde nicht, wie vorhergesagt signifikant, $F(1,40)=1.4$, auch wenn die Mittelwerte in die entsprechende Richtung weisen. Nichtdepressive geben für die Fähigkeitsbedingung (M=3.1, SD=0.9) das gleiche Maß an Kontrolle an wie unter Zufallsbedingung (M=3.0, SD=1.1). Depressiv Gestimmte dagegen geben für die Fähigkeitsbedingung (M=3.5, SD=1.6) durchschnittlich höhere Kontrollierbarkeitseinschätzungen ab als unter Zufallsbedingung (M=2.5, SD=1.4). Aber offenbar ist die Streuung der Einschät-zungen bei den depressiv Verstimmten zu groß. Außerdem sind die Varianzen tendenziell signifikant inhomogen, $F(3,40)=2.4$, p<.10).

Subjektives Glück. Mit der Aussage „Ich hatte viel Glück, was das Auftreten des Lärms betrifft." konnten die Teilnehmer zum Ausdruck bringen, wie sehr sie den Zufall für das Gelingen der Lärmvermeidung verantwortlich machen. Es wurde die gleiche Skala wie bei der Frage zur Kontrolle verwendet. Die entsprechende ANOVA ergab keinen signifikanten Haupteffekt für Depressivität, $F(1,40)=1.4$, aber einen signifikanten Haupteffekt für die Lärmvermeidungsbedingung, $F(1,40)=6.3$, p<.05. Die Wechselwirkung wurde nicht signifikant. Depressive und Nichtdepressive schätzen erwartungsgemäß das Ausmaß an Glück beim Lärm-vermeiden unter Zufallsbedingung (M=2.55, SD=1.4) signifikant höher ein als unter Fähigkeitsbedingungen (1.7, SD=0.84). Die Werte für die Zufallsbedingung sind jedoch nicht sehr hoch, der Mittelwert liegt gerade einmal bei der Skalenmitte. Der Mittelwert für wahrgenommene Kontrolle unter Zufallsbedingung war ähnlich hoch (M=2.77, SD=1.3). Unter Zufallsbedingungen wurde also der eigenen Kontrolle ähnlich viel Verursachung zugeschrieben, wie dem Zufall. Der ungewöhnliche Verlauf der Trefferquoten über die 10 Durchgänge hatte offenbar doch eine gewisse Kontrollillusion bewirkt.

Subjektives Maß an Anstrengung. Das Maß an empfundener Anstrengung wurde ebenfalls mit einer Analogskala erfragt. Die übliche ANOVA ergab, wie zu erwarten einen signifikanten Haupteffekt für die Lärmvermeidungsbedingung, $F(1,40)=7.7$, $p<.01$. Teilnehmer unter Fähigkeitsbedingungen gaben verständlicherweise an, sich mehr angestrengt zu haben, beim Bemühen, die Tasten-Silben Zuordnungen so schnell wie möglich herauszufinden (M=3.3, SD=1.3) als die Teilnehmer unter Zufallsbedingung (M=2.2, SD=1.4), die dieses Ziel nicht hatten. Weder der Haupteffekt für Depression, $F(1,40)=0.1$, noch die Interaktion von Depressivität und Vermeidungsbedingung, $F(1,40)=1.0$, wurden signifikant.

6.4 Diskussion

Zur Frage, ob bzw. wie gut Personen im Allgemeinen und Depressive im Besonderen statistische Information (Häufigkeiten, Kontingenzen) zu evaluativen Handlungsergebnissen wahrnehmen können und diese Information nutzen, lässt sich hinsichtlich der bisherigen Ergebnisse zusammenfassend Folgendes sagen: Es spricht wenig dafür, dass Menschen handlungskontingente Ergebnisinformation prinzipiell bewusst enkodieren. Die Ergebnisse der berichteten Studien legen vielmehr nahe, dass die retrospektiv erfragte Häufigkeit von Erfolg oder Zustimmung so gut es eben geht, geschätzt wird. Diese Schätzungen sind m.E. in den meisten Fällen wohl eher eine aktive Rekonstruktionen als das Abrufen fertiger Urteilsergebnisse aus dem Gedächtnis. Bei den Rekonstruktionen werden sehr wahrscheinlich verfügbare bzw. zugängliche Informationen über die Handlungsepisoden benutzt, wie etwa die maximal mögliche Häufigkeit, markante Verlaufsinformationen zum Ergebnis wiederholter Handlungen, ob das Kriterium maximaler Leistung (höchste Trefferquote) erreicht wurde, wie sehr man sich anstrengen musste, wie viel Zeit man aufwenden musste, ob sprachlichsemantische cues zur Verfügung stehen, usw. Es konnte gezeigt werden, dass neben solchen Informationen, die mit dem Handeln selbst entstehen, auch handlungsirrelevante Informationen die Schätzungen beeinflussen können, wie eine „offensive" Reaktionsbereitschaft oder die Anwesenheit des Versuchsleiters. Damit soll keineswegs gesagt sein, dass Menschen grundsätzlich nicht in der Lage wären, statistische Informationen zu Handlungsergebnissen realistisch wahrzunehmen, zu Enkodieren und zu erinnern. Es scheint allerdings so zu sein, dass für die Frage, wie gut die eigene Fähigkeit in einem bestimmten Handlungsbereich ist oder wie sehr die eigenen Einstellungen mit denen einer anderen Person übereinstimmen, ausreichend gute episodische Information zur Verfügung steht, um ein adäquates Urteil darüber zu fällen. In solchen Fällen entfällt die Notwendigkeit auf sehr genaue, statistische Information zu rekurrieren. Es scheint noch nicht einmal so zu sein, dass das statistische Urteil einem „Update" unterzogen wird, wenn man zuvor die sehr genau erinnerte episodische Einzelinformation wachruft, wie beim cued recall der Studie 4.

In keiner der bisher berichteten Studien (1-5) geben Depressive bzw. depressiv Gestimmte gegenüber Nichtdepressiven ungenauere Schätzungen der positiven Ergebnisinformation ab. Bei dem einzigen Fall, bei dem der Unterschied zu den Nichtdepressiven signifikant wird (Schätzungen der Erfolge für die hohe Erfolgsquote in Studie 2), besteht für beide Gruppen eine sehr starke Unterschätzung der objektiven Quote, so dass man wohl kaum von Urteilsgenauigkeit, sondern eher von mutigeren oder defensiveren Schätzungen bei hoher Urteilsunsicherheit sprechen kann. Die Genauigkeit der Urteile und die wahrgenommene Kontrolle über das zu erzielende Ereignis ist allerdings bei Depressiven auch nicht besser oder „realistischer" wie dies Alloy und Abramson (1979) in ihren Versuchen der Fall scheinbar gefunden haben. Dass dies in den hier berichteten Studien nicht der Fall ist, könnte dadurch erklärt werden, dass keine bewusste Absicht zur Registrierung der Erfolgshäufigkeiten erzeugt wurde. Außerdem ist es möglich , dass sich bei den Versuchen von Alloy und Abramson teilweise Zufallsgenauigkeiten bei unsicheren Urteilen ergeben haben. Die scheinbar höhere Genauigkeit depressiv Gestimmter zeigte sich bei objektiv geringer Kontrolle. Wenn Depressive bei Unsicherheit defensiver Schätzen als Nichtdepressive, wie die vorliegenden Studien es nahelegen, dann ist ihre Chance für eine zufällige Genauigkeit bei niedrigen Erfolgsquoten höher als für Nichtdepressive. Die mutigeren Schätzungen Nichtdepressiver erhöhen die Chance für eine Zufallsgenauigkeit bei höheren Erfolgsquoten. Auch die Seltenheit eines erfragten Ereignisses kann die Schätzung erleichtern und zu einer tatsächlich höheren Genauigkeit führen. In Studie 2 wichen die Urteile von Depressiven und Nichtdepressiven nur wenig von der objektiven Lösungsquote für die Anagramme der Misserfolgsserie ab. Außerdem waren die Streuungen der Urteile gering. Wenn man nur 4 bis 6 von 18 Anagrammen lösen konnte, lässt sich dies leichter merken als höhere Erfolgsquoten. Dort wo es möglich war, neben der Wahrnehmungsgenauigkeit auch die Leistungen Depressiver und Nichtdepressiver miteinander zu vergleichen (Studie 2, Studie 5) zeigen Depressive kein Leistungsdefizit, wie dies in der Depressionsforschung immer wieder postuliert wird. Die Leistungen sind entweder ebenso gut, wie die der Nichtdepressiven oder Depressive zeigen unter bestimmten Umständen sogar bessere Leistungen als Nichtdepressive (Studie 2, wenn die Misserfolgsserie zuerst erfahren wurde und gleichzeitig eine offensive Reaktionsbereitschaft stimuliert wurde). Die Ergebnisse beim Vermeidungslernen (Studie 5) widersprechen den Annahmen der Hilflosigkeitstheorie. Dort wird für Depressive eine schlechtere Lernleistung angenommen.

7. Absichtsbildung und Zielverfolgung (Studien 6 und 7)

7.1 Bedrohung eines Identitätsziels: Symbolische Reparatur oder Kompetenzstreben? (Studie 6)

7.1.1 Einführung

In der Theorie der gelernten Hilflosigkeit der Depression und in Becks kognitiver Theorie der Depression wird angenommen, dass verzerrte Kognitionen bestimmte Symptome einer Depression verursachen. Vor allem die motivationalen Symptome und die deprimierte Stimmung seien lediglich die Folge der verzerrten kognitiven Neigungen. Wer sich hilflos fühlt, Unkontrollierbarkeit erwartet und überzeugt ist, nicht die notwendigen Fähigkeiten zu haben, um zentrale Lebensziele zu erreichen, der verliert die Motivation zum Handeln und reagiert affektiv wie motivational mit depressiven Symptomen. Die überwiegende Zahl experimenteller Studien zur Depression beschäftigt sich mit den vermuteten kognitiven Voraussetzungen für depressive Stimmung und Motivationslosigkeit. Recht selten sind Studien, die explizit motivationale Besonderheiten Depressiver experimentell untersuchen. Zu diesen gehören Studien zur Selbstverifikationstheorie (Swann, Wenzlaff, Krull und Pelham, 1992; Swann, Wenzlaff & Tafarodi, 1992; Giesler, Josephs, & Swann, 1996), bei denen untersucht wurde, ob Depressive oder Personen mit einem negativen Selbstbild im Unterschied zu Nichtdepressiven oder Personen mit positivem Selbstbild freiwillig die negative Information über sich bevorzugen, wenn gleichzeitig die Möglichkeit besteht, solche Information zu vermeiden oder sich mit positiven Aspekten der eigenen Person zu beschäftigen.

Die Selbstverifikationstheorie nimmt an, dass Depressive nicht nur ein übertrieben negatives Selbstbild haben, sondern auch ein Bedürfnis, aktiv solche selbstevaluativen Informationen in ihrer Umwelt zu suchen und selektiv aufzunehmen, die ihr negatives Selbstbild bestätigen. Mit den bisherigen kognitiven Modellen depressiven Verhaltens wurde gewissermaßen eine strukturelle Unfähigkeit, realistisch und nicht depressogen wahrzunehmen, zu urteilen und zu denken untersucht. Mit dieser motivationstheoretischen Erweiterung der Defizitannahmen wird, etwas überspitzt gesagt, Depressiven unterstellt, dass sie auch noch ein Bedürfnis zur selbstdestruktiven Informationsaufnahme haben. Eine solche unheilvolle Allianz von kognitivem und motivationalem Defekt wäre gewissermaßen ein Teufelskreis, aus dem sich ein Depressiver wohl kaum noch selbst befreien könnte. Die Theorie der Selbstverifikation von Swann, Wenzlaff, Krull und Pelham (1992) basiert im Wesentlichen auf experimentellen Befunden, in denen die Versuchsteilnehmer (Depressive und Nichtdepressive) nach einer negativen, nicht sehr spezifischen Rückmeldung zu einer Leistungsaufgabe Gelegenheit hatten, aktiv genauere Information über die negativen Ergebnisse zu bekommen. Depressive nahmen signifikant häufiger die Gelegenheit wahr, solche Information zu erhalten als Nichtdepressive. Auch in einer nichtexperimentellen Feldstudie wurde untersucht, wie oft mild depressiv verstimmte Studenten mit Zimmernachbarn Gespräche über negative Aspekte ihrer Person geführt bzw. zu negativen Aspekten der eigenen Person Meinungen und Auskünfte der studentischen Nachbarn erfragt haben. Die Studie hatte zum Ergebnis, dass depressiv Verstimmte sehr viel häufiger von ihren Zimmernachbarn evaluative Informationen zu eigenen Schwächen und Fehlern erfragten als Nichtdepressive.

Diesem Forschungsansatz liegt eine implizite Normativität zugrunde, dass es gesund sei, Misserfolgen, Fehlern und Schwächen der eigenen Person wenig oder keine Aufmerksamkeit zu schenken bzw. sich nicht damit auseinanderzusetzen, weil das schließlich die Stimmung verdirbt oder gar depressogen ist. Es zeigt sich hier die gleiche, m.E. vorschnelle Generalisierung experimenteller Befunde zum Umgang mit selbstevaluativer Information wie für die Feedback-Wahrnehmung. Dort, wo Depressive – wie erwartet – ihre Leistungen unterschätzen und Nichtdepressive scheinbar genau sind, findet man oft die Schlussfolgerung, dass es für menschliches Handeln generell gesund und funktional ist, genau und realistisch wahrzunehmen. Dort, wo man überraschend findet, dass Depressive ihre Handlungsergebnisse scheinbar genau wahrnehmen und Nichtdepressive sich überschätzen, wird ebenso schnell vom „depressiven Realismus" und vom „gesunden Optimismus" gesprochen. Entsprechend wird hier, im Rahmen der Selbstverifikationstheorie von den Autoren mehr oder weniger offensiv vertreten, es sei wohl gesünder und besser, sich nicht freiwillig mit selbstwertschädigender bzw. negativer Information über eigenes Handeln oder die eigene Person zu beschäftigen, wenn man ein negatives Selbstbild hat bzw. wenn man depressiv ist. Es wird völlig außer Acht gelassen, dass ein solches Verhalten sehr wahrscheinlich in bestimmten Situationen durchaus funktional oder beinahe zwingend ist, und dasselbe Verhalten in anderen Situationen dysfunktional oder gar fatal wäre. Man stelle sich nur einmal vor, Menschen wären in wichtigen Lebenssituation nicht hoch motiviert, aus ihren Fehlern zu lernen, etwa wenn jemand bereits einmal wegen einer nicht sorgfältig geplanten und durchgeführten Vorbereitung durch eine Prüfung gefallen ist oder wenn jemand bei der Führung eines Geschäfts überraschend große Verluste bei der Jahresbilanz feststellen muss, die das Weiterbestehen des Betriebes und die Arbeitsplätze gefährden. Im ersten Fall würde diese Person ein erneutes Durchfallen, im zweiten Fall einen existenziellen Schaden für die Firma, ihre Mitarbeiter und sich selbst riskieren, wenn sie keine sorgfältige Fehleranalyse treibt. Hier wäre ein selbstwertdienliches Vermeiden selbstkritischer Informationen, wie es bei den Studien zur Selbstverifikations-theorie gefunden wurde, dysfunktional und mit negativen Konsequenzen verbunden. In vielen anderen Situationen des Lebens mag eine akribische Analyse eigener Fehler oder der Kritik von anderen übertrieben und entbehrlich sein. Vor allem dann, wenn es um Handlungen von geringer Wichtigkeit geht und wenn weder für sich noch für andere ein Nachteil zu erwarten ist. Wann eine selbstmoti-vierte Fehleranalyse funktional ist, hängt von der subjektiven und objektiven Bedeutung der Ziele ab, die mit dem fehlerhaften Verhalten verbunden sind. Die Frage ist, ob die Ergebnisinformation ein wichtiges persönliches Anliegen oder ein längerfristig verbindliches und identitätsstiftenden Ziel einer Person betrifft oder ob es sich um eine übernommene Pflichtaufgabe handelt, die man selbst nicht sehr schätzt oder gar um eine unbedeutende Routinetätigkeit, bei der ein Fehler niemanden betrifft.

Es gibt andere Erklärungen für das unterschiedliche Präferenzverhalten depressiver und nichtdepressiver Personen in den Studien zur Selbstverifikations-theorie. Depressive könnten der Untersuchungssituation oder der gestellten Aufgabe eine höhere Bedeutung zumessen als Nichtdepressive. Es könnte sein, dass sie eher als Nichtdepressive glauben, dass sie in den Augen des Versuchs-leiters keine „gute" Versuchsperson sind, wenn sie die Möglichkeit ganz außer Acht lassen, etwas über ihre Schwächen bei der Aufgabenbearbeitung zu erfahren. Das Motiv wäre in diesem Fall in einem ganz anderen Sinn selbstwertbezogen als von den Autoren angenommen. Bei der Interpretation der Befunde zur freiwilligen Fehleranalyse stellen diese etwas willkürlich auf ein generelles Motiv ab, das Menschen unwillkürlich nach Ergebnisinformation streben bzw. solche Information bevorzugen, die konsistent zum eigenen Selbstbild ist, selbst wenn man ein negatives Selbstbild hat! Dabei wird auch eine affektive Wirkung der selbstbildkongruenten Information angenommen. Eine positive affektiv Wirkung bei positivem Selbstbild und dazu passender positiver Information und natürlich eine negative bei negativem Selbstbild mit negativer Ergebnisinformation. Da Depressive, wie viele Studien überzeugend zeigen konnten, überwiegend negative Selbstbeschreibungen abgeben, müsste der Theorie zufolge die Präferenz oder aktive Suche von fehlerbezogener oder kritischer sozialer Information die Stimmung verschlechtern. Wenn man jedoch das oben erwähnte Interesse an einem guten Eindruck beim VL annimmt, müsste dies keineswegs eine solche Wirkung haben. Es gilt also wirklich nachzuweisen, dass das Interesse an objektiv gegebener negativer Information über die eigene Person und die aktive Beschäftigung mit solcher Information die Depressivität steigert oder aufrechterhält.

Im Kapitel 8 wird ein Modell der depressiven Bewusstseinslage entworfen und darauf basierend, eine Re-Interpretation der hier zitierten und weiterer Befunde zum depressiven Verhalten vorgeschlagen. Mit der depressiven Bewusstseinslage wird argumentiert, dass pathologische (schwere) Depressivität, ebenso wie nichtpathologische depressive Reaktionen die gleichen, depressionstypischen kognitiven und motivationalen Reaktionsdispositionen haben. Es wird angenommen, dass diese bewusstseinslagetypischen bzw. affekttypischen Besonderheiten der Depressivität grundsätzlich adaptive Funktionen haben können, sofern es sich um psychoreaktive Depressionen handelt. Hierin unterscheidet sich eine depressive Affekt- bzw. Bewusstseinslage nicht von anderen, in der Regel kürzer dauernden Affektlagen, wie etwa Angst oder auch Verliebtheit – um ein Beispiel für positive Affektivität zu nennen. Alle Affektlagen haben ganz im Sinne der differentiellen Emotionstheorie von Izard (1999) spezifische kognitive und motivationale Eigenheiten, die für das Anpassungsbestrebungen eines Individuums an seine Umgebung funktional sein können (nicht müssen). So würde man bei Personen, die vor kurzem Opfer eines Raubüberfalls geworden sind, höchstwahrscheinlich eine erhöhte Vigilanz für bedrohliche Reize und Situationen sowie eine starke unwillkürliche Neigung, ereignisbezogene Informationen zu verarbeiten, nachweisen können, die deutlich vom Verhalten einer nichttraumatisierten Kontrollgruppe abweicht. Es wäre dennoch sinnlos, den angstspezifischen Wahrnehmungs- und Verarbeitungsmodus grundsätzlich als pathologisch zu bezeichnen, auch wenn er hochindikativ für eine ängstliche Affekt- und Bewusstseinslage ist. Will man pathologische Angst von nichtpathologischer, reaktiver Ängstlichkeit unterscheiden, so muss man zwischen den nichtpathologischen Invarianten affektbezogener Verarbeitungs- und Verhaltensmodi und den für chronisch-pathologische Ängste wirklich ursächlichen und aufrechterhaltenden Verarbeitungs- und Verhaltensmerkmalen unterscheiden. Man

müsste also pathologisch Ängstliche mit nichtpathologisch Ängstlichen vergleichen. Entsprechendes gilt auch für Depressivität, auch wenn Depressionen
konzeptionell von vielen Forschern und Klinikern nicht mehr als eine „normale",
nichtpathologische Affektform betrachtet wird.

Mit Studie 6 sollen motivationale Besonderheiten bei depressiver Stimmung aus
einer nicht defizitorientierten, funktionalen Perspektive untersucht werden. Die
Theorie der Symbolischen Selbstergänzung (Wicklund & Gollwitzer, 1982) bietet
hierfür gute Voraussetzungen. In der Selbstergänzungstheorie wird angenommen,
dass die meisten Menschen sich einem oder mehreren identitätsstiftenden Zielen
verpflichten und dass diese Ziele ein wichtiger Teil der Selbstdefinition einer
Person sind. Beispiele solcher Selbstdefinitionen wären, ein hervorragender
Musiker, ein kompetenter und angesehener Arzt, ein erfolgreicher Anwalt, eine
vorbildliche und fürsorgliche Mutter, oder ein intellektueller Schriftsteller zu sein.
Es gebe nun dreierlei Anlässe für symbolisch selbstergänzendes Verhalten in
Bezug auf solche Selbstdefinitionen. 1. Man ist noch nicht im vollen Besitz der
erstrebten Selbstdefinition. Zum Beispiel, jemand möchte unbedingt ein
renommierter Strafverteidiger sein, ist aber erst am Beginn des Jurastudiums. 2. Es
tritt ein Ereignis ein, das diese Selbstdefinition bedroht oder erheblich in Frage
stellt. 3. Man hat zwar vieles, was zur Selbstdefinition gehört erreicht – z.B. man
ist ein erfolgreicher Musiker, der diverse Aufnahmen und internationale Konzerte
hatte, aber das Fortbestehen der erstrebten Selbstdefinition verlangt immer wieder
nach entsprechenden Kompetenzbeweisen oder symbolischen Selbstergänzungen.
Materielle Symbole können selbstergänzende Funktion haben, wie etwa das Tragen
des weißen Kittels und des Stethoskops bei einem Medizinstudenten. Aber auch
kommunizierte Selbstbeschreibungen und öffentliches Verhalten, das den Besitz
der betreffenden Selbstdefinition glaubhaft macht, haben selbstergänzende
Funktion. Symbolische Selbstergänzungen sagen nichts über den wirklichen Besitz
der Kompetenz in Bezug auf die Selbstdefinition aus. Dass ein Medizinstudent,
wenn er Besuch erwartet, ein dickes Lehrbuch sichtbar aufgeschlagen auf dem
Tisch liegen hat, heißt eben noch nicht, dass er viel theoretisches und praktisches
Wissen besitzt oder einmal ein guter Arzt sein wird. Die Selbstergänzungstheorie
nimmt an, dass die materiellen und kommunizierten Selbstsymbolisierungen
schneller, variabler und unaufdringlicher herstellbar und demonstrierbar sind als
wirkliche Kompetenzbeweise. Sie werden deshalb besonders dann kompen-
satorisch eingesetzt, wenn ein Ereignis die Selbstdefinition bedroht und dadurch

einen unmittelbareren Druck zur „symbolischen Selbstergänzung" auslöst. Es werde dann die allererste Gelegenheit ergriffen, den Besitz der bedrohten oder beschädigten Selbstdefinition für andere sichtbar glaubhaft zu machen.

In den Untersuchungen zur Theorie der symbolischen Selbstergänzung wurde jeweils eine Personengruppe mit einer bestimmten, persönlich verpflichtenden Selbstdefinition ausgewählt. Diese Selbstdefinition wurde für die eine Hälfte der Versuchsteilnehmer durch eine hierfür vorbereitete, experimentell festgelegte Rückmeldung destabilisiert. Anschließend wurde geprüft, ob abweichend von der Personengruppe ohne Destabilisierung diejenige Handlungsalternative präferiert wird, die eine sofortige kompensatorische und öffentliche Stärkung der bedrohten Selbstdefinition in Aussicht stellt. Wirtschaftswissenschaftsstudenten, die für ihre erstrebte Selbstdefinition „erfolgreicher Manager werden" die ungünstige Rückmeldung bekamen, dass ihr Persönlichkeitsprofil nicht dem typischen Profil erfolgreicher Manager entspreche, wählten für ein angekündigtes Rollenspiel in einer vermeintlich unabhängigen Untersuchung zum Kommunikationsverhalten in 62 % der Fälle die statushöchste Rolle des Direktors. Bei den Kontrollgruppen ohne destabilisierende Rückmeldung lag die Präferenz für diesen Rolle bei 20 und 28 %. Die Versuchsteilnehmer wurden natürlich unmittelbar nach dem Experiment über das Ziel der Untersuchung und die „unechte" Rückmeldung aufgeklärt.

In den Untersuchungen zur Selbstergänzungstheorie von Wicklund, Gollwitzer und Hilton (1982) sowie Wicklund und Gollwitzer (1985) wurden symbolische Selbstergänzungsmöglichkeiten (SSE) und gleichzeitig für eine Selbstergänzung irrelevante Wahlmöglichkeiten angeboten. Die Theorie der SSE wird durch die Befunde gestützt. Die Versuchspersonen wählten mit einer durchaus beträchtlichen Quote symbolische Ersatzhandlungen für eine unvollständige und noch zusätzlich bedrohte Selbstdefinition. Es bleibt aber die Frage offen, wie sehr der postulierte Drang nach einer nur symbolischen Selbstergänzung wäre, wenn zusätzlich noch kompetenzindizierende oder sogar kompetenzsteigernde Handlungsalternativen zur Verfügung stehen. Eine weitere Frage ist, wie depressiv verstimmte Personen mit der Unvollständigkeit oder Destabilisierung einer Selbstdefinition umgehen.

Die bisherigen Befunde sprechen dafür, dass depressive Stimmung mit einer defensiven sozialen Reaktionsbereitschaft einhergeht. Deshalb ist kaum anzunehmen, dass Depressive ähnlich wie Nichtdepressive eine offensiv-öffentliche Selbstsymbolisierung wählen. Viele Befunde sprechen dafür (siehe Kapitel 8 zur depressiven Bewusstseinslage), dass Depressive selbstevaluative Information eher selbstkritisch und streng verarbeiten. Dies könnte die Bereitschaft schwächen, auf eine bloße Ersatzhandlung zurückzugreifen, wenn es darum geht, Zweifel an einer erstrebten Selbstdefinition auszuräumen. Bereits Rheinberg, Schwarz & Singer (1987) haben in einer Untersuchung zur SSE zeigen können, dass hoch leistungs-motivierte Personen nach einer Destabilisierung ihrer Selbstdefinition eher das Angebot eines Leistungsverbesserungstrainings bevorzugen als die symbolische Selbstergänzung.

Mit Studie 6 wurde für depressiv Verstimmte und für Nichtdepressive unter-sucht, welche selbstergänzenden Handlungen sie nach einer experimentell induzierten Destabilisierung ihrer verbindlichen Selbstdefinition präferieren. Zur unmittelbaren Kompensation der erfahrenen Destabilisierung standen 4 Aktivitäten zur Auswahl. Im Unterschied zu bloßen symbolisierenden Selbstergänzungen waren 2 der Varianten kompetenzindizierend. Mit beiden Varianten wurde die Gelegenheit geboten, sein Wissen in dem zur Selbstdefinition gehörenden Bereich zu erweitern und in Form eines Leistungsresultats unter Beweis zu stellen. Dies müsste im Sinne der Selbstergänzung attraktiver sein als eine nichtkompetenz-indizierende, nur symbolische Ersatzhandlung. Eine der kompetenzindizierenden Varianten war allerdings mit dem Risiko verbunden, dass ein evtl. schlechtes Leistungsresultat öffentlich sichtbar wird, und demzufolge eine zusätzliche Schwächung der erstrebten Selbstdefinition mit sich bringen würde. Die andere kompetenzindizierende Variante war so gestaltet, dass der Untersuchungs-teilnehmer sowohl die Lernaufgabe zur Kompetenzsteigerung als auch den Leistungstest ohne Anwesenheit und Kenntnisnahme des Versuchsleiters durchführen konnte. Insofern war zwar ein attraktiver, selbstergänzender Kompetenzbeweis möglich, aber dieser wurde nicht öffentlich zur Kenntnis gebracht und war dadurch nicht mit dem Risiko einer erneuten, öffentlichen Destabilisierung der Selbstdefinition verbunden. Als Drittes stand eine symbolisch selbstergänzende Aufgabe zur Verfügung, die keine kompetenzindizierende Leistung beinhaltete. Die vierte Aufgabe war ohne thematischen Bezug zur erstrebten Selbstdefinition, sie hatte also keinen kompensatorischen, selbst-ergänzenden Wert. Es wurde erwartet, dass Depressive nach einer Destabilisierung ihrer erstrebten Selbstdefinition die private, kompetenzindizierende Variante und Nichtdepressive eher die rein symbolische Selbstergänzung bevorzugen.

7.1.2 Methode

Vpn. An der Untersuchung nahmen 16 mild depressive und 16 nichtdepressive Medizinstudenten im vorklinischen Studium teil, die alle das selbstverpflichtende Ziel hatten, ein guter Arzt mit hoher Sensibilität für psychosomatische Patienten zu werden. Hierzu wurde in großen Medizinvorlesungen zur freiwilligen Teilnahme geworben. Alle Teilnahmewilligen füllten den Beckschen Depressionsfragebogen (BDI) und einen Fragebogen zur Erfassung der Selbstverpflichtung hinsichtlich des oben genannten Identitätsziels aus. Es konnten 16 depressiv Verstimmte mit hoher Selbstverpflichtung ermittelt werden, die auch noch am Tag der Untersuchung einen ausreichend hohen BDI-Wert aufwiesen (BDI: M=13.9, SD=4.0, zum Untersuchungszeitpunkt). Von den verbleibenden Teilnahmewilligen wurden 16 Nichtdepressive (BDI: M=1.1, SD=1.7, zum Untersuchungszeitpunkt) mit gleich hoher Selbstverpflichtung nach dem Zufallsprinzip zur Untersuchung eingeladen.

Versuchsmaterial, Versuchsablauf. Der Selbstverpflichtungsfragebogen enthielt 8 Items zur Messung der Bereitschaft, ehrgeizig und mit Anstrengung medizinisches Fachwissen zu erwerben und eine führende Position einnehmen zu wollen und 8 Items, die prüften, wie sehr man ein einfühlender Arzt mit Sensibilität für psychische und psychosomatische Besonderheiten der Patienten sein möchte. Die übrigen 6 Items waren Füllitems. Den Teilnehmern wurde mitgeteilt, sie nähmen an 2 voneinander unabhängigen Untersuchungen teil. Mit der ersten Untersuchung werde ihre Fähigkeit geprüft, vom Gesichtsausdruck auf persönliche Eigenschaften von Patienten schließen zu können. Hierzu wurden 6 Portrait-Fotos von psychosomatisch Erkrankten vorgelegt. Die Teilnehmer hatten dann in einer Auflistung von 15 Gegensatzpaaren (chaotisch – zwanghaft, reizbar – friedfertig, ...) jeweils auf einer fünfstufigen Skala Eigenschaftseinschätzungen der fotografierten Personen abzugeben. Der Versuchsleiter verließ dann mit den erhaltenen Einschätzungen den Raum mit der Begründung, er würde sie in einem anderen Raum anhand einer Tabelle im Computer mit den Selbsteinschätzungen der 6 Patienten vergleichen. Jeweils die Hälfte der depressiv Verstimmten und der nichtdepressiven Teilnehmer bekamen eine für ihre erstrebte Selbstdefinition destabilisierende Rückmeldung mit den Worten: „Ich habe deine Angaben mit den Daten im Computer verglichen. Du hast praktisch bei allen Personen starke Abweichungen von deren Selbstbeurteilung und liegst mit deinem Gesamtwert unterhalb der Gruppe mit guter Wahrnehmungssensibilität." Versuchspersonen der beiden Kontrollgruppen (depressiv/nichtdepressiv) erhielten die Mitteilung, dass die vergleichenden Auswertungen erst später für alle Teilnehmer vorgenommen und nachträglich zugesandt werden. Bevor die Untersuchung anschließend für beendet erklärt wurde, beantworteten alle Teilnehmer noch 5 Fragen, in denen sie zum Ausdruck bringen konnten, wie sehr sie glauben, dass man im Allgemeinen und sie im Besonderen durch Gesichtsausdruck, Mimik und das Gesprächsverhalten auf psychische Merkmale von Personen schließen kann. Damit sollte geprüft werden, ob die ungünstige Rückmeldung sich in einer selbstwertdienlichen Abwertung der Validität der Fähigkeitsrückmeldung niederschlägt.

Für die anschließende 2. Untersuchung erhielten die Teilnehmer die Instruktion, dass mit 4 verschiedenen Aufgaben simuliert und geprüft werden solle, wie sich Personen im Berufsalltag bei einem begrenzten Zeitbudget die Zeit für verschiedene Tätigkeiten einteilen, und wie gut diese Tätigkeiten schließlich ausgeführt werden. Hierzu wurde der Versuchsperson die Beschreibung der 4 Tätigkeiten vorgelegt, mit der Aufforderung, diese sorgfältig durchzulesen. Sie wurde instruiert, dann festzulegen in welcher Reihenfolge sie die Aufgaben ausführen möchte. Alle 4 Aufgaben müssten anschließend in der gewählten Reihenfolge ausgeführt werden. Mit einer der 4 Aufgaben wurde den Teilnehmern mit destabilisierender Rückmeldung, Gelegenheit zur symbolischen Selbstergänzung gegeben. Die Teilnehmer erhielten die Grundrisszeichnung eines Raumes und Einrichtungskataloge für die Einrichtung des Wartezimmers ihrer künftigen Arztpraxis. Sie hatten ein „unbegrenztes" Budget, um den Raum mit allen gewünschten Details (Standort der ausgesuchten Möbel, Bilder, Pflanzen, Lese- und Informationsmaterial) nach ihrem Geschmack einzurichten. Bei 2 weiteren Aufgaben sollte ein Fachtext zur Psychosomatik sorgfältig gelesen werden. Für beide wurde angekündigt, dass hierzu je 3 Fragen gestellt werden, die zeigen, wie gut das enthaltene Fachwissen gelernt worden ist. Die Instruktion für die „Asthma-Aufgabe" enthielt den Hinweis, dass die Versuchsleiterin bei der Bearbeitung anwesend sei, dass die anschließenden Fragen mündlich beantwortet und genau begründet werden sollen. Die VL könne dabei unmittelbar die Qualität der Antworten rückmelden. Für die „Ulcus-Aufgabe" wurde mitgeteilt, dass die Versuchsleiterin den Raum verlässt, damit das Lesen und schnellstmögliche Beantworten der zugehörigen Multiple Choice Fragen ungestört stattfinden könne. Sobald dies getan sei, solle die VL im Nebenraum verständigt werden. Diese händigt dem Versuchsteilnehmer dann ein Blatt mit den Lösungen aus, damit dieser selbständig die Richtigkeit seiner Antworten überprüfen könne. Beide Aufgaben waren als kompetenzindizierende Selbstergänzungsangebote konzipiert. Sie stellten in Aussicht zeigen können, dass man sich in Kürze Fachwissen in dem zur erstrebten Selbstdefinition gehörenden Themenbereich erworben hat. Entsprechend der SSE müsste die richtige und öffentliche Beantwortung der Fragen zur Asthma-Aufgabe den größten kompensatorischen bzw. selbstergänzenden Wert haben. Der Kompetenznachweis wäre öffentlich zur Kenntnis gebracht. Gleichzeitig birgt diese Variante aber auch das größere Risiko einer weiteren Destabilisierung durch eine öffentlich gegebene Rückmeldung bei falschen Antworten. Die Ulcus-Aufgabe bot gegenüber einer rein symbolischen Selbstergänzung (Praxis einrichten) immer noch die Gelegenheit, einen unmittelbaren Kompetenzbeweis zu erwerben. Allerdings einen nicht öffentlich zur Kenntnis gebrachten. In der vierten, der Politik-Aufgabe sollten möglichst überzeugende Pro- und Kontra-Argumente stichwortartig aufgelistet werden, die als Basis für eine zündende und schlagfertige Kurzrede für oder gegen den EU-Beitritt der Schweiz dienen könnten. Diese Aufgabe hatte keinerlei thematischen Bezug zur erstrebten Selbstdefinition und konnte somit im Sinne der SEE keine selbstergänzende Funktion erfüllen. Als Indikator für die Kompensationspräferenz wurde die zuerst gewählte und als erstes durchgeführte Aufgabe gewertet. Im Unterschied zu den sonstigen Studien zur SSE mussten die Teilnehmer die angebotenen Aufgaben nach der Präferenzentscheidung tatsächlich ausführen. Das hat den Vorteil, dass die aufgewendete Zeit sowie die erzielte Leistung für die präferierte Aufgabe gemessen werden können. Beide Größen können neben der Aufgabenpräferenz als weitere Indikatoren für die Motivation zur kompetenzindizierenden oder symbolischen Selbstergänzung bei Depressiven und Nichtdepressiven ausgewertet werden.

7.1.3 Ergebnisse

7.1.3.1 Kontrolle der Selbstverpflichtung

Um die Selbstverpflichtung (commitment) zu erfassen, ein sehr guter und kompetenter Arzt zu werden, sowie eine besondere Sensibilität für psychische und psychosomatische Besonderheiten der Patienten zu besitzen, wurde ein

Einstellungsfragebogen mit jeweils 8 Aussagen für die Bereiche Kompetenz und Sensibilität vorgegeben. Für jede Aussage konnte man auf einer 5 Stufenskala angeben, wie sehr sie auf die eigene Person zutrifft. Die summierten Einstellungs- bzw. Selbstverpflichtungswerte wurden einer zweifaktoriellen ANOVA mit den Gruppierungsfaktoren Depressivität und Destabilisierungsbedingung (destabili- sierend/nicht destabilisierend) unterzogen, um zu prüfen, ob der Grad der Selbstverpflichtung zwischen den 4 Gruppen gleich hoch war. Für das Kompetenz- Commitment ergab sich weder ein signifikanter Haupteffekt für Depressivität, $F(28)=0.001$, noch für die Destabilisierungsbedingung, $F(1,28)=0.06$ und keine signifikante Wechselwirkung beider Faktoren, $F(1,28)=0.2$. Die entsprechende Analyse des Sensibilitäts-Commitment ergab einen signifikanten Haupteffekt für Depressivität, $F(1,28)=9.5$, $p<.01$. Depressive zeigten eine stärkere Selbstverpflichtung zur hohen Sensibilität für psychosomatische Patienten als Nichtdepressive. Der Haupteffekt für die Destabilisierungsbedingung wurde nicht signifikant, $F(1,28)=0.4$. Die Wechselwirkung beider Faktoren erreichte ebenfalls keine Signifikanz, $F(1,28)=2.0$, obwohl die Mittelwerte für die depressiv Gestimmten mit destabilisierender Rückmeldung etwas höher waren ($M=31.1$, $SD=3.6$) als die für Depressive ohne Destabilisierung ($M=29.1$, $SD=2.0$) und die von Nichtdepressiven mit ($M=26.8$, $SD=2.2$) und ohne ($M=27.5$, $SD=2.9$) Destabilisierung. Da die Voraussetzung gleicher Selbstverpflichtung in den 4 experimentellen Gruppen nicht gegeben waren, wurde das Psychosomatik- Commitment in den nachfolgenden Varianzanalysen als Kovariate aufgenommen und somit kontrolliert.

7.1.3.2 Präferenzen

Betrachtet man die 1. Wahl für die Vergleichsgruppen ohne destabilisierende Rückmeldung, so zeigt sich eine überraschend deutliche Präferenz für die kompe- tenzindizierende öffentliche Asthma-Aufgabe. 75 % der Nichtdepressiven und 50 % der Depressiven präferieren diese Aufgabe (siehe Abbildung 10). Rechnet man die zweite kompetenzindizierende, die privat auszuführende Ulcus-Aufgabe hinzu, so haben 87,5 % der Nichtdepressiven und 75 % der Depressiven eine kom- petenzindizierende Aufgabe gewählt, wenn keine vorausgehende Destabilisierung ihrer Selbstdefinition erfolgte. Im Sinne der SSE Theorie könnte man dies als eine a priori bestehende kompetenzerweiternde Selbstergänzungstendenz interpretieren, da ja alle Teilnehmer noch im vorklinischen Studium sind. Sie konnten demzufolge ihre Selbstdefinition, ein kompetenter Arzt mit hoher Sensibilität für psychische Besonderheiten der Patienten zu sein, noch nicht unter Beweis stellen. Es ist allerdings nicht auszuschließen, dass Textlernleistungen auch deshalb präferiert werden, weil sie zu den ständigen, thematisch passenden Herausforderungen des Medizistudiums gehören. Die sehr asymmetrische Präferenzverteilung der Vergleichsgruppen erschwert, neben der kleinen Fallzahl pro Gruppe die statistische Analyse des Effektes einer destabilisierenden Rückmeldung auf alle 4 Wahlmöglichkeiten. Dennoch kann man für die Gruppen mit destabilisierender Rückmeldung markante Unterschiede in der Präferenzverteilung erkennen. Depressiv Verstimmte präferieren mit 75 % deutlich die private, kompetenzindizierende Aufgabe zum Wissenserwerb bei einem psychosomatischen Thema. In den übrigen Fällen (25 %) wird sogar die riskantere öffentliche Gelegenheit zur kompetenzindizierenden Lernaufgabe gewählt (siehe Abbildung 9).

Tabelle 13: Präferenzhäufigkeiten (absolute Häufigkeit und %)

Experimentelle Bedingung		Asthma (öffentlich)	Ulcus (privat)	Praxis (öffentlich)	Politik (öffentlich)	Gesamt
		1. Präferenz				
Identitäts-destabilisierung	nicht depressiv	3 / 37.5 %	1 / 12.5 %	2 / 25.0 %	2 / 25.0 %	8
	depressiv	2 / 25.0 %	6 / 75.0 %			8
	Gesamt	5 / 31.3 %	7 / 43.8 %	2 / 12.5 %	2 / 12.5 %	16
keine Destabilisierung	nicht depressiv	6 / 75.0 %		1 / 12.5 %	1 / 12.5 %	8
	depressiv	4 / 50.0 %	2 / 25.0 %	1 / 12.5 %	1 / 12.5 %	8
	Gesamt	10 / 62.5 %	2 / 12.5 %	2 / 12.5 %	2 / 12.5 %	16

175

Damit darf die Vorhersage einer Präferenz für die private Kompetenzsteigerung als Selbstergänzungsstrategie bei Depressiven als bestätigt betrachtet werden. Bei Nichtdepressiven mit destabilisierender Rückmeldung reduziert sich der Anteil derer, die eine kompetenzindizierende Aufgabe präferieren von 87.5 % (ohne Destabilisierung.) auf 50 %. Die Präferenzen verteilen sich, im Unterschied zu depressiv Gestimmten mit Destabilisierung über alle 4 Aufgaben. Die als symbolisch selbstergänzend gedachte Aufgabe (Praxis einrichten) erfährt dabei auch bei Nichtdepressiven keinerlei Bevorzugung. Neben der Häufigkeits-verteilung wurden die verfügbaren Aufgaben hinsichtlich ihres Kompensations-wertes für eine destabilisierte und unvollständige Selbstdefinition in ein Rangreihe auch bei Nichtdepressiven keinerlei Bevorzugung. Neben der Häufigkeits-verteilung wurden die verfügbaren Aufgaben hinsichtlich ihres Kompensations-wertes für eine destabilisierte und unvollständige Selbstdefinition in eine Rangrei-he gebracht. Die öffentlich kompetenzindizierende Asthma-Aufgabe hätte, im Falle

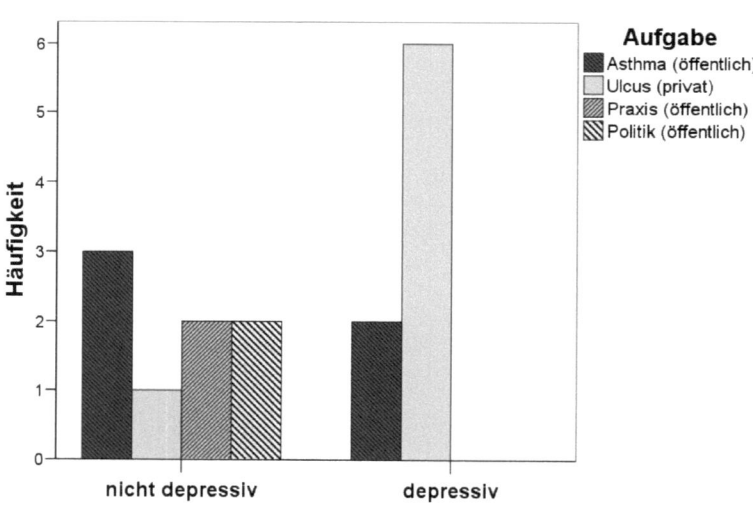

Abbildung 9: Präferenzverteilung: Asthma/Ulcus=SE-komp., Praxis=SE-symb.

Präferenz ohne Destabilisierung

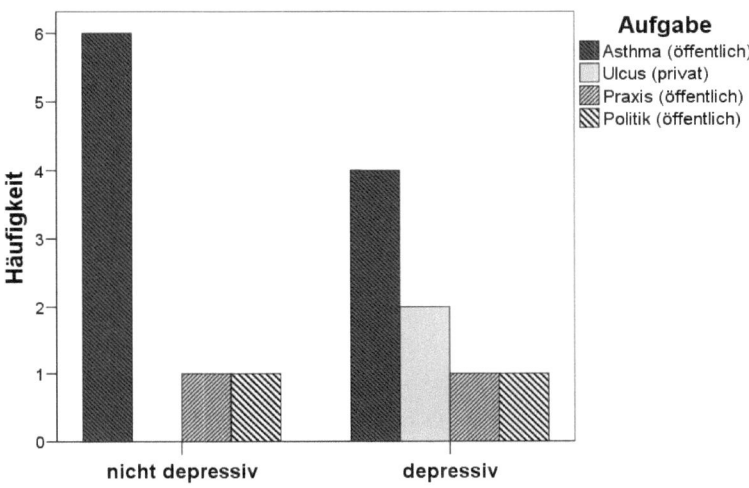

Abbildung 10: Präferenzverteilung: Asthma/Ulcus=SE-komp., Praxis=SE-symb.

günstiger Leistungsergebnisse den maximalen Kompensationswert (=3), die kompetenzindizierende private Ulcus-Aufgabe erhielt den Kompensationswert (=2) und die rein symbolische, nichtkompetenzindizierende Praxis-Aufgabe den geringsten Kompensationswert von 1. Die Politik-Rede wurde, weil sie keinen thematischen Bezug zur Selbstdefinition hat, mit einem Kompensationswert von 0 bewertet. Somit ergibt sich aus der 1. Handlungspräferenz eine metrisch skalierte abhängige Variable, die einer zweifaktoriellen ANCOVA mit den Gruppierungs-faktoren Depressivität und Destabilisierungsbedingung und dem Psychosomatik-Commitment als Kovariate unterzogen wurde. Der Haupteffekt für Depressivität wurde nicht signifikant, $F(1,24)=1.0$. Der Haupteffekt für die Destabilisierungs-bedingung wurde ebenfalls nicht signifikant, $F(1,24)=2.6$, n.s., auch wenn die Mittelwerte für destabilisierende Rückmeldung (M=2.3) und keine Rückmeldung (M=1.9) eine schwache Tendenz andeuten, dass kompetenzindizierende, aber risikoreiche Selbstergänzungsgelegenheiten eher weniger häufig präferiert werden. Die Interaktion Depressivität und Rückmeldebedingung wurde ebenfalls nicht signifikant, $F(1,24)=0.1$, n.s. Die schwache Tendenz beim Haupteffekt Destabili-sierungsbedingung geht überwiegend auf die Präferenzunterschiede bei den

Nichtdepressiven zurück. Nichtdepressive zeigen nach einer Destabilisierung ihrer Selbstdefinition die Tendenz zur Meidung einer kompensatorisch-kompetenz-indizierenden Aktivität – vermutlich wegen des Risikos weiterer negativer Ergebnisse. Depressive zeigen keinen Rückgang kompetenzindizierender Wahlen, auch wenn sie dabei, wie zuvor dargestellt, die private der öffentlichen, kompetenz-indizierenden Aufgabe bevorzugen.

7.1.3.3 Zeitaufwand und Leistungen

Zur Analyse des Zeitaufwandes wurde bei jeder Versuchsperson die Zeit vom Beginn bis zur Beendigung der Aufgabenbearbeitung gestoppt und einer zweifaktoriellen ANCOVA mit Depressivität und Destabilisierungsbedingung als Gruppierungsfaktoren sowie dem Psychosomatik-Commitment als Kovariate unterzogen. Die insgesamt gesehen meist präferierten, kompetenzindizierenden Aufgaben zum Wissenserwerb (Asthma-Aufgabe, Ulcus-Aufgabe) weisen beide einen signifikanten Haupteffekt für die Destabilisierungsbedingung auf. Nach einer destabilisierenden Rückmeldung wird durchschnittlich mehr Zeit (Anstrengung) investiert als ohne destabilisierenden Rückmeldung. Für die kaum präferierten Aufgabe Praxis-Einrichten und Politik-Rede ergaben sich keinerlei signifikante Haupt- oder Interaktionseffekte für die investierte Zeit. Dies kann neben der Präferenz als ein weiterer Indikator für die Selbstergänzungsmotivation interpretiert werden. Depressiv Gestimmte zeigten, bei der von ihnen besonders nach der destabilisierenden Rückmeldung hoch präferierten Ulcus-Aufgabe tendenziell einen geringeren Zeitaufwand als Nichtdepressive, $F(1, 26)=4.0$, $p<.10$. Bei keiner anderen Aufgabe zeigten sich Unterschiede zwischen Depressiven und Nichtdepressiven im Zeitaufwand.

Hinsichtlich der Lernleistungen (Zahl richtiger Antworten im Test) ergab sich für keine der 4 Aufgaben ein signifikanter Haupt- oder Interaktionseffekt bei der genannten zweifaktoriellen ANCOVA (Depressivität, Rückmeldebedingung und Psychosomatik-Commitment als Kovariate). Lediglich für die Ulcus-Aufgabe ergab sich eine Tendenz zur Signifikanz für den Haupteffekt Destabilisierungs-bedingung, $F(1,26)=2.9$, $p<.10$. Nach destabilisierender Rückmeldung wurden etwas bessere Lernleistungen erzielt als ohne Rückmeldung. Depressive investieren bei der vornehmlich von ihnen präferierten Ulcus-Aufgabe zwar tendenziell etwas weniger Zeit, zeigen aber keine schlechteren Leistungen, so dass man nicht auf eine geringere Selbstergänzungsmotivation, sondern auf höhere Effizienz des Lernens schließen kann.

7.1.4 Zusammenfassung und Diskussion

Die Ergebnisse sprechen, bei aller Vorsicht wegen der geringen Fallzahl, für eine grundsätzlich hohe Bereitschaft aller Teilnehmer zur kompetenzindizierenden Selbstergänzung, die sich bei der Bedingung ohne destabilisierende Rückmeldung im 1. Untersuchungsteil als eindeutige Präferenz für die öffentliche Lernleistungs-aufgabe ausdrückt. Nach einer Destabilisierung scheuen gerade Nichtdepressive das Risiko einer kompetenzindizierenden Aufgabe stärker als Depressive. Letztere bevorzugen fast ausschließlich die private Variante einer kompetenzindizierenden Aufgabe, wohl um trotz Motivation zur Selbstergänzung das Risiko einer weiteren öffentlichen destabilisierenden Rückmeldung durch ein evtl. ungünstiges Ergebnis zu meiden. Setzt man das hier gezeigte Verhalten in Beziehung zum Verhalten Depressiver in den Studien zur Selbstverifikationstheorie, bei denen Depressive eher als Nichtdepressive geneigt waren, freiwillig genauere Informationen zu einem vorausgehenden Misserfolg einzusehen, so wird eine andere Interpretation der Ergebnisse nahegelegt als die der Autoren dieser Studien. Mit der Selbstverifikationstheorie wird das Wahlverhalten als pathogen bzw. depressionserhaltend gewertet. Im Lichte der hier berichteten Studie, wäre es ebenso plausibel, dass depressiv gestimmte Personen diese Information suchen, um daraus zu lernen und um bei wiederholter Aufgabenbearbeitung, die zuvor gemachten Fehler vermeiden zu können. Beides könnte, wie in dieser Untersuchung gezeigt, dem Zweck dienen, eine destabilisierte Selbstdefinition durch Kompetenzsteigerung zu ergänzen. Erstaunlicherweise scheint diese Bereitschaft bei depressiver Stimmung nicht geringer, sondern eher stärker zu sein als bei Nichtdepressiven. Dies widerspricht auch der früher im Rahmen der Hilflosigkeitstheorie der Depression angenommenen generellen Hilflosigkeits-erwartung, die ja mit einer geringen oder fehlenden Bereitschaft zum Dazulernen und zur Kompetenzerweiterung verbunden sein soll.

7.2 Lösung von Entschlussproblemen: Vom Nutzen des Abwägens und Planens (Studie 7)

7.2.1 Einführung

Studie 7 geht einer weiteren motivationalen Frage zum depressiven Verhalten nach. Zu den Kernsymptomen klinischer Depressionen gehört der Antriebsmangel, der sehr wahrscheinlich eine Hauptursache für die Verringerung von Aktivitäten ist. Will man den Antriebsmangel und seine Verhaltensfolgen nicht ausschließlich als einen physiologisch verursachten Effekt sehen, so stellt sich die Frage, welche kognitiven Faktoren für den Verlust von Aktivitäten bei Depressiven verantwortlich sein könnten und welche zu einer Steigerung beitragen könnten. Die Symptomauflistungen der diagnostischen Klassifikationssysteme (DSM-IV, ICD-10) verweist auf 2 kognitive Symptome, Interesseverlust und Entscheidungsschwierigkeiten. Diese rein phänomenologisch-deskriptiven Symptome lassen sich sehr gut in ein motivationspsychologisches Modell übertragen. Handlungen, die nicht bereits hoch automatisiert sind, setzen das Abwägen von Anreizen sowie die Bildung einer verbindlichen Absicht und die vorbereitende Planung der Handlungen voraus. Die abwägenden und planenden Aktivitäten könnten bei Depressiven und Nichtdepressiven verschieden sein. Die Unterschiede könnten für die Aktivätsverringerung bei Depressiven verantwortlich sein.

Ein für die Untersuchung solcher Fragen geeignetes theoretisches Modell, ist das Rubikonmodell der Handlungsphasen von Heckhausen (1987a, 1987b) und die bewusstseinslagetheoretische Erweiterung im Zweiphasen-Modell der Absichtsentwicklung von Gollwitzer (1991). Das Rubikonmodell von Heckhausen bietet einen heuristischen Untersuchungsrahmen für den idealtypischen, chronologischen Verlauf von Motivations- und Volitionsintensität von der Wunschentstehung über das Abwägen von positiven und negativen Anreizen (prädezisionale Motivationsphase), die Absichtsbildung, die Handlungsplanung (volitionale Phase des Planens) und die Initiierung und Realisierung der Handlung (aktionale Volitionsphase) bis zur Bewertung der Handlungsergebnisse (postaktionale Motivationsphase).

Das Gollwitzersche Modell der Intentionsentwicklung konzentriert sich auf die beiden ersten Phasen des Rubikonmodells, nämlich die motivationale Phase des Abwägens vor einem Entschluss bis zur Absichtsbildung, der Absichtsbildung selbst und der darauf folgenden volitionalen Phase des Planens bis zur Initiierung

180

der Handlung. Für die Untersuchung etwaiger kognitiv-motivationaler Hindernisse beim Zustandekommen von Aktivitäten bei Depressiven sind diese beiden Phasen besonders interessant. Denn dort geht es vorwiegend um die freie, von der Person selbst gebildeten Handlungsabsichten und Aktivitäten. Was die Handlungs-ausführung selbst, insbesondere die Leistung betrifft, so zeigen Depressive bei den hier berichteten, eigenen Studien (Studien 2 und 5) keine Defizite. Im Gegenteil, sie können sogar unter widrigen Umständen, wie anfängliche Misserfolge mehr Anstrengungsbereitschaft mobilisieren und effektivere Leistungen erbringen als Nichtdepressive (Studie 2).

Fokus dieser Untersuchung ist deshalb die erste Phase des Gollwitzerschen Absichtsentwicklungsmodells, das absichtsbezogene Denkens vor einem Entschluss. Es besteht normalerweise aus dem Abwägen von Vor- und Nachteilen bei einem vorgestellten Änderungswunsch und der Annäherung an einen verbindlichen Entschluss. Die Phase des Abwägens beginnt sehr häufig mit dem einseitigem Vergegenwärtigen der positiven Anreize einer Zielvorstellung. So könnte jemand der bereits jahrelang in seiner Firma tätig war, und viele Routinetätigkeiten absolvieren muss, von einem Freund erfahren haben, dass in seiner Firma eine für ihn passende Position zu besetzen ist. Typischerweise fallen ihm zunächst die positiven Anreize für einen Wechsel zur anderen Firma ein, wie etwa gefordert sein durch neue Tätigkeiten, eine bessere Bezahlung und die Zusammenarbeit mit einem Freund, den er schon lange kennt. Es wäre nicht untypisch, wenn man eine Zeit lang in solchen Anreizfantasien schwelgt und den Freund nach weiteren Informationen über die Firma, die Arbeit und die Kollegen fragt. Gefolgt ist das Schwelgen – besonders wenn es darum geht, sich einen Wechsel ernsthaft zu überlegen – vom so genannten „Gegenredephänomen" (Heckhausen, 1987a), indem man extensiv über mögliche Nachteile der Entschei-dung nachdenkt, beispielsweise dass man in der Einarbeitungszeit mehr arbeiten muss und weniger Zeit für Familie und Freizeit hat, dass man den Wohnort wechseln müsste, weil die Firma zu weit vom jetzigen Wohnort entfernt ist, dass man dadurch bestehende Kontakte aufgeben oder nur mit Mühe aufrechterhalten könnte, dass Frau und Kinder sich mit seinen Plänen anfreunden müssten usw. Es sind nicht nur die denkbaren positiven und negativen Folgen und deren Wichtigkeit, die bei einer Entscheidung zugunsten einer Zielvorstellung bedacht werden. Auch die subjektive Sicherheit (Wahrscheinlichkeit) mit der man glaubt, dass die erwünschten und unerwünschten Folgen eintreten, sind entscheidungs-relevant. Im angeführten Beispiel stellt sich dem Betreffenden die Frage, wie sicher er ist, den potentiellen neuen Arbeitgeber von seiner Gehaltsvorstellung überzeugen zu können, wie sicher er ist, dass die neuen Tätigkeiten wirklich interessanter und kreativer sind, wie sicher er ist, dass die Firma eine gute wirtschaftliche Prognose hat und er von einem sicheren Arbeitsplatz ausgehen darf.

Nach Gollwitzer ist die Phase des Abwägens mit einer phasentypischen Bewusstseinslage verbunden. Dazu gehört nach Gollwitzer (1991) eine große Offenheit für alle relevanten, zielbezogenen Informationen und ein unvoreingenommenes, realistisches Berücksichtigen und Abwägen solcher Informationen. Diese lagetypische Bereitschaft hat die wichtige Funktion, kurzschlüssige Fehlentscheidungen zu verhindern, bei denen man sich einseitig von positiven Anreizen verführen ließ und Risiken übersehen hat. Das Problem beim Abwägen ist meistens, dass das Sammeln aller subjektiv entscheidungsrelevanten Informationen unmöglich ist, und dass viele Informationen – wie etwa das Eintreten der erwünschter Effekte – unsicher sind. Man könnte im schlimmsten Fall endlos lange Informationen suchen, abwägen und bewerten, ohne dass ein weiterer Gewinn an Entscheidungssicherheit erzielt wird. Gollwitzer nimmt an, dass die meisten Menschen hierbei einen gesunden Pragmatismus walten lassen, und das weitere Suchen und Abwägen dann abbrechen, wenn kein Gewinn mehr zu erwarten ist. Heckhausen nennt diese pragmatische Kraft in seinem Rubikonmodell „Fazit-Tendenz".

Bei welchen Aspekten der ersten Phase der Absichtsentwicklung könnten Depressive besondere Schwierigkeiten haben? Es könnte die Stärke positiver Anreize verringert worden sein. Was bisher als attraktiv schien, könnte weniger wichtig und erstrebenswert sein. Andererseits könnte die Wichtigkeit, negative Folgen einer Verhaltensentscheidung zu vermeiden, größer sein als im nicht depressiven Zustand. Außer einer veränderten Gewichtung positiver und negativer Anreize könnte natürlich auch die subjektive Wahrscheinlichkeit, mit der erwünschte Handlungsfolgen eintreten, geringer und die Wahrscheinlichkeit, dass unerwünschte Handlungsfolgen eintreten, im depressiven Zustand höher eingeschätzt werden. Alle genannten Veränderungen könnten allein oder in Kombination auftreten und die motivationale Kraft für die Bildung einer Verhaltensabsicht oder Entscheidung schwächen und schließlich zur Verringerung von Aktivitäten bei einer Depression beitragen. Es ist jedoch auch möglich, dass nicht eine qualitative Veränderung absichtsbezogener Informationsverarbeitung die Hauptursache für die Aktivitätsverringerung ist, sondern eine geringere Neigung, überhaupt absichtsbezogen nachzudenken.

Mit Studie 7 wurde untersucht, ob sich das absichtsbezogene und handlungs-
vorbereitende Denken von Depressiven und Nichtdepressiven unterscheidet. Dazu
wurde nach persönlich wichtigen, noch offenen Entschlussproblemen gesucht. Ein
Entschlussproblem wurde dann als offen und relevant definiert, wenn es von
ausreichend hoher persönlicher Wichtigkeit war und wenn schon wiederholt über
das Für und Wider einer Realisierung des Wunsches nachgedacht wurde. Es
musste dabei allerdings gegeben sein, dass in dieser Sache noch nie ein Entschluss
gefällt wurde bzw. eine Absicht bestanden hat, wirklich aktiv zu werden und das
Ziel zu verfolgen oder dass schon einmal entschieden wurde, alles zu lassen, wie
es ist. Gollwitzer, Heckhausen und Ratajczak (1990) konnten bei normal
gestimmten, studentischen Versuchspersonen nachweisen, dass die Veranlassung
zu ausgiebigem planenden Nachdenken über ein offenes Entschlussproblem – so
als hätte man den Entschluss bereits gefasst und wolle die Realisierung vorbereiten
– zu einer signifikanten Verringerung der subjektiv erlebten Distanz zum
Entschluss führt. Ausgiebig abwägendes Nachdenken über die positiven und
negativen Anreize und über deren Eintretenswahrscheinlichkeit bewirkte keine
bedeutsame Annäherung an den Entschluss, ebensowenig wie die unvollständigen
Varianten abwägenden Nachdenkens (nur positive Anreize, nur erträumte Anreize)
oder die unvollständigen Varianten planenden Nachdenkens (Vorstellung des
Entschlussmomentes, verschiedene Realisierungsarten). Mit Studie 7 wurden nur
die vollständigen Varianten des abwägenden und planenden Denkens, ähnlich wie
bei Gollwitzer, Heckhausen und Ratajczak (1990), experimentell veranlasst und
deren entschlussfördernde Wirkung bei Depressiven und Nichtdepressiven
untersucht. Im Unterschied zur Studie von Gollwitzer et al. wurde zusätzlich
geprüft, ob die absichtsfördernden Effekte abwägenden oder planenden
Nachdenkens für „konflikthafte" Entschlussprobleme, bei denen unerwünschte,
negative Handlungsfolgen nicht auszuschließen sind und eine Furcht vor einer
Fehlentscheidung besteht, anders sind als für „nichtkonflikthafte" Entschlussprobleme, die zwar Anstrengungsaufwand und Überwindung fordern, die aber
nicht mit Befürchtungen verbunden sind.

7.2.2 Methode

Vpn. 40 stationär behandelte, depressive (BDI: M=22.8, SD=9.6) und
40 nichtdepressive (BDI: M=9.7, SD=5.9) Patienten aus mehreren psychiatrischen

Kliniken nahmen an der Untersuchung teil. Die Untersuchung wurde individuell in einem Raum der jeweiligen Klinik durchgeführt.

Versuchsmaterial, Versuchsdurchführung. Alle Teilnehmer listeten zunächst alle offenen Entschlussprobleme auf, die ihnen einfielen. Für jedes Entschlussproblem wurde mit einem Fragebogen geprüft, ob es persönlich wichtig ist, ob schon wiederholt darüber nachgedacht und gewünscht wurde, dass sich in dieser Sache etwas ändert, ob die gewünschte Änderung nicht ganz leicht zu erreichen ist, ob das genaue Vorgehen bedacht werden müsste, falls man sich entschlossen hätte und vor allem, ob bisher in dieser Sache noch nie entschieden worden ist, aktiv zu werden und die Änderung anzustreben oder alles so zu lassen, wie es ist. Nur wenn all diese Voraussetzungen bejaht wurden, kam das betreffende Entschlussproblem für die weitere Verwendung in der Untersuchung in Frage. Für die Auswahl eines konflikthaften bzw. riskanten Entschlussproblems musste zusätzlich noch gegeben sein, dass eine falsche Entscheidung unangenehme, irreversible Folgen haben könnte und dass große Furcht vor einer falschen Entscheidung besteht.

Bei jeweils der Hälfte aller depressiven und nichtdepressiven Personen wurde ein konflikthaftes bzw. ein nichtkonflikthaftes, risikoarmes Entschlussproblem für die weitere Untersuchung ausgewählt. Wiederum jeweils die Hälfte dieser 4 Versuchsgruppen erhielt eine elaborierte schriftliche Anweisung, entweder ausschließlich abwägend oder ausschließlich planend über das ausgewählte Entschlussproblem nachzudenken. Unmittelbar vor Bearbeitung der Bögen zum abwägenden oder planenden Nachdenken wurde bei allen Teilnehmern die subjektive Ausgangsdistanz zum Entschlusspunkt auf einer Analogskala gemessen.

Unter der Bedingung abwägendes Denken, wurden die Untersuchungsteilnehmer instruiert, auf einer Liste alle denkbaren positiven und negativen Folgen der noch offenen Zielintention in der Reihenfolge stichwortartig aufzulisten, in der sie spontan in den Sinn kamen. Wenn einem Teilnehmer trotz längerem Überlegen keine weiteren Folgen der Realisierung der fraglichen Änderungsabsicht mehr einfielen, hatte er für jeden aufgelisteten Effekt anzugeben, ob dieser eine unmittelbare Folge oder ein kurz- oder langfristiges Ergebnis der Realisierungshandlungen ist. Er hatte dann einzuschätzen, mit welcher Sicherheit (in Prozent) er erwartet, dass die entsprechende Folge eintritt und wie wichtig ihm das Eintreten der erwünschten und das Nichteintreten der unerwünschten Folgen ist (auf einer Skala von 1 bis 7).

Für das planende Nachdenken wurden die Probanden instruiert, die 5 wichtigsten Handlungsschritte für die Realisierung der Änderungsabsicht zu überlegen und aufzuschreiben. Anschließend musste für jeden dieser Handlungsschritte der günstigste Ort und Zeitpunkt – im Sinne eines Gelegenheitsvorsatzes – und die genaue Art und Weise des Vorgehens (Realisierungsvorsatz) stichwortartig notiert werden. Allen Teilnehmern wurde aus einer Serie von vorbereiteten Zielintentionen ein schriftliches Beispiel mit allen Bearbeitungsschritten vorgelegt, das zu ihrem Problemtyp – konflikthaftes oder nicht konflikthaftes Entschlussproblem – passte. Nach dem abwägenden bzw. planenden Nachdenken über das Entschlussproblem gab jeder Teilnehmer erneut die subjektive Distanz zum Entschlusspunkt an. Nach Beantwortung einiger Fragen zur subjektiven Schwierigkeit bei den einzelnen Schritten des Abwägens oder Planens erfolgte das Debriefing.

7.2.3 Ergebnisse

7.2.3.1 Kontrolle der experimentellen Maßnahmen

Konflikthaftigkeit des Entschlussproblems. Zur Überprüfung, ob den Versuchsleitern eine zutreffende Trennung von konflikthaften (risikoreichen) und nichtkonflikthaften (nicht riskanten) Entschlussproblemen gelungen ist, wurde die graduelle Zustimmung zu den 3 Aussagen „Ich habe sehr große Furcht, dass ich mich falsch entscheiden könnte.", „Eine falsche Entscheidung könnte sehr unangenehme Folgen mit sich bringen, die nicht mehr rückgängig zu machen sind." und „Dieser Entschluss ist mir persönlich sehr wichtig." erhoben. Die Beantwortung erfolgte jeweils auf einer fünfstufigen Skala von „stimmt überhaupt nicht" (=1) bis „stimmt vollkommen" (=5). Die zutreffende Unterscheidung in konflikthafte und nichtkonflikte Entschlussprobleme wurde durch eine dreifaktorielle ANOVA mit den Gruppierungsfaktoren Depressivität, Denkstil (abwägend/planend) und Entschlussproblem (konflikthaft/nicht konflikthaft) geprüft. Für die Furcht vor einer Fehlentscheidung ergab sich, wie erwartet ein hochsignifikanter Haupteffekt für Konflikthaftigkeit, $F(1,72)=163.9$, $p<.001$. Weder der Haupteffekt für Depressivität, noch für Entschlussproblem, noch eine der Interaktionen wurden signifikant. Konflikthafte Entschlussprobleme waren durchschnittlich mit einer viel höheren subjektiven Furcht verbunden ($M=4.4$, $SD=0.9$) als nicht konflikthafte Entschlussprobleme ($M=2.0$, $SD=0.7$). Ein entsprechendes Ergebnis zeigte sich für die Befürchtung irreversibler negativer Folgen. Der Haupteffekt für

Entschlussproblem wurde wieder hoch signifikant, $F(1, 72)=118.7$, $p<.001$ und weder ein anderer Haupteffekt noch eine der Interaktionen wurden signifikant. Als konflikthaft klassifizierte Entschlussprobleme waren mit einer sehr viel höheren Furcht vor negativen Folgen ($M=4.3$, $SD=1.1$) verbunden als nicht konflikthafte Entschlussprobleme ($M=1.9$, $SD=0.8$). Die Analyse der persönlichen Wichtigkeit des Entschlussproblems zeigte durchweg sehr hohe Werte für die 8 Zellen des Untersuchungsdesigns (von 4.2 bis 4.9). Es zeigte sich dennoch eine tendenzielle Signifikanz für den Haupteffekt Entschlussproblem, $F(1,72)=3.7$, $p<.10$. Konflikthafte Entschlussprobleme wurden tendenziell als wichtiger empfunden ($M=4.7$, $SD=0.6$) als nicht konflikthafte Entschlussprobleme ($M=4.5$, $SD=0.7$). Weder die Haupteffekte für Depressivität und Denkstil noch eine Interaktion wurden signifikant. Damit kann trotz der leicht höheren Wichtigkeit für konflikthafte Änderungswünsche die Trennung in konflikthafte und nicht konflikthafte Entschlussprobleme als gelungen betrachtet werden, denn in beiden Fällen sind die Wichtigkeitswerte hoch und deren Streuungen gering.

Abwägendes oder planendes Nachdenken. Eine weitere Frage ist, wie gut es den Versuchsteilnehmern gelang, ausschließlich abwägend oder planend nachzudenken, ohne dass dabei die jeweils andere Art absichtsbezogenen Denkens auftritt. Hierzu wurde den Personen mit abwägendem Nachdenken zum Abschluss die Frage gestellt „Während ich über die Folgen eines Entschlusses nachdachte, konnte ich nicht verhindern, auch darüber nachzudenken, was ich im Einzelnen unternehmen müsste, um den Entschluss konkret zu realisieren." Teilnehmer mit planendem Denken erhielten die Frage „Während ich über die nötigen Schritte zur Realisierung eines Entschlusses nachdachte, konnte ich nicht verhindern, auch darüber nachzudenken, welche positiven und negativen Folgen mit der Realisierung dieser Entscheidung eintreten könnten." Die jeweils fünfstufige Antwortskala war mit den Polen „stimmt überhaupt nicht" ($=1$) und „stimmt vollkommen" ($=5$) beschriftet. Eine zweifaktorielle ANOVA (Depressivität, Entschlussproblem) getrennt für die jeweilige Denkstilbedingung ergab weder für die abwägende noch für die planende Bedingung einen signifikanten Haupt- oder Interaktionseffekt der Faktoren Depressivität und Konflikthaftigkeit des Entschlussproblems. Die Höhe der Mittelwerte innerhalb der Versuchsgruppen schwankt für die abwägende Bedingung zwischen 3.3 und 4.0 und für die planende Bedingung zwischen 2.9 und 4.0. Dies zeigt, dass die Teilnehmer es nicht völlig verhindern konnten, planungsbezogene Gedanken zu haben, wenn sie abwägen sollten und anreizbezogene Gedanken zu haben, wenn sie planen sollten. Nun lässt sich aus den bloßen

Mittelwerten nicht ablesen, ob und wie stark diese bedingungsfremden Gedanken gegen das experimentell induzierte Denken wirkt. Wir gehen von einem eher geringen Einfluss aus, da das schriftliche Dokumentieren des Nachdenkens sehr stark strukturiert ist und längeres Abschweifen erschwert. Da zwischen den Gruppen einer Denkstilbedingung keine Unterschiede bestehen, darf man annehmen, dass es in allen Gruppen gleich gut gelungen ist, beim induzierten Denkstil zu bleiben.

BDI-Werte. Um zu prüfen, ob die Depressivitätsintensität für Nichtdepressive und für Depressive zwischen den Denkstil- und Problemtypgruppen nicht signifikant verschieden ist, wurde eine dreifaktorielle ANOVA (Depressivität, Denkstil, Konflikthaftigkeit des Entschlussproblems) gerechnet. Außer dem zu erwartenden hochsignifikanten Haupteffekt für Depressivität ($F(1,72)=55.4$, $p<.001$), erreichte kein Haupt- oder Interaktionseffekt Signifikanz. Allerdings zeigen die BDI-Werte für die nichtdepressiven Patienten mit einem Gesamtmittel von M=9.7, dass bei der Vergleichsgruppe eine milde depressive Verstimmung gegeben ist, die möglicherweise die Effekte für Depressivität etwas schwächen könnte.

Dauer des Nachdenkens. Für alle Teilnehmer wurde die Gesamtzeit des abwägenden oder planenden Nachdenkens ermittelt. Die übliche dreifaktorielle ANOVA (Depressivität, Denkstil, Problemtyp) diente der Überprüfung, ob die vom Teilnehmer selbst bestimmbare Dauer des Nachdenkens zwischen den Gruppen verschieden ist. Ist dies der Fall, so wäre denkbar, dass auch der entschlussfördernde Effekt des Nachdenkens davon beeinflusst wird. Der Haupteffekt für Denkstil wurde hochsignifikant, $F(1,72)=35.3$, $p<.001$. Personen, die planend über ihr Entschlussproblem nachdachten verwendeten hierfür signifikant mehr Zeit (M=38.9 Minuten) als diejenigen, die abwägend nachdachten (M=25.3 Minuten). Weder der Haupteffekt für Depressivität noch für Problemtyp noch eine der Interaktionen erreichten Signifikanz. Das bedeutet, Depressive und Nichtdepressive investierten gleich viel Anstrengung für das Abwägen oder das Planen. Konflikthafte, risikoreiche Entschlussprobleme führten nicht zu intensiverem Nachdenken als nichtkonflikthafte. Dass für das detaillierte Planen und Beschreiben der 5 wichtigsten Handlungsschritte mehr Zeit aufgewendet wurde als für das Suchen und Abwägen denkbarer positiver und negativer Handlungsfolgen, kann nicht als qualitativ tieferes Nachdenken bei planendem Nachdenken interpretiert werden. Dazu müsste gegeben sein, dass innerhalb einer Denkstilbedingung die aufgewendete Zeit einen erheblichen Beitrag zur

Absichtsbildung leistet. Dies ist, wie später noch gezeigt wird, nur unwesentlich der Fall (siehe Kapitel 7.2.3.3).

7.2.3.2 Anzahl offener Entschlussprobleme

Ein Teil der Entschlussprobleme hatte direkt mit dem Klinikaufenthalt zu tun. Manche Depressive haben sich die schwierige Frage gestellt, ob sie bestimmten Personen ihres beruflichen oder privaten Umfeldes den Aufenthalt in der Klinik und die psychische Erkrankung mitteilen sollen, ob sie sich vom Partner trennen oder die Wohn- oder Arbeitssituation verändern sollen. Bei den nichtdepressiven, vorwiegend wegen Alkohol- oder Drogenabhängigkeit behandelten Patienten wurden dementsprechend häufig denkbare Folgen ihrer Abhängigkeit als Entschlussproblem thematisiert, wie Trennung/Scheidung vom Partner, beruflicher Wechsel bzw. Neuanfang, ambulante Nachbehandlung. Vor der Auswahl des zu bearbeitenden Entschlussproblems hatte jeder Versuchsteilnehmer alle derzeit offenen Entschlussprobleme aufzulisten, die ihm einfielen. Die Frage, ob die Anzahl genannter Entschlussprobleme zwischen den Versuchsgruppen unterschiedlich ist, könnte vor allem Aufschluss darüber geben, ob Depressive mehr, gleich viel oder weniger Entschlussprobleme nennen als Nichtdepressive. Zu den möglichen Symptomen einer Depression gehören nach DSM-IV auch Entscheidungsschwierigkeiten. Demzufolge könnte man vermuten, dass Depressive mehr offene Entschlussprobleme nennen als Nichtdepressive. Die übliche dreifaktorielle ANOVA ergab für die Anzahl aufgelisteter Entschlussprobleme das Gegenteil.

Der Haupteffekt für Depressivität wurde signifikant, $F(1,72)=4.7$, $p<.05$ und zeigt, dass Depressive weniger (M=2.7) Entschlussprobleme nennen als Nichtdepressive (M=3.3; siehe auch Tabelle 14). Dieser Befund ist auch insofern interessant, da die Analyse der subjektiven Distanz zum Entschlusspunkt für das ausgewählte Entschlussproblem ergab, dass Depressive eine signifikant größere Ausgangsdistanz zum Entschlusspunkt haben. Der Änderungsbetrag bzw. der Betrag der Annäherung durch das abwägende oder das planende Denken war gleich groß wie bei Nichtdepressiven. Dies spricht dafür, dass das absichtsbezogene Denken bei Depressiven in keiner Weise in seiner Funktion gestört oder weniger effizient ist als bei Nichtdepressiven (Genaueres hierzu, Kapitel 7.2.3.3). Die geringere Zahl an Entschlussproblemen könnte darauf hindeuten, dass es spontan weniger häufig zu elaboriertem Nachdenken über Entschlussprobleme kommt.

Die höhere Ausgangsdistanz könnte bedeuten, dass aufgrund der geringeren Häufigkeit spontan über ein bestehendes Entschlussproblem nachzudenken, nur eine geringe oder langsame Annäherung an den Entschlusspunkt resultiert, während sich Nichtdepressive im gleichen Zeitraum durch vermehrtes Nachdenken schon einen größeren Teil der „Strecke" zum Entschlusspunkt erarbeitet haben. Eine andere Erklärung könnte aber auch sein, dass Depressive einen höheren Anspruch an die Entscheidungssicherheit haben und deshalb mehr, bzw. mehr sichere Information für die Entschlussbildung bräuchen.

Tabelle 14: Anzahl genannter Entschlussprobleme

Depressivität	Konflikt-haftigkeit	Denkstil	Mittelwert	Standard-abweichung	N
nichtdepressiv	nicht-konflikthaft	abwägend	2.70	1.57	10
		planend	3.50	1.78	10
		Gesamt	3.10	1.68	20
	konflikthaft	abwägend	3.50	1.18	10
		planend	3.60	1.07	10
		Gesamt	3.55	1.10	20
	Gesamt	abwägend	3.10	1.41	20
		planend	3.55	1.43	20
		Gesamt	3.33	1.42	40
depressiv	nicht-konflikthaft	abwägend	3.10	1.73	10
		planend	2.30	0.67	10
		Gesamt	2.70	1.34	20
	konflikthaft	abwägend	2.70	0.82	10
		planend	2.70	1.06	10
		Gesamt	2.70	0.92	20
	Gesamt	abwägend	2.90	1.33	20
		planend	2.50	0.89	20
		Gesamt	2.70	1.14	40
Gesamt	nicht-konflikthaft	abwägend	2.90	1.62	20
		planend	2.90	1.45	20
		Gesamt	2.90	1.52	40
	konflikthaft	abwägend	3.10	1.07	20
		planend	3.15	1.14	20
		Gesamt	3.12	1.09	40
	Gesamt	abwägend	3.00	1.36	40
		planend	3.03	1.29	40
		Gesamt	3.01	1.32	80

7.2.3.3 Subjektive Nähe zum Entschluss

Sowohl das abwägende als auch das planende Nachdenken bewirkte eine signifikante Annäherung an den Entschluss, was sich bei der vierfaktoriellen ANOVA mit den Gruppierungsfaktoren Depressivität, Denkstil, Problemtyp und dem Messwiederholungsfaktor Entschlussdistanz (Prä-/Postmessung) im Haupteffekt für die Entschlussdistanz zeigt, $F(1,72)=45.9$, $p<.001$, (siehe Abbildung 11 und 12). 2 nichtdepressive (je einmal nach planendem und abwägendem Nachdenken) und ein depressiver Versuchsteilnehmer (nach planendem Nachdenken) haben unmittelbar nach dem Treatment einen Entschluss gefällt. Der Interaktionseffekt von Denkstil und Entschlussdistanz zeigt eine Tendenz zur Signifikanz, $F(1,72)=3.6$, $p<.10$, die eine etwas größere Distanzverringerung nach planendem Nachdenken widerspiegelt. Ebenfalls eine Tendenz zur Signifikanz ergab sich für den Haupteffekt Depressivität, $F(1, 72)=3.6$, $p<.10$. Depressive zeigen vor dem induzierten Nachdenken eine etwas größere Ausgangsdistanz zum Entschlusspunkt. Der Betrag der Annäherung zum Entschlusspunkt unterscheidet sich jedoch nicht von dem der Nichtdepressiven. Der Haupteffekt Problemtyp (konflikthaft / nichtkonflikthaft) erreichte keine Signifikanz, $F(1,72)=2.0$, n.s. Bei konflikthaften Entschlussproblemen war die Ausgangsdistanz durchschnittlich etwas, aber nicht signifikant höher. Die Wirkung des abwägenden und planenden Denkens war ebenso hoch wie für nichtkonflikthafte Entschlussprobleme. Kein weiterer Haupteffekt oder eine der Interaktionen wurden signifikant. Bei der Analyse der individuellen Dauer des Nachdenkens hatte sich gezeigt, dass für planendes Nachdenken mehr Zeit aufgewendet wurde als für abwägendes. Dabei stellt sich die Frage, ob die unterschiedliche Aufgabenstruktur diesen Unterschied erfordert hat oder ob ein höherer Zeitaufwand für tieferes Nachdenken steht und eine etwas stärkere Annäherung an den Entschluss bewirkte. Deshalb wurden für die Bedingung abwägendes Nachdenken und planendes Nachdenken getrennte Korrelationen mit dem Ännäherungsbetrag (Differenz Vor- und Nachmessung) gerechnet. Für abwägendes Nachdenken ergibt sich eine Null-Korrelation ($r=.08$), für planendes Nachdenken eine signifikante Korrelation von $r=.30$. Das heißt, die Dauer des Nachdenkens hat beim Abwägen keinerlei Einfluss auf die Annäherung an den Entschluss, sondern lediglich das evaluative Ergebnis, also der Inhalt des Abwägens. Beim planenden Nachdenken scheint die aufgewendete Zeit für die

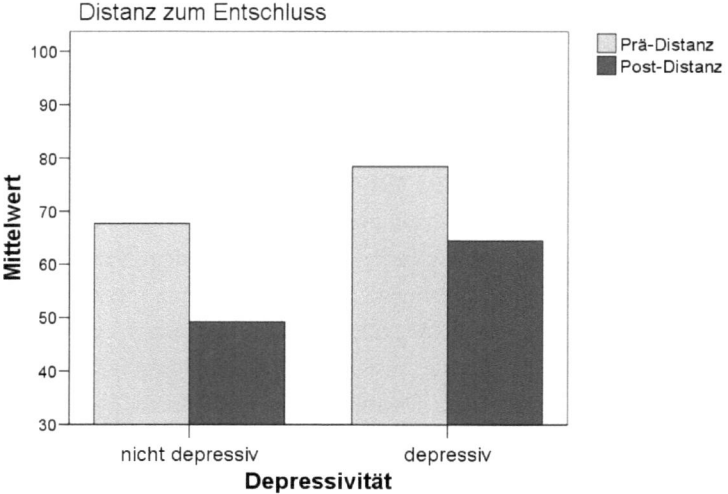

Abbildung 11: Subjektive Distanz zum Entschluss (tiefe Werte=kleine Distanz)

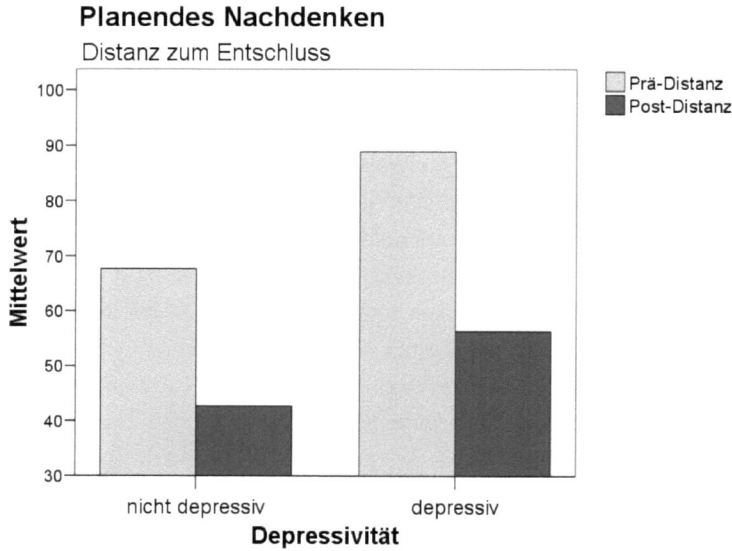

Abbildung 12: Subjektive Distanz zum Entschluss (tiefe Werte=kleine Distanz)

Planung der Handlungsschritte einen gewissen Zugewinn an Entschlusskraft bewirkt zu haben. Die Stärke des Zeiteinflusses ist jedoch nicht sehr hoch, da die quadrierte Korrelation (Determinationskoeffizient) lediglich 9 % gemeinsame Varianz von Zeitaufwand und Annäherungsbetrag aufweist.

Tabelle 15: Distanz zum Entschluss vor und nach dem Planen

	Depressivität	Problemtyp	Mittelwert	Standard-abweichung	N
Prae-Distanz	nichtdepressiv	nichtkonflikthaft	56.70	36.78	10
		konflikthaft	78.70	47.82	10
		Gesamt	67.70	43.03	20
	depressiv	nichtkonflikthaft	92.90	31.36	10
		konflikthaft	84.90	42.84	10
		Gesamt	88.90	36.77	20
	Gesamt	nichtkonflikthaft	74.80	38.10	20
		konflikthaft	81.80	44.30	20
		Gesamt	78.30	40.94	40
Post-Distanz	nichtdepressiv	nichtkonflikthaft	31.30	29.48	10
		konflikthaft	54.10	32.85	10
		Gesamt	42.70	32.55	20
	depressiv	nichtkonflikthaft	57.50	34.28	10
		konflikthaft	55.10	53.03	10
		Gesamt	56.30	43.48	20
	Gesamt	nichtkonflikthaft	44.40	33.90	20
		konflikthaft	54.60	42.94	20
		Gesamt	49.50	38.53	40

Tabelle 16: Distanz zum Entschluss vor und nach dem Abwägen

	Depressivität	Problemtyp	Mittelwert	Standard-abweichung	N
Prae-Distanz	nichtdepressiv	nichtkonflikthaft	66.20	37.74	10
		konflikthaft	69.20	36.93	10
		Gesamt	67.70	36.37	20
	depressiv	nichtkonflikthaft	68.40	42.51	10
		konflikthaft	88.40	29.60	10
		Gesamt	78.40	37.10	20
	Gesamt	nichtkonflikthaft	67.30	39.14	20
		konflikthaft	78.80	34.03	20
		Gesamt	73.05	36.66	40
Post-Distanz	nichtdepressiv	nichtkonflikthaft	45.20	38.61	10
		konflikthaft	53.30	40.93	10
		Gesamt	49.25	38.95	20
	depressiv	nichtkonflikthaft	51.80	45.42	10
		konflikthaft	77.10	30.90	10
		Gesamt	64.45	39.97	20
	Gesamt	nichtkonflikthaft	48.50	41.17	20
		konflikthaft	65.20	37.35	20
		Gesamt	56.85	39.71	40

Depressive profitieren im gleichen Maß vom abwägenden und vom planenden Nachdenken wie Nichtdepressive. Im Unterschied zu den Befunden von Gollwitzer, Heckhausen und Ratajczak (1990) bewirkte bei den persönlichen Entschlussproblemen dieser Stichprobe sowohl das gründliche Abwägen aller denkbaren Handlungseffekte als auch das vorwegnehmende Planen der notwendigen Handlungsschritte eine bedeutsame Annäherung an den Entschluss. Das Planen zeigte nur leichte Vorteile gegenüber dem Abwägen. Entgegen den Erwartungen ergab sowohl planendes als auch abwägendes Nachdenken bei konflikthaften Entschlussproblemen eine ähnlich starke Annäherung an den Entschluss wie bei nichtkonflikthaften Entschlussproblemen ohne das Risiko unerwünschter Folgen.

7.2.3.4 Erwartung negativer und positiver Ergebnisse und Folgen

Den kognitiven Defizittheorien (Becks Depressionstheorie, Hilflosigkeitstheorie) der Depression entsprechend wäre zu erwarten, dass Depressive beim Abwägen denkbarer Handlungsergebnisse und Handlungsfolgen bevorzugt negative Resultate antizipieren und die Wahrscheinlichkeit des Eintretens negativer Folgen höher einschätzen als Nichtdepressive. Die zweifaktorielle ANOVA (Depressivität, Problemtyp) für die Teilnehmer mit abwägendem Nachdenken ergab für die Zahl denkbarer negativer Handlungsergebnisse und Ergebnisfolgen weder einen signifikanten Haupteffekt noch eine signifikante Interaktion. Depressive nennen durchschnittlich 4.2 (53.4 % aller Folgen) und Nichtdepressive durchschnittlich 5.0 (57.1 %) denkbare unerwünschte Folgen für ihr Entschlussproblem. Der Haupteffekt Depressivität liegt sowohl für die absolute Häufigkeit, $F(1,36)=1.1$, n.s., als auch für den prozentualen Anteil an den insgesamt genannten (positive und negative) Ergebnisse und Folgen, $F(1,36)=0.2$, n.s., weit jenseits der Signifikanzschwelle. Die durchschnittliche Zahl negativer Folgen ist für konflikthafte Entschlussprobleme etwas höher (M=5.3, SD=2.3; 62 %) als für nichtkonflikthafte (M=4.0, SD=2.8; 48.6 %).

Der Haupteffekt für Problemtyp (konflikthaft/nicht konflikthaft) erreicht für den prozentualen Anteil negativer Folgen tendenzielle Signifikanz, $F(1,36)=2.9$, p<.10. Depressive zeigen also keineswegs eine Präferenz für negative Ergebnisse und Folgen beim abwägenden Nachdenken über ihr offenes Entschlussproblem. Im Gegenteil, Nichtdepressive nennen bei nichtkonflikthaften Entschlussproblemen tendenziell mehr negative Folgen als Depressive. Erwartungsgemäß werden bei konflikthaften Entschlussproblemen tendenziell mehr negative Handlungsergebnisse und Ergebnisfolgen antizipiert als bei nichtkonflikthaften.

Tabelle 17: Anzahl erwarteter positiver und negativer Folgen beim Abwägen

	Depressivität	Konflikt-haftigkeit	Mittelwert	Standard-abweichung	N
positive Folgen	nichtdepressiv	nichtkonflikthaft	4.20	3.01	10
		konflikthaft	3.40	2.27	10
		Gesamt	3.80	2.63	20
	depressiv	nichtkonflikthaft	4.40	3.10	10
		konflikthaft	2.70	1.06	10
		Gesamt	3.55	2.42	20
	Gesamt	nichtkonflikthaft	4.30	2.98	20
		konflikthaft	3.05	1.76	20
		Gesamt	3.68	2.49	40
negative Folgen	nichtdepressiv	nichtkonflikthaft	4.50	2.99	10
		konflikthaft	5.60	2.67	10
		Gesamt	5.05	2.82	20
	depressiv	nichtkonflikthaft	3.50	2.64	10
		konflikthaft	4.90	1.91	10
		Gesamt	4.20	2.35	20
	Gesamt	nichtkonflikthaft	4.00	2.79	20
		konflikthaft	5.25	2.29	20
		Gesamt	4.63	2.60	40

Die subjektiven Wahrscheinlichkeiten des Eintretens erwünschter (positiver) und unerwünschter (negativer) Folgen hatten die Untersuchungsteilnehmer der abwägenden Bedingung jeweils mit einem Prozentwert von 0 bis 100 anzugeben. Mit der dreifaktoriellen ANOVA (Depressivität, Problemtyp, Messwiederholungsfaktor Valenz der Folgen) wurde die Frage geprüft, ob Depressive negative Ergebnisse und Folgen mit höherer Wahrscheinlichkeit erwarten als Nicht-depressive und entsprechend positive Handlungs- und Entscheidungsanreize mit geringerer Sicherheit erwarten als Nichtdepressive. Hierzu wurde die durchschnittliche prozentuale Erwartung für die individuelle Anzahl positiver und negativer Ergebnisse und Folgen als abhängige Variable verwendet. Ein signifikanter Haupteffekt für den within-subjects Faktor Valenz der Folgen, $F(1,32)=4.9$, $p<.05$, zeigt, dass das Eintreten erwünschter Folgen mit deutlich höherer Wahrscheinlichkeit erwartet wird (M=74 %, SD=21.7) als für unerwünschte Folgen (M=62 %, SD=20.4). Die weiteren Haupteffekte (Depressivität, Problemtyp) sowie die Interaktionen lagen weit jenseits der Signifikanzschwelle. Theoretisch bedeutsam ist, dass sich für denkbare negative Ergebnisse oder Folgen weder ein signifikanter Haupteffekt für Depressivität, $F(1,33)=0.1$, n.s., noch für Konflikthaftigkeit des Entschlussproblems, $F(1,33)=0.5$, n.s., noch eine signifikante Interaktion, $F(1,33)=0.0$, n.s., ergab . Das Gleiche gilt auch für die Wahrscheinlichkeitsschätzungen bei positiven und negativen Handlungseffekten. In der Nachbefragung wurde zur Aussage „Die Auftretenswahrscheinlichkeit der Folgen war schwierig anzugeben." die graduelle Zustimmung (1 bis 5) erfragt. Depressive empfanden die Schätzung der Eintretenswahrscheinlichkeiten signifikant schwieriger (M=3.4) als Nichtdepressive (M=2.1). Dies zeigt die zweifaktorielle ANOVA (Depressivität, Problemtyp) mit einem signifikanten Haupteffekt für Depressivität, $F(1,36)=11.1$, $p<.01$.

Tabelle 18: Wahrscheinlichkeit erwarteter positiver und negativer Folgen

	Depressivität	Problemtyp	Mittelwert	Standard-abweichung	N
positive Folgen	nichtdepressiv	nichtkonflikthaft	76.89	27.35	9
		konflikthaft	78.45	20.71	10
		Gesamt	77.71	23.40	19
	depressiv	nichtkonflikthaft	74.12	26.94	7
		konflikthaft	70.07	13.34	10
		Gesamt	71.73	19.41	17
	Gesamt	nichtkonflikthaft	75.68	26.29	16
		konflikthaft	74.26	17.49	20
		Gesamt	74.89	21.51	36
negative Folgen	nichtdepressiv	nichtkonflikthaft	59.00	16.27	9
		konflikthaft	63.84	13.65	10
		Gesamt	61.55	14.73	19
	depressiv	nichtkonflikthaft	58.44	27.40	7
		konflikthaft	65.90	25.89	10
		Gesamt	62.83	25.94	17
	Gesamt	nichtkonflikthaft	58.76	21.01	16
		konflikthaft	64.87	20.17	20
		Gesamt	62.15	20.48	36

7.2.3.5 Wichtigkeit der Handlungsergebnisse und Handlungsfolgen

Mit einer dreifaktoriellen ANOVA (Depressivität, Problemtyp, Messwieder-holungsfaktor Valenz der Folgen) wurde auch geprüft, ob die persönliche Bewertung der Wichtigkeit, dass eine erwünschte Folge eintritt oder dass eine unerwünschte Folge nicht eintritt, von der Depressivität der Person und der Konflikthaftigkeit des Entschlussproblems abhängt. Die Haupteffekte Depressivität und Konflikthaftigkeit erreichten keine Signifikanz, $F(1,32) \leq 1.0$, n.s. Der Haupteffekt für den within-subjects Faktor Valenz der Folgen wurde ebenfalls nicht signifikant, $F(1,32)=2.3$, p>.10, obwohl die Mittelwerte eine etwas höhere Wichtigkeit positiver Folgen andeuten. Von den Interaktionen wurden die

Zweifachinteraktion von Depressivität und Valenz der Folgen, $F(1,32)=8.0$, $p<.01$ und die Dreifachinteraktion Depressivität x Problemtyp x Valenz der Folgen, $F(1,32)=8.2$, $p<.01$, signifikant. Depressive bewerten das Eintreten positiver Handlungsergebnisse und Handlungsfolgen besonders bei nichtkonflikthaften Entschlussproblemen als weniger wichtig ($M=5.6$, $SD=1.6$) wie Nichtdepressive ($M=6.7$, $SD=0.4$). Die persönliche Wichtigkeit konnte auf einer Skala von 1 bis 7 angegeben werden. Die Wichtigkeitsangaben reichen von minimal 3 bis maximal 7, die Durchschnittswerte innerhalb der Gruppen von 5.6 bis 6.7.

Wie aus Tabelle 19 zu ersehen ist, sind die Varianzen nicht in allen Gruppen gleich. Die extrem hohen Werte für positive Folgen bei Nichtdepressiven führen zu einem Deckeneffekt und zur Reduktion der Streuungen. Wie der Levene-Test für Gleichheit der Fehlervarianzen zeigt, ergibt sich nur für positive Folgen eine nichtsignifikante Tendenz für ungleiche Fehlervarianzen, $F(3, 32)=2.3$, $p<.10$. 3 Versuchsteilnehmer hatten bei nichtkonflikthaften Entschlussproblemen keine negative Folge genannt. Eine Person hatte eine fehlende Angabe, so dass 4 Probanden für diese Analyse ausfallen.

Die Wichtigkeiten sind insgesamt sehr hoch. Depressive schätzen bei risikoarmen Entschlussproblemen die Wichtigkeit positiver Folgen geringer ein als Nichtdepressive. Der empfundene positive Anreiz für risikoarme, nichtkonflikt-hafte Handlungen scheint bei Depressiven geringer zu sein als bei Nichtdepres-siven. Dagegen ist ihnen das Vermeiden unangenehmer Effekte einer Entscheidung bzw. Handlung ebenso wichtig wie Nichtdepressiven.

Man könnte auch sagen, dass Depressive primär motiviert sind, unangenehme Handlungsergebnisse zu verhindern, die ihre depressive Stimmung noch weiter verschlechtern könnten. Das Erreichen erwünschter Handlungsergebnisse, die nicht im Konflikt mit denkbaren aversiven Ergebnissen stehen, ist ihnen etwas weniger wichtig. Es ist allerdings festzuhalten, dass ihnen positive Folgen keineswegs unwichtig sind. Denn die Werte liegen auch für positive Folgen bei nichtkonflikt-haften Entschlussproblemen deutlich ihm oberen Skalenbereich (siehe Tabelle 19). Depressive zeigen insgesamt gesehen beim ausgiebigen abwägenden Nachdenken über eine offenes Entschlussproblem keine starken Auffälligkeiten bzw. Abwei-chungen gegenüber den nichtdepressiven Vergleichspersonen.

Tabelle 19: Wichtigkeit erwarteter positiver und negativer Folgen

	Depressivität	Problemtyp	Mittelwert	Standard-abweichung	N
positive Folgen	nichtdepressiv	nichtkonflikthaft	6.70	0.36	9
		konflikthaft	6.64	0.49	9
		Gesamt	6.67	0.42	18
	depressiv	nichtkonflikthaft	5.58	1.57	8
		konflikthaft	6.35	1.13	10
		Gesamt	6.01	1.36	18
	Gesamt	nichtkonflikthaft	6.17	1.22	17
		konflikthaft	6.49	0.88	19
		Gesamt	6.34	1.05	36
negative Folgen	nichtdepressiv	nichtkonflikthaft	5.56	1.13	9
		konflikthaft	6.32	0.90	9
		Gesamt	5.94	1.07	18
	depressiv	nichtkonflikthaft	6.35	0.89	8
		konflikthaft	6.02	0.96	10
		Gesamt	6.17	0.92	18
	Gesamt	nichtkonflikthaft	5.93	1.07	17
		konflikthaft	6.16	0.92	19
		Gesamt	6.05	0.99	36

7.2.4 Zusammenfassung und Diskussion

Antriebsmangel und Entscheidungsprobleme gehören in beiden Diagnosesystemen für psychische Störungen (DSM-IV, ICD-10) zu den Kernsymptomen einer klinischen Depression. Man kann vermuten, dass diese beiden motivationalen Symptome einer Depression mitverantwortlich für andere Symptome einer Depression sind, nämlich die Verringerung von Tagesaktivitäten und sozialen Kontakten. In der bisherigen kognitionspsychologischen Forschung zur Depressivität hat man sich fast ausschließlich mit solchen Prozessen der

Informationsverarbeitung beschäftigt, die eher indirekt auf die Motivation zum Handeln und Entscheiden wirken. So wurde beispielsweise die Wahrnehmung und Erinnerung vorausgehender Erfolge oder die Fähigkeit zur Kontingenzwahrnehmung untersucht – mit der impliziten Annahme, dass eine negativ verzerrte Ergebnis- und Kontingenzwahrnehmung, die Motivation für spätere Handlungen in ähnlichen Kontexten verringert. Erstaunlicherweise wurden Motivationsprozesse bei Depressiven bisher nicht direkt untersucht. Ein sehr naheliegendes Motivationskonzept für solche Untersuchungen ist das Modell der Absichtsentwicklung von Gollwitzer, das phasentypische Merkmale der Informationsverarbeitung beim Abwägen von positiven und negativen Anreizen vor der Absichtsbildung und andere phasentypische Merkmale bei der handlungsvorbereitenden Planung nach der Bildung einer verbindlichen Absicht annimmt. Die Frage ist nun, ob Depressive im Vergleich zu Nichtdepressiven Veränderungen des absichtsbezogenen Denkens aufweisen, die eine Verringerung von Tagesaktivitäten und sozialen Kontakten mit verursachen könnte. Eine andere Erklärung wäre, dass es bei einer depressiven Bewusstseinslage seltener zu spontanem absichtsbezogenem Nachdenken kommt und dass die Qualität des absichtsbezogenen Denken unverändert ist.

Mit Studie 7 wurde diesen Fragen nachgegangen. Depressive und Nichtdepressive Patienten aus psychiatrischen Kliniken nannten offene Entschlussprobleme von hoher persönlicher Wichtigkeit. Von den genannten Entschlussproblemen wurde entweder ein konflikthaftes (riskantes) oder ein nichtkonflikthaftes (nicht riskantes) Entschlussproblem für die weitere Bearbeitung ausgewählt. Jeweils die Hälfte der depressiven und nichtdepressiven Versuchsteilnehmer bekam genaue Instruktionen für das abwägende Nachdenken oder das planende Nachdenken über das Entschlussproblem. Da in allen Fällen ja noch keine Entscheidung über die Realisierung oder das endgültige Aufgeben des Veränderungswunsches bestand, sollte beim planenden Nachdenken so getan werden, als ob man sich bereits entschieden hätte und nun überlegen würde, welche Schritte zur Realisierung der Absicht unternommen werden müssten. Außerdem war zu überlegen, wann, wo und wie man jeden einzelnen Handlungsschritt ausführen würde. Beim abwägenden Nachdenken hatten die Teilnehmer alle möglichen positiven und negativen Folgen zu bedenken, die eine Realisierung des Veränderungswunsches mit sich bringen könnte. Für diese Folgen wurde die Wichtigkeit ihres Eintretens oder Ausbleibens sowie die subjektive Wahrscheinlichkeit mit der sie tatsächlich eintreten würden, eingeschätzt. Ausgangsfrage für diese Untersuchung war, ob Depressive sich hinsichtlich der Art und Wirkung absichtsbezogenen Denkens von Nichtdepressiven unterscheiden oder ob sie lediglich eine geringere Neigung haben, überhaupt über Veränderungswünsche und Absichten nachzudenken.

Hinsichtlich der frei wählbaren Dauer des Nachdenkens zeigt sich kein Unterschied zwischen Depressiven und Nichtdepressiven, weder für das abwägende noch für das planende Nachdenken. Depressive und Nichtdepressive profitieren gleichermassen vom abwägenden und planenden Nachdenken. Die entschlussfördernde Wirkung ist für beide Stimmungsgruppen gleich. Planendes Nachdenken bewirkt eine tendenziell signifikant stärkere Annäherung an den Entschluss als abwägendes Nachdenkens. Auch beim Abwägen von positiven und negativen Anreizen für das offene Entschlussproblem zeigen Depressive keinen Hinweis auf eine oft postulierte, negativ verzerrte Informationsverarbeitung. Der relative Anteil vorweggenommener negativer Folgen zur Gesamtzahl an bedachten Folgen bei der Realisierung des Veränderungswunsches ist bei Depressiven und Nichtdepressiven gleich. Beide Gruppen erwarten tendenziell mehr negative Folgen bei riskanten Entschlussproblemen, was sehr naheliegend ist. Auch hinsichtlich der subjektiven Wahrscheinlichkeit mit der positive und negative Folgen bei der Absichtsrealisierung eintreten, unterscheiden sich Depressive nicht von Nichtdepressiven. Beide Gruppen schätzen die Wahrscheinlichkeit für negative Folgen geringer ein als die Wahrscheinlichkeit für positive Folgen. Depressive sind also nicht pessimistischer als Nichtdepressive. Der einzige Unterschied, der sich beim absichtsbezogenen Nachdenken zwischen beiden Stimmungsgruppen zeigt, ist dass Depressiven das Eintreten positiver Folgen bei nichtkonflikthaften Entschlussproblemen weniger wichtig ist als Nichtdepressiven. Es spricht also so gut wie nichts dafür, dass die das absichtsbezogene Nachdenken bei Depressiven in irgendeiner Weise beeinträchtigt bzw. so verändert ist, dass sich daraus eine Hemmung der Entschlussbildung und der Aktivitäten ableiten lässt.

Depressive nennen allerdings am Anfang der Untersuchung weniger offene Entschlussprobleme als Nichtdepressive. Außerdem ist beim ausgewählten Entschlussproblem die Ausgangsdistanz zum Entschlusspunkt bei den Depressiven tendenziell signifikant größer als bei Nichtdepressiven. Beides könnte man so interpretieren, dass Depressive im Alltag weniger spontan über Veränderungswünsche nachdenken, so dass auch bei bestehenden Entschlussproblemen die Annäherung an den Entschluss weniger weit vorangeschritten ist als bei

Nichtdepressiven. Die Tatsache, dass Depressive es schwieriger empfinden, die Wahrscheinlichkeit des Eintretens von Folgen einzuschätzen als Nichtdepressive, deutet in die gleiche Richtung. Die empfundene Unsicherheit, die Risiken von negativen Folgen einschätzen zu können, macht das Nachdenken über Entschlussprobleme aversiver. Damit sinkt die Bereitschaft dies zu tun. Trotz der höheren Unsicherheit schätzen Depressive die Wahrscheinlichkeit des Eintretens von positiven und negativen Folgen nicht anders ein als Nichtdepressive.

8. Depressive Bewusstseinslage: ein integratives Modell

Die nosologische Forschung zum kognitiven Verhalten bei depressiver Stimmung ist weitgehend unintegriert. Für die meisten kognitionstheoretischen Paradigmen stehen widersprüchliche Ergebnisse unverbunden und ohne integrative Erklärung nebeneinander. Die Forschung folgt allzu oft einem einfachen Heurismus: Vergleiche eine Gruppe Depressiver mit einer Gruppe Nichtdepressiver hinsichtlich eines paradigmatisch erfassten kognitiven Verhaltens. Abweichungen des Verhaltens zwischen Depressiven und Nichtdepressiven oder im Vergleich zu einem objektiven Maß weisen auf eine kognitive Verzerrung bei Depressiven, bzw. auf einen depressogenen oder depressionserhaltenden kognitiven Stil hin.

Mit der Modellierung einer depressiven Bewusstseinslage soll versucht werden, depressives Verhalten in einen sinnfälligen theoretischen Rahmen zu stellen und teils widersprüchliche oder einseitig interpretierte Forschungsbefunde zu integrieren. Das Modell soll außerdem theoriegeleitete neue Fragestellungen für die Forschung und das Verständnis depressiver Episoden aufzeigen. Dazu wird im folgenden Abschnitt zunächst ein emotionstheoretischer Hintergrund eingeführt, mit dem die Konzeption einer depressiven Bewusstseinslage eine allgemeinere Begründung erhält. Anschließend werden Merkmale und Funktionen einer depressiven Bewusstseinslage dargestellt.

8.1 Emotionstheoretische Basis

Sofern eine depressive Stimmungsphase so intensiv und andauernd ist, dass sie die Kriterien für eine majore depressive Episode nach DSM-IV oder ICD-10 erfüllt, geht man von einer gestörten Affektivität aus, die zur Diagnose einer depressiven Störung oder einer bipolaren Störung führen kann. Letztere wird diagnostiziert, sofern es vor oder nach einer depressiven Episode auch zu manischen oder hypomanischen Episoden gekommen ist. Manische Affektphasen gelten wie majore Depressionen als psychisch gestörte Zustände. Man kann die beiden Affektzustände als extreme, pathologische Auslenkungen auf einer bipolaren Affekt-Dimension betrachten, in deren Mitte eine neutrale Gestimmtheit steht. Da es allerdings schwer sein dürfte, eine Stetigkeit affektiver Zustände auf einer solchen Dimension nachzuweisen, und man in gewisserweise eine Intensitätslücke zwischen einer „normalen" neutralen Stimmung und den beiden pathologischen Extremen annehmen muss, ist es vielleicht sinnvoller, von 2 in ihren Merkmalen gegensätzlichen Affektzuständen zu sprechen. Während eine manische Person ununterbrochen gut gelaunt scheint, vor lauter Ideen sprudelt, ständig spricht, fast hemmungs- und distanzlos auf andere zugehen kann, voller Tatendrang – bis hin zur rastlosen Aktivität ist, kaum Schlaf braucht, ein schier grenzenloses Selbstvertrauen hat und geradezu illusionär an die Machbarkeit seiner Pläne glaubt, ist eine depressive Person andauernd freudlos und niedergedrückt, äußert sich eher zögernd, meidet die Gesellschaft anderer und zieht sich zurück, unternimmt immer weniger aus eigenem Antrieb, ist schnell erschöpfbar und müde, hat wenig Selbstvertrauen und ist von Zweifeln an seinen Fähigkeiten geplagt und sieht die Machbarkeit seiner Vorhaben sehr skeptisch und sorgenvoll. Auch wenn dies eine prototypische Auflistung der affektiven Merkmale beider Zustände ist, die nicht auf alle Personen im jeweiligen Zustand exakt zutrifft, so scheinen die Symptome beider Zustände doch mit gegensätzlicher Ausprägung auf der gleichen Merkmalsstruktur menschlichen Empfindens und Verhaltens zu liegen. Diese Merkmale kann man, grob kategorisiert, den Bereichen Emotionalität, Motivation, Antrieb und Verhalten, selbstbezogenes Denken und Bewerten sowie Zuversicht und körperliches Empfinden zuordnen. Auch die wesentlich schwächeren Varianten beider Zustandsformen zeigen die affekttypischen Reaktions- und Verhaltensneigungen. So trägt auch eine gehobene Stimmung, ausgelöst durch die überraschende Lösung eines schwierigen Problems Züge einer Manie. Der Betreffende ist sehr gut gelaunt, sucht Gesellschaft, ist mitteilsam, unternehmungslustig und optimistisch. Auf der anderen Seite ist jemand, dem ebenso überraschend bewusst wird, dass ein Projekt misslungen ist, das ihm viel bedeutet und für das er sich sehr eingesetzt hat, sehr wahrscheinlich deprimiert und traurig, möchte lieber allein sein, ist sehr nachdenklich, hat kein Bedürfnis etwas zu unternehmen und ist eher skeptisch und vorsichtig, was den zu erwartenden Erfolg bei laufenden oder künftigen Projekten betrifft.

Damit wird die Auffassung vertreten, dass es ein affekttypisches, stabiles Muster an Reaktionsneigungen gibt, das auch bei unterschiedlichen Intensitäten des Affektes weitgehend erhalten bleibt. Das soll jedoch nicht heißen, dass diese Reaktionsneigungen starr und unveränderbar ausgelöst werden und sich immer sichtbar im Verhalten manifestieren müssen. Affektzustände sind durchaus kontrollier- und veränderbar. Die Kontrollierbarkeit hängt aber stark von der

Affektintensität ab. Diese Konzeption von Affekten wird im Wesentlichen von vielen Emotionstheoretikern bezüglich der Merkmale so genannter *Basisemotionen* (auch fundamentale Emotionen genannt) geteilt. Zu den Basisemotionen werden Interesse-Erregung, Freude, Überraschung, Kummer-Schmerz, Zorn-Wut, Geringschätzung-Verachtung, Ekel, Furcht-Entsetzen, Traurigkeit, Feindseligkeit-Hass, Liebe und von manchen Emotionstheoretikern auch Scham und Schuld gerechnet. Basisemotionen haben eine angeborene, neurale Grundlage, die alle Menschen besitzen. Sie haben eine mimisch expressive Komponente und sind daher sozial bedeutsam. Durch das mimische Muster und weitere emotions-typische, unmittelbare Verhaltendispositionen (Körperhaltung, Vokalisation) haben sie in sozialen Situationen Signalcharakter. Trotz einer genetischen Grundlage von Emotionen gibt es interkulturell unterschiedliche Häufigkeiten des sichtbaren Vorkommens für manche Emotionszustände. Dies ist auf die Entwicklung kulturspezifischer „Darbietungsregeln" (Konventionen) zurückzuführen, also auf das Bemühen, bestimmte Emotionen in der Öffentlichkeit nicht oder in abge-schwächter Form zu zeigen. Alle Basisemotionen haben eine physiologische Erregungskomponente und eine besondere affektspezifische Erlebnisqualität. Darüber hinaus haben Basisemotionen motivationale Qualität. Sie sind, wie bereits für die beiden Affektzustände Depressivität und Manie beispielhaft gezeigt, mit spezifischen Reaktions- und Verhaltensbereitschaften verbunden. Zu den Reaktionsdispositionen gehört auch eine *emotionsspezifische Art der Informations-verarbeitung* (der Aufmerksamkeitslenkung, des Wahrnehmens, Denkens und Bewertens, des Erinnerns und Entscheidens), die von der Informationsverarbeitung in neutraler Stimmungslage abweicht. Basisemotionen haben, evolutionsbiologisch betrachtet, adaptiven Wert. Sie sind dazu geeignet, die Unversehrtheit des Organis-mus und dessen Anpassung an die, für das Individuum relevante physikalische und soziale Umgebungswelt herzustellen bzw. aufrechtzuerhalten. Der differentiellen Emotionstheorie entsprechend (Izard, 1999) sind die meisten affektiven Zustände im Alltag keine Basisemotionen, sondern sogenannte Mischemotionen, die aus einer Kombination schwächerer Varianten von Basisemotionen bestehen, bei denen aber durchaus ein Emotionstyp dominieren kann. Es wird angenommen, dass nicht völlig beliebige Emotionskombinationen auftreten, sondern für bestimmte Auslösesituationen typische Kombinationen. So könnte bspw. die Absage einer Freundin zu einer gemeinsamen Unternehmung, auf die man sich sehr gefreut hat, zunächst Ärger, dann zeitweise Traurigkeit und einen kleineren Anteil an Geringschätzung auslösen.

Affektive Zustände in Form von Mischemotionen, Stimmungen, Basisemotionen oder andauernden Affektzuständen sind in mehr oder weniger hoher Intensität immer vorhanden. Affektive Zustände werden als unwillkürliche, bewertende Reaktionen auf das gerade Wahrgenommene, Gedachte, Empfundene oder Erlebte verstanden. Sie sind ständiger (paralleler) Bestandteil im Strom der bewussten und unbewussten Informationsverarbeitung. Es gibt demnach im Wachbewusstsein keinen emotionslosen Zustand. Es wird angenommen, dass bei Mischemotionen grundsätzlich die gleichen, gerichteten affektspezifischen Wahrnehmungs-, Verarbeitungs- und Reaktionsneigungen angeregt werden, wie sie für die beteiligten dominanten Basisemotionen typisch sind. Je geringer die Affekt-intensität ist, desto leichter können diese Reaktionsbereitschaften durch abwägen-des, absichtsbezogenes und bewertendes Denken gesteuert und verändert werden. Dadurch können sich ideosynkratische Affekt-Kognitionsmuster ausbilden. Die auf den Affektzustand bezogenen Kognitionen können die Intensität und die künftige Auslösbarkeit von Misch- und Basisemotionen verändern. Kognitive und soziale Prozesse spielen also in diesem Sinne für die Regulation der eigenen Affektivität und für die lebensgeschichtliche Veränderung der Auslösebedingungen bestimmter Emotionen und Affektzustände eine sehr wichtige Rolle.

Basisemotionen sind, wie die meisten Mischemotionen, in der Regel kurzepi-sodische Affekte. Es gibt aber auch länger dauernde Affektzustände, die über-geordnet oder im Hintergrund aktiviert sind, ohne kürzere affektive Reaktionen anderer Art zu verhindern oder ganz auszuschließen. Andauernde Affektzustände drängen sich ins Bewusstsein, wenn die Informationsverarbeitung nicht stark durch eine auszuführende Tätigkeit beansprucht wird. Dazu gehören beispielsweise Verliebtheit oder anhaltend erhöhte Ängstlichkeit und Sorge und ebenso Traurigkeit oder Depressivität. Anhaltende affektive Zustände werden durch fundamentale, für die Person sehr wichtige, entweder gewünschte oder sehr gefürchtete Änderungen im Umfeld der Person oder durch die starke Erwartung solcher Änderungen ausgelöst. Wie bereits angedeutet, sind weder Basisemotio-nen, noch Mischemotionen, noch andauernde affektive Zustände an starre Auslöser gekoppelt. Es gibt zwar grundsätzlich auch potentiell universelle Auslöser (in starkem Maß bei sehr jungen Organismen), die Auslösebedingungen ändern sich jedoch sehr stark im Entwicklungsverlauf des Individuums. Nicht die Auslöser selbst sind als die eigentlichen Ursachen für eine Affektreaktion zu sehen, auch wenn sie oft die sichtbaren antezedenten Bedingungen für die Reaktion darstellen. Entscheidend ist die subjektiv bewertende Bedeutung der auslösenden äußeren oder inneren Situation. Die Bewertungen sind nicht notwendigerweise bewusste gedankliche Prozesse, es können auch bereits reflexartig automatisierte, habituelle Bewertungsdispositionen sein. Die Bewertung orientiert sich an den für das Individuum derzeitigen oder immer bestehenden verbindlichen Zielen. Der Zielbegriff wird hier sehr weit gefasst. Damit sind nicht nur bewusst entstandene bzw. absichtlich übernommene mentale Zielrepräsentationen gemeint. Dazu gehören auch universelle organismische Ziele wie die Vermeidung von Schmerz und von extremen, für den Organismus unverträglichen Bedingungen (Hitze, Kälte usw.), die Erhaltung der psychophysischen Integrität und die Adaptation an die gegebenen physikalischen und sozialen Lebensumstände. Die universell-organismischen Ziele sind nicht an eine mentale Entstehungsgeschichte gebunden.

Spezifische, individuell erworbene und veränderbare Ziele sind beispielsweise ein guter Schwimmer sein, bei anderen Menschen beliebt oder wertgeschätzt sein, in seinem Beruf anerkannt und erfolgreich sein oder aber ein angenehmes Leben führen können, ohne extreme berufliche Anstrengungen leisten zu müssen. Solche spezifischen Zielintentionen einer Person lassen sich übergeordneten Motivtypen zuordnen, wie Macht, Anschluss, Intimität, Leistung (Heckhausen, 1989). Personen unterscheiden sich hinsichtlich der Ausprägungsintensität und relativen Wichtigkeit bestimmter Motive. Die Art und Intensität affektiver Reaktionen wird durch evaluative Erfahrungen des Voranschreitens und Gelingens oder des Stagnierens und Bedrohtseins aktueller Zielintentionen bestimmt. Auf einer höheren Ebene betrachtet, hängt die affektive Befindlichkeit vom Ausmaß der Befriedigung der situativ angeregten, permanenten Motive einer Person ab. Dabei spielen die Zielverfolgungsgeschichte und natürlich die persönliche Wichtigkeit und Verbindlichkeit der aktivierten Zielzustände eine entscheidende Rolle. Es scheint zu gelten, dass nicht so sehr der Status der Zielerreichung, sondern vor allem die Änderungsgeschwindigkeit (velocity) bei der Zielverfolgung affekt-bestimmend ist, wobei natürlich die Verfolgung längerfristiger Ziele in der Regel durch sehr wechselhafte Phasen der Zielannäherung gekennzeichnet ist.

Bei den klassischen Konzeptionen von Emotionen ist m.E. der Bezug des affektiven Geschehens zum individuellen Zielsystem, ebenso wie eine systematische und differenzierte Darstellung der emotionstypischen kognitiven Reaktions-dispositionen vernachlässigt worden. Aber gerade dadurch könnte die Funktionalität von Emotionen und längeren Affektzuständen für das Zielstreben und die lebensgeschichtliche Entwicklung eines Menschen verständlicher herausgearbeitet werden. Um neben der häufig betonten, evolutionsbiologischen und der sozialen nun auch der kognitiv-motivationalen Funktion von Emotionen und Affekten ein größeres Gewicht zu geben, scheint es mir sinnvoll und gerechtfertigt, Emotionen und bestimmte längerdauernde Affektzustände als affektive Bewusstseinslagen zu betrachten. Als Bewusstseinslage wird üblicherweise ein spezifisches Set von Dispositionen hinsichtlich der Suche, der Selektion, der Bewertung, der Aufmerksamkeitsfokussierung und der Handlungssteuerung und -kontrolle verstanden. Gollwitzer (1991) hat in diesem Sinne die verschiedenen Phasen einer Handlung als unterschiedliche Bewusstseinslagen konzeptualisiert, insbesondere die beiden ersten – die Phase des Abwägens bis zur selbstverpflichtenden Übernahme eines Ziels und die anschließende Phase der Planung bis zum Handlungsbeginn.

Das Konzept der Bewusstseinslage verspricht für weitere Forschungen zu Emotionen und zu Affektzuständen wie beispielsweise Verliebtheit und Depression erkenntnistheoretischen und nosologischen Gewinn. Es kann eine oft in der Kognitionspsychologie und der Klinischen Psychologie anzutreffende normative Fixierung auf den affektneutralen „Normalzustand" verhindern. Emotionen verlieren dadurch an Irrationalität und längere Affektzustände, wie auch die Depressivität werden dadurch – wie noch zu zeigen sein wird – entpathologisiert. Mit einer bewusstseinslagetheoretischen Perspektive werden sie hinsichtlich ihres adaptiven Potentials reinterpretiert. Damit soll und kann natürlich nicht behauptet werden, dass Emotionen und die genannten Affektzustände im individuellen Fall nicht auch dysfunktionalen oder pathologischen Status bekommen können. So kann etwa heftiger Ärger dazu führen, dass man sich mit hoher Priorität mit der Quelle des Ärgers auseinandersetzt. Dies bietet grundsätzlich einmal die notwendigen Voraussetzungen zur nachhaltigen Änderung der Situation oder zur Einflussnahme auf das auslösende Objekt. Die Emotion an sich kann natürlich den Erfolg nicht garantieren. Der hängt von den kognitiven und handlungsbezogenen Ressourcen der Person und von der Veränderbarkeit der Situation ab. Entsprechendes gilt für alle anderen Emotionen oder Affektzustände.

8.2 Auslösung einer depressiven Bewusstseinslage

In Kapitel 1 wurde darauf verwiesen, dass es deutliche Hinweise darauf gibt, dass unter den pathologischen Formen von Depressivität sowohl psychoreaktiv bedingte Depressionen, die in der Lebensgeschichte und der aktuellen Situation einer Person verankert sind, als auch biologisch bedingte, entweder genetisch veranlagte oder durch organische Schädigungen verursachte Depressionen sind. Davon kann ausgegangen werden, obwohl es derzeit noch keine objektiven und zuverlässigen diagnostischen Möglichkeiten für eine sichere diagnostische Trennung von Depressionen beider Verursachungswege gibt. Die Frage einer diagnostischen Unterscheidbarkeit von reaktiven und endogenen Depressionen scheint mir für die Konzeption einer depressiven Bewusstseinslage nicht sehr bedeutsam. Wie bei der emotionstheoretischen Begründung der Konzeption erläutert, wird angenommen, dass die kognitiven, also bewusstseinslagebezogenen Dispositionen der Depression bei allen Intensitätsstufen zu finden sind. Die Frage nach der Verursachung der Depression ist für das Konzept der depressiven Bewusstseinslage aber in anderer Hinsicht von Bedeutung. Für das Verständnis der Funktionen und des Zielbezugs depressiver Zustände ist es wichtig, zunächst für die nicht pathologischen Fälle von Depressivität nach Auslösebedingungen zu suchen, die sich von der Auslösung anderer Affekte oder Emotionen unterscheiden. Bei ausschließlich oder überwiegend biologisch getriggerten Depressionen verhält sich der Organismus so, als ob die Verursachungsbedingungen einer nicht pathologischen Depression gegeben wären. Die später zu erläuternden, potentiell adaptiven Merkmale der depressiven Bewusstseinslage sind unabhängig von der Entstehungsgeschichte gegeben, auch wenn sie bei endogenen Depressionen keinen oder nur geringen adaptiven Wert haben dürften.

Im Falle einer psychoreaktiven Entstehung ist die depressive Bewusstseinslage typischerweise eine evaluative Reaktion auf einen schweren Verlust, ein Versagen, einen Misserfolg bei einem persönlich sehr wichtigen, identitätsstiftenden Ziel, dem man sich stark verpflichtet hat und/oder das man lange mit Anstrengung verfolgt hat. Eine andere Auslösebedingung könnte auch der irreversible Verlust der körperlichen oder psychischen Integrität sein, sofern die subjektive Wertigkeit derselben sehr hoch ist und die verbleibenden Handlungs- und Lebensmöglichkeiten subjektiv gesehen, keinen ausreichenden Wert haben.

Aus einer ontogenetischen Perspektive werden 2 Verursachungstypen unterschieden. Erstens: Der Organismus befindet sich vermeintlich oder objektiv in Bezug auf sein aktuelles Zielsystem auf einem hohen Adaptationsniveau. Er besitzt vermeintlich oder objektiv eine funktionale Ausstattung von Kompetenzen und Ressourcen, die von hoher subjektiver, identitätsstiftender Wichtigkeit sind und deren Weiterbestehen als sicher angenommen wird. Dann kommt es einmalig oder wiederholt zu einem Ereignis, das die sachlich begründete oder die subjektiv gehaltene, illusionäre Gewissheit einer dauernden Verfügbarkeit der betreffenden Ressourcen unmissverständlich erschüttert oder zerstört. Zweitens: Der Organismus ist in einem Zustand des Erwerbs der Kompetenzen und Ressourcen, die ihm die funktionale Adaptation an erstrebte, subjektiv hoch bedeutsame (identitätsstiftende) Zielzustände ermöglichen soll. Eine depressionsbegünstigende Bedingung ist gegeben, wenn der Organismus sich über längere Zeit mit hohem Anstrengungsaufwand für den Erwerb dieser Kompetenzen und Ressourcen ausdauernd eingesetzt und an die Erreichbarkeit geglaubt hat, dann aber doch Ereignisse eintreten, die diesen Glauben bzw. diese Erwartung unmissverständlich erschüttern oder zerstören. Die Gemeinsamkeit beider Auslösevarianten ist, dass eine fundamentale Fehleinschätzung der objektiven Lage gegeben war. Im ersten Fall eine Fehleinschätzung der Stabilität und Sicherheit des (vermeintlich) vorhandenen Zielzustandes, im zweiten Fall eine Fehleinschätzung der notwendigen Voraussetzungen für die Erreichbarkeit des angestrebten Zielzustandes.

Was unterscheidet diese Auslösebedingungen von denen für Trauer? Trauer und Depression haben bestimmte Gemeinsamkeiten. Auch für die Auslösung von Trauer und psychischem Schmerz ist ein destabilisierendes Verlustereignis verantwortlich. In diesen Fällen haben äußere, von den persönlichen Ressourcen unabhängige Einflüsse das Verlustereignis bewirkt (z.B. Tod des Partners durch einen Unfall). Das Verlustereignis muss auch im Falle intensiver Trauer so bedeutungsvoll sein, so dass deutliche Änderungen (die Bewusstheit des Verlustes) im Leben spürbar sind. Auch Trauer ist ein länger andauernder Affektzustand, der mit einer depressionsähnlichen Gestimmtheit verbunden sein kann. Im Unterschied zur Depressivität berührt der Verlust jedoch nicht oder nur in geringem Masse die Einschätzung der persönlichen adaptionsrelevanten Ressourcen (Kompetenzen, Fähigkeiten und die adäquate Einschätzung der eigenen Handlungsmöglichkeiten). Damit entfällt der funktionale Druck, mit hoher Priorität die eigenen Kompetenzen zu hinterfragen, nach eventuellen Fehleinschätzungen und Handlungsfehlern in der

Vergangenheit zu suchen, so wie sorgenvoll und zweifelnd darüber nachzudenken, ob man anstehenden und künftigen Anforderungen gewachsen ist. Die kognitive Orientierung bei der Trauer ist ein unwillkürliches schmerzliches Vergegenwärtigen, in welchen Situationen des Lebens das Verlustereignis unerwünschte bzw. schmerzhafte Veränderungen mit sich bringt. Dadurch wird der subjektive Wert, den das Verlustobjekt für das persönliche Zielsystem hatte, mit aller Prägnanz ins Bewusstsein gerückt. Über die schmerzhafte Phase der Trauer hinweg betrachtet, kann man dieser kognitiven Neigung die adaptive Funktion zuschreiben, dass man sich (noch) sicherer wird, was man im künftigen Leben zur Restitution oder Kompensation benötigt und nach abgeschlossener Trauer wieder anstreben könnte. Eine weitere Funktion der kognitiven Orientierung bei Trauer ist die Analyse von Möglichkeiten zur Vermeidung künftiger Verlustereignisse. Die hier getroffene Unterscheidung von Trauer und Depression stimmt in einigen Teilen mit den, schon vor langer Zeit publizierten Überlegungen von Freud (1917) überein.

8.3 Merkmale und Funktionen der depressiven Bewusstseinslage

Welche Funktionen muss die kognitive und motivationale Orientierung einer depressiven Bewusstseinslage auf dem Hintergrund der oben ausgeführten Auslösebedingungen erfüllen? Die damit eng verbundene, zweite Frage ist, welche einzelnen Merkmale der depressiven Bewusstseinslage tragen zur Erfüllung dieser Funktionen bei? Die Beantwortung der ersten Frage geschieht überwiegend deduktiv. Aus der oben entworfenen Charakterisierung von Auslösebedingungen lassen sich plausible Funktionen bzw. Ziele für eine depressive Bewusstseinslage ableiten. Die Beantwortung der zweiten Frage dagegen geschieht überwiegend induktiv. Wissen über die Merkmale depressiver Phasen stammt einerseits aus den phänomenologischen Beschreibungen, wie sie in den internationalen Diagnosemanualen zu finden sind, und andererseits aus der experimentellen Forschung zur Depressivität. Trotz der Fülle des Materials ist dieser zweite Teil der Aufgabe, nämlich die induktive Analyse der Merkmalsbeschreibungen hinsichtlich ihrer Funktionen doch nicht so einfach, wie es vielleicht scheint. Bei den klinisch-diagnostischen Beschreibungen handelt es sich eher um eine prototypische Zusammenstellung von überwiegend beobachtbarem oder erfragbarem Verhalten Depressiver aus der Sicht des Diagnostikers und Praktikers. Gerade bei den hier relevanten, kognitiven Merkmalen wie beispielsweise den Konzentrations-störungen fehlen objektive und quantifizierte Angaben über das mögliche Ausmaß und den Beeinträchtigungsgrad. Diese kann man natürlich aus der experimentellen Forschung erwarten. Dabei ergibt sich mitunter die Schwierigkeit, dass die Forschungsergebnisse nicht immer konsistent und leicht zu interpretieren sind. Der Grund liegt zum Teil in sehr heterogenen Untersuchungsdesigns und ganz unterschiedlichen Messungen für einen bestimmten Bereich kognitiven Verhaltens. Dies wurde im Kapitel 4 (forschungsheuristischer Rahmen) hinsichtlich der Ergebniswahrnehmung eingehend dargestellt.

Die depressive Bewusstseinslage muss folgende Funktionen erfüllen:
1. Es muss eine intensive *Re-Analyse der persönlichen Ressourcen* und der bestehenden situativen Lage stattfinden. Deren Hauptziel ist das Auffinden eigener Kontrollierbarkeits- oder Fähigkeitsillusionen und eine völlig desillusionierte Neu-Einschätzung eigener Fertigkeiten. Die Fehlersuche und kritische Fähigkeitsanalyse ist thematisch breit, sie ist offen für alle Bereiche des eigenen Handelns und nicht eingeengt auf das Thema eines tatsächlichen Verlustereignisses oder Scheiterns. Die selbstbezogene Re-Analyse muss zeitlich ausgedehnt sein. Sie muss unwillkürlich, ohne Absicht erfolgen. Sie muss gegen konkurrierende Absichten abgeschirmt bzw. vor der Bildung von Absichten und selbstinitiierten (freiwilligen) Handlungen geschützt werden, die nicht der Re-Analyse dienen oder eine intensive und ausgedehnte Re-Analyse gefährden. Dagegen werden Absichten und Handlungen, die im Sinne der Re-Analyse Erkenntnisgewinn versprechen, aufgewertet. Dort, wo die Evidenz für eine Selbstbewertung oder Verantwortungszuschreibung nicht völlig klar und überzeugend gegeben ist – also auch im kleinsten Zweifelsfall, wird eher die skeptische, selbstkritische Interpretationsvariante bevorzugt. Mit der hier charakterisierten Analyse der persönlichen Ressourcen soll die Gefahr einer Wiederholung des fundamentalen Scheiterns hinsichtlich irgend einer künftig (wieder) bestehenden, sehr bedeutsamen Zielvorstellung verringert werden. Es soll eine günstige Ausgangssituation für eine spätere, allmähliche Restitution und eine objektiv verbesserte (Re-)Adaptation an die gegebenen oder veränderten Umwelt- und Zielanforderungen geschaffen werden.
2. Eine weitere Funktion ist die *Schonung noch bestehender Energie- und Handlungsressourcen.* Es muss verhindert werden, dass ein weiteres Verausga-ben von physischen und psychischen Ressourcen zur Verfolgung des objektiv

und/oder subjektiv unerreichbaren Zielzustandes erfolgt. Dies kann durch sofortiges Disengagement (Aufgeben der Zielverfolgung) bzw. durch Verlassen und Meiden der unkontrollierbaren Situation erreicht werden. Im Falle der Erschöpfung von physischen und psychischen Ressourcen durch exzessive Anstrengung bei der vorausgehenden Verfolgung eines nicht erreichbaren Zielzustandes müssen alle Bedingungen bevorzugt werden, die eine allmähliche Wiederherstellung der Ressourcen begünstigen. Das Übernehmen oder Initiieren ressourcenintensiver Aktivitäten muss dagegen erschwert bzw. gemieden werden.

3. Die dritte Funktion ist die *Minimierung eines weiteren Verlustrisikos* hinsichtlich noch bestehender, subjektiv bedeutsamer oder objektiv unverzichtbarer Zielbereiche. Soziale und physikalische Umgebungsbedingungen, die vor weiterem Verlustrisiko schützen oder dem Erhalt bestehender und subjektiv oder objektiv notwendiger Ressourcen dienen, werden beibehalten oder aufgesucht. Absichten und Handlungen, die dem Erhalt subjektiv oder objektiv notwendiger oder unverzichtbarer Umgebungsbedingungen und eigener Fertigkeiten dienen, werden bevorzugt. Die verbindliche Übernahme von Handlungszielen, die diesen Zweck nicht erfüllen, wird erschwert.

Die Erfüllung dieser übergeordneten Funktionen wird durch folgende depressionstypische Reaktionsdispositionen begünstigt:

Re-Analyse persönlicher Ressourcen. Als zentrales kognitiv-motivationales Symptom von Depression wird eine Verringerung des Interesses für Aktivitäten und Gedanken, die vor der Depression hohen Wert und Bedeutung hatten, berichtet. Dieser Anreizverlust erschwert die Bildung von Absichten und deren Realisierung in den betroffenen Bereichen. Damit erfolgt fast zwangsläufig eine Reduktion von selbstinitiierten, nicht zwingend erscheinenden Aktivitäten. Aktivitätsfreie Zeiträume erhöhen aber die Gelegenheit zu selbstreflektierendem Nachdenken. Phänomenologische Beschreibungen depressiver Zustände enthalten übereinstimmend eine Neigung zum perseverierenden, selbstbezogenen Grübeln und dem thematisieren von Fehlern, Schwächen sowie zur exzessiven Übernahme von Verantwortlichkeit und Schuld für vergangene Missgeschicke. Diese Neigung wird meistens als depressionserhaltend betrachtet, weil man davon ausgeht, dass das übertrieben anmutende Denken selbstwertschädigend sein und die negative Affektivität zwangsläufig verstärken muss. Aus einer bewusstseinslagetheoretischen Perspektive kann man diesem Verhalten dennoch ein funktionales Potential für die geforderte Neubewertung der eigenen Ressourcen bzw. der kritischen Prüfung der Verantwortlichkeit für erinnerbare und denkbare Versäumnisse und Missgeschicke beimessen. Es gibt neben den phänomenologischen Beschreibungen eine gewisse empirische Bestätigung dafür, dass die Inhalte negativen Denkens sich wirklich, wie theoretisch gefordert, auf die Fehler- und Verantwortlichkeitssuche für Ereignisse in der Vergangenheit und auf die skeptische Bewertung der Fertigkeiten zur Bewältigung gegenwärtiger Anforderungen beziehen und nicht auf negative Themen und Erwartungen ohne Selbstbezug. In einer Übersichtsarbeit zum empirischen Status der Beckschen Kognitiven Theorie der Depression (Haaga, Dyck & Ernst, 1991) verweisen die Autoren darauf, dass die sogenannte kognitive Triade in der Beckschen Theorie (negatives Denken über sich Selbst, die Vergangenheit und die Zukunft) nur insofern empirische Bestätigung gefunden hat, dass nur *selbstbezogenes* Denken über die Vergangenheit und die Zukunft zum negativen Denken gehört (Haaga et al. 1991, S. 218) und nicht negatives Denken über die Welt oder die Zukunft im Allgemeinen. Es gibt zwar zahlreiche Studien die negatives Denken Depressiver gemessen haben. Die Messmittel sind aber ausnahmslos entweder standardisierte Fragebögen mit vorgegebenen Statements negativen Inhalts (Dysfunctional Attitude Scale, Cognitive Style Test, Hopelessness Scale) oder retrospektive Schätzungen der Häufigkeit negativer und positiver Gedanken (Automatic Thoughts Questionnaire), die keine genauere Analyse der Thematik und des Selbstbezugs erlauben. Dies bleibt künftigen Analysen zum unwillkürlichen Denken Depressiver vorbehalten. Bemerkenswert ist allerdings, dass die retrospektiven Häufigkeitsschätzungen positiver und negativer Gedanken ergeben haben, dass auch Depressive einen beträchtlichen Anteil positiver Gedanken, also nicht nur neutrale und negative Gedankeninhalte haben (Kendall, Howard & Hays, 1989). In den unsystematisch erhobenen, freien Berichten von ehemals schwer depressiven Patienten gibt es viele Beschreibungen über die Neigung zur akribischen Selbstanalyse (Woggon, 1998). So schreibt beispielsweise eine Patientin: „... Bald war das Suchen nach Gründen, das Zerlegen meines Lebens, meiner Vergangenheit, meines Charakters meine eigentliche Beschäftigung geworden." Ähnliche Hinweise finden sich für die unwillkürliche Neigung zum ständigen selbstbewertenden Nachdenken. Die ebenfalls berichteten Konzentrationsschwierigkeiten, die ja auch zu den diagnostischen Kriterien gehören, haben meines Erachtens einen fraglichen, empirisch noch genauer zu prüfenden Status. Diagnostisch gemeint ist ein nachweisbares Leistungsdefizit. Die Patientenberichte beziehen sich aber eher auf das Abschweifen der Gedanken bei nicht verpflichtenden Aktivitäten (ein Buch oder die Zeitung lesen, einen Bericht im Fernsehen verfolgen). Die dabei empfundenen Konzentrationsschwierigkeiten könnten den unwillkürlichen Drang zum selbstbezogenen Nachdenken wider-spiegeln und nur bei unverbindlichen Aktivitäten auftreten. Den objektiven Beweis für leistungsbeeinträchtigende Konzentrationsstörungen müsste man bei verbindlich übernommenen Aufgaben mit klar definiertem Leistungsziel erbringen. Bei den konzentrationsfordernden Anagrammaufgaben in Studie 2 und beim Lernen und Anwenden der Taste-Lärmsilbe-Zuordnungen der Studie 5 sowie bei einer hier nicht berichteten Studie zur Leistung bei verschiedenen mentalen Problemlöseaufgaben (Rink & Ernst, 2004) finden sich keine Leistungsunter-schiede zwischen den stationär behandelten Depressiven (bei Studie 5 waren es depressiv verstimmte Studierende) und den nichtdepressiven Kontrollpersonen. Lediglich bei einer motorischen Geschicklichkeitsaufgabe waren depressive Patienten langsamer. Dies kann aber mit einer unterschiedlichen Strategie erklärt werden. Die Steigerung des Tempos erhöhte bei der betreffenden Aufgabe gleich-zeitig das Fehlerrisiko. Passend zum Modell der depressiven Bewusstseinslage wäre, dass Depressive risikoscheu sind und eine defensive fehlerminimierende Strategie bevorzugen. Das gleiche gilt für das Diagnosekriterium einer verringerten Ausdauer. Auch hier wäre zu prüfen, ob sie nur bei wenig verbindlichen, freiwilligen oder auch bei verbindlich übernommenen Aufgaben festzustellen ist. In der oben erwähnten eigenen Studie (Rink & Ernst, 2004) wurde die Persistenz bei Depressiven mit einer von Feather (1961) entwickelten Aufgabe untersucht. Klinisch depressive Personen zeigten im Vergleich zu nichtdepressiven Klinikpa-tienten keine geringere Ausdauer bei der objektiv nicht lösbaren Aufgabe.

Schonung noch bestehender Energie- und Handlungsressourcen. Die diagnostisch beschriebenen Symptome der psychomotorischen Hemmung, die beobachtbare Verlangsamung sowie die berichtete Antriebslosigkeit und leichte Erschöpfbarkeit und das Schlafbedürfnis während des Tages haben ressourcen-schonenden Wert. Dies gilt auch für die empirisch bestätigte Verringerung der Zahl an Aktivitäten während der Depression (gemessen durch das sog. PES, Pleasant Event Scedule oder über Aktivitätsprotokolle und Wochenpläne im Rahmen von Therapien). Zu den übrigen genannten Symptomen gibt es m.W. keine, die klinischen Beobachtungen ergänzenden empirischen Belege. Was sich sicherlich leicht untersuchen lässt, ist die erwartete und tatsächlich empfundene Anstrengung vor und während der Ausführung bestimmter kognitiver und motorischer Aktivitäten. In den selbstverfassten Berichten von ehemaligen Patienten finden

sich authentische Einzelberichte über die veränderte Wahrnehmung aktivitäts-
bezogener Anstrengung (Woggon, 1998). Allerdings wird bei den Beschreibungen
nicht immer deutlich, ob die erwartete „Mühe" und „schwere Last" einer Handlung
oder Aufgabe wirklich als Einschätzung der ausführungsbezogenen Anstrengung
zu werten ist oder ob damit Befürchtungen gemeint sind, den selbstgesetzten oder
vermeintlich von anderen erwarteten Bewertungsstandards für diese Handlung
nicht genügen zu können. Aber auch die Furcht vor einem Verfehlen solcher
Standards verhindert eine spontane Übernahme von Aktivitäten und trägt zur
Schonung physischer und psychischer Ressourcen bei. Was ebenfalls noch
bestätigt werden müsste, ist die Frage, ob bzw. unter welchen Bedingungen ein
endgültiges Disengagement bezüglich der mit dem Verlust oder dem Scheitern
verbundenen Zielbezüge stattfindet und unter welchen Bedingungen die Hoffnung
auf deren Erreichbarkeit wieder erstarkt und ein Re-Engagement, also eine erneute
Zielverfolgung nach der Depression stattfindet. Dies müsste theoriegemäß vom
Ergebnis der intensiven Re-Analyse am Ende einer depressiven Phase abhängen.

Minimierung eines weiteren Verlustrisikos. Diesbezüglich gibt es keine
systematischen Erhebungen. Bei den bereits angesprochenen Patientenberichten
(Woggon, 1998) gibt es einzelne Patientinnen, die sich erstaunlicherweise trotz
schwerer Depressivität und einer täglich empfundenen Angst, die beruflichen
Aufgaben nicht adäquat ausführen zu können, dennoch aufraffen konnten, die
beruflichen Aktivitäten unvermindert auszuführen. Andere berichten, dass sie
Sozial-Kontakte auf enge und wichtige Beziehungen reduziert haben. Obwohl sie
das Gefühl hatten, diesen Personen eine Last zu sein und sie hilflos zu machen,
haben sie die Beziehungen aufrechterhalten. Dies sind allerdings nur sehr
schwache und indirekte Hinweise für eine verlustminimierende Funktion im
Verhalten Depressiver. Es fehlt die explizite Schilderung der individuellen Gründe
für das Aufrechterhalten der beruflichen Aktivität und der engen sozialen
Beziehungen in den betreffenden Berichten.

Wann endet eine depressive Bewusstseinslage? Die Beantwortung dieser Frage
ist schwierig. Man hat über die Dauer von majoren depressiven Episoden aus
epidemiologischen Untersuchungen konkrete Daten. Demnach enden auch
unbehandelte, pathologisch intensive Depressionen mehrheitlich nach 3 bis 6
Monaten. Dabei geht man davon aus, dass bei majoren Depressionsepisoden eine
Dysregulation des Neurotransmitterhaushaltes im ZNS vorliegt, die sich meistens
auch ohne pharmakologische Behandlung gewissermaßen autoregulativ normalisiert. Dass autoregulative physiologische Prozesse stattfinden, ist deshalb

plausibel, weil auch bei einer antidepressiven Medikation etwa 2 Wochen vergehen, bis sich die ersten symptommildernden und phasenverkürzenden Wirkungen zeigen. Psychische Gründe für die Dauer der Phasen anzunehmen, wäre bei majoren depressiven Episoden problematisch und kaum überzeugend. Man schätzt, dass die Dauer milder psychoreaktiver Depressionsepisoden zwischen wenigen Tagen bis etwa 2 Wochen beträgt. Allerdings gibt es keine genauen Zahlen über die individuelle Häufigkeit und die zeitliche Verteilung solcher Episoden. Was die Frage der Gründe für das Abklingen betrifft, kann man nur spekulieren. Eine theoretische Spekulation auf der Basis des Modells der depressiven Bewusstseinslage wäre, dass die depressive Phase und die damit einhergehende kognitive Ausrichtung dann endet, wenn die intensive Neubewertung eigener Fertigkeiten sowie die Fehler- und Verantwortlichkeitssuche erschöpfend war und wenn trotz vieler Wiederholungen derselben kritischen Fragen kein Erkenntnisgewinn oder keine Steigerung der Sicherheit der Einschätzungen zu erwarten ist. Außerdem dürfte kein weiterer Verlust der noch bestehenden Integrität der Person (der verbliebenen Ressourcen und bedeutsamen Umweltbezüge) stattgefunden haben, der eine erneute depressive Bewusstseinslage oder eine Verlängerung der bestehenden stimuliert. Es ist aber auch denkbar, dass milde depressive Verstimmungen und leichte depressive Episoden mit psychischer Auslösung ebenso wie schwere, pathologische Depressionen durch biologische Regulationsvorgänge beendet werden. Das Resultat der kritischen Re-Analyse der eigenen Person könnte dann bei der allmählichen und vorsichtigen Bindung an neue oder modifizierte Ziele und deren Zielverfolgung nützliche Verwendung finden. Es hätte damit adaptiven Wert. Dies setzt voraus, dass das Ergebnis der intensiven Re-Analyse im Licht der weniger selbstkritischen, nicht mehr depressiven Bewusstseinslage keine erheblichen Zweifel an der Erreichbarkeit der wieder eingegangenen Zielbindungen aufkommen lässt. Im Falle schwerer pathologischer und vor allem rezidivierender depressiver Störungen kann, wie schon gesagt, nicht mit einem wirklichen Nutzen der depressiven Bewusstseinslage gerechnet werden. Im Gegenteil, die Erfahrung und bittere Gewissheit, dass man unter einer irreversiblen, chronischen psychischen Krankheit leidet, kann ihrerseits zu einer nachvollziehbaren Festigung der Einstellung führen, dass das Leben nicht mehr lebenswert ist und den Wunsch nach totalem Disengagement durch Suizid stärken. Diese Gefahr ist besonders dann hoch, wenn es sich um eine behandlungsresistente Depression handelt.

Was unterscheidet die Theorie der depressiven Bewusstseinslage vom Hilflosigkeitsmodell der Depression? Beide Theorien setzen eine Unkontrollierbarkeitserfahrung für die Auslösung einer psychoreaktiven Depression voraus. In der Hilflosigkeitstheorie wird dies als Erleben einer objektiven Unabhängigkeit von zielstrebendem Verhalten und den tatsächlichen, erwünschten oder unerwünschten Konsequenzen konzeptualisiert. Die Erfahrung einer solchen Nichtkontingenz von Handlungen und Ergebnissen ist streng genommen nur durch eine Sequenz von mehreren Handlungs-Ergebnis-Kontiguitäten möglich. Grundsätzlich passt diese Bedingung in das Konzept der Bewusstseinslage. In der Hilflosigkeitstheorie bleibt aber die vorausgehende Zielverfolgungsgeschichte sowie die Höhe des (vermeintlichen) Adaptationsniveaus in Bezug auf das individuell bedeutsame Zielsystem unberücksichtigt. Im hier skizzierten Modell wäre auch ein einmaliges destabilisierendes Ereignis ausreichend, wenn es in der Lage ist, die Gewissheit der Verfügbarkeit oder Erreichbarkeit essentieller persönlicher Ressourcen nachhaltig zu erschüttern. Ein ganz zentraler Unterschied zur vorliegenden Konzeption einer depressiven Bewusstseinslage liegt in den Konsequenzen der destabilisierenden Erfahrung. Die Hilflosigkeitstheorie nimmt die Bildung einer generalisierten Erwartung der Unkontrollierbarkeit und gleichzeitig – und dies ist entscheidend – einen kognitiven Defekt an, nämlich die Unfähigkeit, die in anderen Bereichen oder auch künftig gegebenen, objektiven Kontrollierbarkeiten zu erkennen. Die Bewusstseinslagetheorie nimmt dagegen eine sehr kritische und skeptische Re-Analyse der gesamten Lebenslage an, wobei allerdings objektive und zweifelsfrei wahrnehmbare Kontingenzen von zielstrebenden Handlungen und Ergebnissen erkannt werden. Sofern solche Wirksamkeitserfahrungen tatsächlich gemacht werden, begünstigen sie den restitutiven Verlauf der depressiven Phase. Die depressionstypischen kognitiv-evaluativen Veränderungen beziehen sich nicht auf die Wahrnehmung objektiver Gegebenheiten, sondern auf eine einseitige *Strenge bei interpretativen selbstbezogenen Urteilen* und Bewertungen, die einer erneuten oder dem Fortbestehen einer vorhandenen Fehleinschätzung der persönlichen Ressourcen entgegenwirken soll. Neu an dieser Verursachungskonzeption ist die Annahme, dass eine überzogene, *nichtadaptive Kontrollierbarkeitsillusion* in einem zentralen Lebensbereich vorliegen muss, die erst durch ein kritisches Lebensereignis oder durch das anhaltende Stagnieren beim Versuch zentrale Identitätsziele zu erreichen, zerstört wird.

8.4 Zum integrativen Wert des Modells

In den hier berichteten, eigenen Untersuchungen zur Ergebniswahrnehmung (Studien 1 bis 4) ergab sich weder für mild depressiv Verstimmte noch für klinisch depressive Untersuchungsteilnehmer eine überzeugende Evidenz für ein Defizit bei der Wahrnehmung konkreter, strukturell mit der Handlung verbundener Ergebnisinformation. Bei depressiv Verstimmten konnte in Studie 1 die sonst typische Unterschätzung der retrospektiven Erfolgsschätzungen durch die Induktion einer offensiven Reaktionsbereitschaft aufgehoben werden. Dies wäre bei einem dispositionellen Wahrnehmungsdefizit nicht möglich. Vieles spricht dafür, dass retrospektive Häufigkeitsschätzungen in den meisten Untersuchungsbedingungen unter Unsicherheit abgegeben werden. Dazu gehört der wiederholte Befund, dass beide Stimmungsgruppen hohe Erfolgsquoten drastisch unterschätzen. Die fast perfekte Urteilsgenauigkeit beider Stimmungsgruppen für die Erinnerung der Valenz der einzelnen Feedbackepisoden durch einen semantischen Hinweisreiz (Studie 4) ist ein überzeugender Hinweis für die vorteilhafte Nutzung episodischer oder semantischer Information bei der Ergebniswahrnehmung. Dieser Befund zeigt, dass auch klinisch Depressive in komplexen quasinatürlichen Situationen objektiv gegebene und hinsichtlich der Valenz eindeutige Information sehr genau wahrnehmen.

Anders ist die Befundlage, wenn Depressive zu interpretativen Beurteilungen der eigenen Leistungen oder der eigenen Person veranlasst werden. Ganz gleich, ob dies durch die selbst festgesetzte Höhe von Belohnungen eigener Leistungen, durch qualitative Bewertung des eigenen Verhaltens in einer Interviewsituation (Gotlib, 1983) oder durch die Selbstbeschreibung mittels positiver und negativer Eigenschaftswörter geschieht. In allen Fällen beurteilen Depressive sich oder ihre Leistung schlechter. Dies deckt sich mit der im Bewusstseinslagemodell postulierten Neigung zur selbstkritischen und schonungslosen Re-Analyse der eigenen Fertigkeiten und Eigenschaften. Im Sinne dieses Modells ist es andererseits äußerst funktional, dass Depressivität nicht blind macht, für objektiv gegebene und hinsichtlich der Valenz eindeutige Ergebnisinformation. Dies würde eine restituierende Fähigkeit zur Wiederanpassung an die Anforderungen der Umgebung und die Anforderungen bei der eigenen Zielverfolgung entscheidend gefährden. Bei Unsicherheit bzw. im Zweifelsfall schätzen Depressive pessimistischer als Nichtdepressive, was sich in Studie 2 hinsichtlich des Grades an

Unterschätzung bei hoher Erfolgsquote gezeigt hat. Auch dies ist völlig im Einklang mit dem Modell der depressiven Bewusstseinslage, in der jede Art von Kontroll- oder Fähigkeitsillusion vermieden werden soll. Die Befunde von Alloy und Abramson (1979) zur Kontingenzwahrnehmung Depressiver zeigen ebenfalls, dass Nichtdepressive optimistischere Schätzungen ihrer Kontrolle und der Handlungs-Ergebnis-Kontingenzen abgeben als Nichtdepressive. Ein Befund, der zur Vermutung eines depressiven Realismus und einer gesunden Kontrollillusion geführt hat. Bei diesen Befunden ist jedoch der Zweifel nicht leicht auszuräumen, dass es sich um eine zufällige Genauigkeit Depressiver bei der Schätzung von Häufigkeiten handelt.

Es gibt überzeugende empirische Evidenz dafür (siehe Kapitel 2), dass Depressive in Fragebögen zur Messung irrationalen Denkens (irrationaler Einstellungen), eines dysfunktionalen Attributionsstils oder automatischer negativer Gedanken höhere Werte für Irrationalität, Negativität und Dysfunktionalität haben, solange sie in einer depressiven Phase sind. Die Werte „normalisieren" sich weitgehend, wenn sie remittiert sind. Diese Befunde sprechen gegen die Annahme, dass man mit diesen Methoden latente dysfunktionale bzw. irrationale Schemata messen kann, die bereits vor der depressiven Episode bestanden haben. Die Befunde sind jedoch kompatibel mit dem Bewusstseinslagemodell der Depression. Bei der geforderten Angabe des graduellen Zutreffens der Aussagen für die eigene Person handelt es sich wieder um selbstbewertende und interpretative Urteile, für die keine objektive Information verfügbar ist, ähnlich wie dies auch bei adjektivischen Selbstbeschreibungen der Fall ist. Deshalb schlägt sich die selbstkritische, im Zweifelsfall pessimistische und skeptische Urteilsneigung einer depressiven Bewusstseinslage nieder.

In einer Übersichtsarbeit zu insgesamt 99 Studien über etwaige Defizite Depressiver bei unterschiedlichen Gedächtnisleistungen kommen Burt, Zembar und Niederehe (1995) zur Schlussfolgerung, dass es trotz inkonsistenter Befunde hinsichtlich mancher spezifischer Gedächtnisleistungen doch mehrfach replizierte und konsistente Unterschiede zwischen Depressiven und Nichtdepressiven gibt. Im Sinne der mood-congruence Hypothese scheinen Depressive negativ valente Gedächtnisinformation leichter wieder zu erinnern als positiv valente. Sofern dieser Befund auch für selbstbezogene biographische Informationen gilt, wäre dies ein Beleg für die unwillkürliche Begünstigung einer retrospektiven Verarbeitung negativer selbstbezogener Informationen. Dies würde das Ziel einer selbstkritischen Fehler- und Verantwortlichkeitssuche, wie es mit der depressiven Bewusstseinslage angenommen wird, unterstützen.

Für Depressive wurde eine Beeinträchtigung ihrer Aufmerksamkeitsressourcen angenommen. In Experimenten zum „unabsichtlichen Lernen" zeigten Depressive schlechtere Leistungen als Nichtdepressive. Dies wurde als ressource-allocation Defizit bei Depression interpretiert. Hertel und Rude (1991) konnten jedoch in einer Untersuchung zum unabsichtlichen Lernen zeigen, dass dieses scheinbare Defizit durch eine modifizierte Aufgabeninstruktion aufgehoben werden kann. Ein einfacher zusätzlicher Hinweis zur Veränderung der Fokussierung konnte die nachträglich geprüfte Erinnerungsleistung denen der Nichtdepressiven angleichen. Damit wurde widerlegt, dass Depressive ein grundsätzliches Kapazitätsdefizit haben. Den Befund von Hertel und Rude (1991) könnte man, zugegebenermaßen recht spekulativ als Schonung der verfügbaren Anstrengungsressourcen Depressiver interpretieren. Depressive leisten keinen, über die gegebene Instruktion hinausgehenden Aufmerksamkeitsaufwand. Wenn der Aufwand jedoch durch die situativen Aufgabenanforderungen notwendig ist, werden die notwendigen Anstrengungs- bzw. Aufmerksamkeitsressourcen mobilisiert.

An dieser Stelle möchte ich noch einmal genauer auf Befunde aus Experimenten zur Selbstverifikationstheorie eingehen. Damit wurde motivationales Verhalten bei depressiv Verstimmten untersucht. In ihrer Studie legten Gasparikova-Krasnec und Post (1984) mild depressiven Studenten und nichtdepressiven Kontrollprobanden 3 moralische Dilemmata vor. Die Teilnehmer sollten Lösungsvorschläge für die Dilemmata niederschreiben, die dann angeblich von einem Forschungsassistenten bewertet wurden. Die Hälfte aller depressiv und nichtdepressiv gestimmten Teilnehmer erhielt entweder die pauschale Rückmeldung, dass ihr Lösungsvorschlag zu den 20 % besten oder schlechtesten gehört. Die Motivation genauere Bewertungsinformation zu erhalten, wurde getestet, indem der Versuchsleiter allen Versuchsteilnehmern anbot, die für die Teilnahme erhaltenen 2.0 $ ganz oder teilweise dafür einzusetzen, zu insgesamt 10 verschiedenen Aspekten ihres Lösungsvorschlages (Klarheit, gedankliche Tiefe, emotionale Reife, Logik der Begründung, Aufgeschlossenheit und weitere) genauere Bewertungsinformation zu erhalten. Für jedes gewählte Stichwort wurde 1/10 des Betrages abgezogen. Die Zahl gewählter Stichwörter diente als Indikator für die Motivationsstärke, evaluative, selbstbezogene Rückmeldung zu erhalten. Depressive zeigten eine signifikant höhere Bereitschaft, genauere Information über die schlechte Leistungsrückmeldung zu bekommen als Nichtdepressive. Der Theorie der Selbstverifikation entsprechend, wurde dies als ein Beleg dafür interpretiert, dass Depressive ein Bedürfnis haben, ihr negatives Selbstbild zu bestätigen. Weitere Studien zur Selbstverifikationstheorie brachten ähnliche Ergebnisse (siehe auch Kapitel 9). Die Befunde lassen allerdings auch andere Interpretationen zu. Mit dem Nachweis der höheren Motivation zum Aufsuchen genauerer Information über selbstwertrelevante Handlungsergebnisse ist noch kein Nachweis über die tatsächliche Funktion bzw. die Nutzung solcher Ergebnisinformation erbracht. Im Sinne der Bewusstseinslagetheorie könnte man ebenso die Motivation annehmen, sich eigenen Fehlern, Schwächen und schlechten Leistungen zu stellen und eine detaillierte Fehleranalyse zu betreiben, um aus den Fehlern zu lernen und bei wiederholten Leistungsanforderungen den Nutzen aus der Fehleranalyse zu ziehen. Um die Motivation zur Kompetenzsteigerung zu testen, müsste man nicht nur das freiwillige Aufsuchen detaillierter Ergebnisinformation anbieten, sondern auch eine Möglichkeit zur Nutzung dieser Information bei einer weiteren Aufgabe, die eine Möglichkeit zur Leistungssteigerung bietet.

Das Modell der depressiven Bewusstseinslage ist meines Erachtens besser geeignet, das Verhalten Depressiver bei vielen Studien zur Wahrnehmungsgenauigkeit und zur Verarbeitung von Misserfolgen zu erklären, als die bisher üblichen Defizittheorien. Es ist allerdings noch ein sehr tentatives Modell und Bedarf weiterer gezielter Forschung, um eingehend überprüft und nötigenfalls modifiziert zu werden.

9. Fazit und Perspektiven

Schlusskapitel bieten üblicherweise eine Zusammenfassung und abschließende Interpretation der eigenen Forschungsergebnisse. Dies soll auch hier nicht ganz vernachlässigt werden. Ich möchte mich dabei jedoch nicht auf die spezielle Fragestellung der Wahrnehmung von Handlungs-Ergebnis-Information bei Depressiven beschränken. Es sollen darüber hinaus noch einmal grundsätzliche Fragen der kognitiven Depressionsforschung aufgegriffen und aus einer theoretisch erweiterten Perspektive betrachtet werden. Die theoretische Erweiterung bezieht sich einerseits auf das im vorausgehenden Kapitel entworfene Modell einer depressiven Bewusstseinslage und andererseits auf die Berücksichtigung epidemiologischen Wissens zur Depression und schließlich auch auf denkbare Konsequenzen für den klinisch-therapeutischen Umgang mit Depressiven.

Im ersten Teil des Kapitels werde ich noch einmal zusammenfassend auf die forschungsstrategischen Überlegungen in Kapitel 4 zurückgreifen. Unter Berücksichtigung der bisherigen Befundlage zur Wahrnehmung und Nutzung von Ergebnisinformation sollen dabei ungenutzte Möglichkeiten zur Erweiterung nosologischen Wissens über depressives Verhalten aufgezeigt und Anstöße für künftige Forschung in diesem Bereich gegeben werden. Diese prospektiven Überlegungen lassen sich aus dem forschungstheoretischen Bezugsrahmen ableiten, in dem Wahrnehmung von Ergebnisinformation grundsätzlich nicht als eine feste Eigenschaft oder persönliche Fähigkeit betrachtet wird, sondern als ein sehr variabler Vorgang, der von spezifischen personseitigen und stimulusseitigen Merkmalskonstellationen abhängt. Damit stellt sich nicht mehr allein die Frage, können Depressive die Ergebnisse ihres Handelns und Verhaltens realistisch wahrnehmen oder nicht, sondern welche personseitigen wahrnehmungsrelevanten Einflüsse werden durch eine depressive Stimmung oder besser gesagt, eine depressive Bewusstseinslage verändert und wie wirkt sich dies auf die Nutzung bestimmter Ergebnisinformation im jeweiligen Handlungskontext aus.

Im zweiten Teil des Kapitels werden über das Thema einer depressionsspezifischen Wahrnehmung von Ergebnisinformation hinausgehend, weitere zentrale Fragen psychologischer Depressionsforschung aufgegriffen und mit Bezug auf das Modell einer depressiven Bewusstseinslage Möglichkeiten und Perspektiven für weitere Forschung zur Klärung dieser Fragen erörtert. Dazu gehört die sehr kontrovers diskutierte Frage, ob depressionstypische Kognitionen kausale oder aufrechterhaltende Funktion haben oder ob sie lediglich Symptome einer depressiven Episode sind. Eine weitere bedeutsame, ebenso kontrovers diskutierte Frage ist, ob milde depressive Verstimmungen und majore depressive Episoden auf einem Intensitätskontinuum von Depressivität zu sehen sind oder ob es sich um diagnostisch und psychologisch verschiedene Kategorien affektiver Zustände handelt.

Forschungsstrategische Aspekte zur Nosologie von Depressivität. Wenn in experimentellen Studien die Frage untersucht wurde, ob Depressive gegebene Ergebnisinformation realistisch oder verzerrt wahrnehmen und wiedergeben, so wurden sehr verschiedene Arten von Ergebnisinformation experimentell vorgegeben. Ähnlich stark variiert die Art der Messung einer etwaigen Enkodierung, Verarbeitung und Erinnerung der experimentell gegebenen Information. Einerseits bestimmen die stimulusseitigen Merkmale, wie etwa die Art der gegebenen Ergebnisinformation und ihr struktureller Bezug zur aufgabenbezogenen Informationsverarbeitung die Wahrscheinlichkeit, mit der eine Enkodierung der Ergebnisinformation stattfindet. Andererseits muss die Art der Messung der Aufnahme und der Verarbeitung der gebotenen Ergebnisinformation adäquat sein, damit die interne Validität des Experimentes gewährleistet ist. So kann es durchaus sein, dass die Voraussetzungen für die Wahrnehmung der Ergebnisinformation günstig sind, etwa indem mit der Lösung einer Anagrammaufgabe auch eindeutig Erfolg oder Misserfolg bestimmt sind, dass aber die Art der Messung der Ergebniswahrnehmung nicht angemessen ist, beispielsweise wenn man ausschließlich eine Schätzung der Erfolgshäufigkeit für eine Serie von Leistungsergebnissen verwendet. Das unangekündigte Erfragen statistischer Information setzt implizit voraus, dass Personen im Allgemeinen motiviert sind, selbstbezogene Ergebnisinformation desselben Typs zu einem Summen- oder relativen Häufigkeitsurteil zu integrieren. Verschiedene Studien mit Nichtdepressiven (vgl. Fiedler, 1985) und die hier berichteten Studien mit Depressiven zeigen, dass dies eine problematische Voraussetzung ist. So kann man zwar davon ausgehen, dass Menschen in der Lage sind, Erfolgshäufigkeiten zu ermitteln, wenn man sie dazu auffordert, oder wenn ein eigenes Interesse besteht. Unwillkürlich geschieht dies wohl eher selten. Eine nicht angemessene Wahl der abhängigen Messung für die Wahrnehmung von Ergebnisinformation führt dann zu einer Fehleinschätzung der grundsätzlichen Wahrnehmungsfähigkeit, weil nicht ausgeschlossen werden kann, dass beispielsweise durch Vorgabe von semantischer oder episodischer Information (cued recall) durchaus die realistische Wahrnehmung der Ergebnisinformation bestätigt worden wäre.

Die Art der Ergebnisinformation variiert hinsichtlich ihrer Objektivität von völlig objektiv gegebener Information (bspw. man hat das Anagramm gelöst) bis hin zu einem sehr subjektiven selbstbewertenden Urteil über die Qualität eines Vortrages. Außerdem variiert die Ergebnisinformation hinsichtlich ihrer evaluativen Eindeutigkeit. So ist in zahlreichen Untersuchungen beispielsweise ein bestimmtes Farbsignal als optisches Erfolgs- und eine andere Farbe als Misserfolgsrückmeldung definiert worden. Solange die Farben von jeder Versuchsperson eindeutig diskriminierbar sind, handelt es sich um eine völlig objektive und eindeutige Rückmeldung. Objektiv aber uneindeutig ist die Rückmeldung dann, wenn unangekündigt eine Zwischenfarbe mit gleichen Anteilen der Ursprungsfarbwerte eingesetzt wird und der Teilnehmer somit gezwungen wird, eine evaluative Zuordnung zu treffen, die nicht eindeutig gegeben ist. Auch verbale Rückmeldungen, wie sie im Alltag häufig vorkommen, variieren erheblich hinsichtlich ihrer evaluativen Eindeutigkeit. So könnte die Rückmeldung des Versuchsleiters auf den Lösungsvorschlag der Versuchsperson unmissverständlich „richtig" versus „falsch" heißen, und damit völlig eindeutig sein. Uneindeutig oder ambivalent wäre die Rückmeldung: „Ich finde Ihren Vorschlag teilweise sehr innovativ, andererseits wirft er viele ungeklärte Fragen bezüglich der Machbarkeit und Vertretbarkeit der Maßnahmen auf." Vergleicht man die Befunde, bei denen objektive und evaluativ eindeutige Ergebnisinformation zur Enkodierung dargeboten wurde, zeigten sich insgesamt keine überzeugenden Unterschiede zwischen Depressiven und Nichtdepressiven. Gefundene Unterschiede gehen sehr wahrscheinlich auf eine Urteilsunsicherheit zurück, vor allem dann, wenn statistische Informationen (unangekündigte Häufigkeits- oder Kontingenzurteile) erfragt wurden. Aufbau und Ergebnisse der Studie 4 zeigen, dass man experimentell kontrollierte Ergebnisinformation in einen komplexen, quasinatürlichen Kontext einbetten kann, so dass man zusätzlich zum Erfragen statistischer Urteile, auch den Einfluss episodischer Hinweisreize (bspw. nonverbales Verhalten) systematisch variieren und für einen cued recall Test zur Ergebniswahrnehmung nutzen kann. Lässt man die Nutzung episodischer Information bei der Enkodierung und beim cued recall als abhängige Messung zu, dann erzielen Depressive und Nichtdepressive erstaunlich hohe Erinnerungsleistungen.

Konsistente Unterschiede zwischen Depressiven und Nichtdepressiven findet man bei interpretativen Urteilen, wie etwa der Selbstbewertung eigener Leistungen oder persönlicher Eigenschaften. Es sollte deshalb zwischen Wahrnehmung objektiv gegebener Information und interpretierenden, selbstbewertenden Urteilen unterschieden werden. Die negativeren selbstbezogenen Interpretationen der Leistungsqualität oder negativere Selbstbeschreibungen durch Adjektive sind nicht als Wahrnehmungsdefizit zu sehen. Denn es gibt für diese Interpretationen keine objektive Datenbasis. Zusammenfassende, interpretative Urteile lassen großen Spielraum für die Auswahl von subjektiven Bewertungskriterien, so dass man beim Bewertungsresultat nicht von „richtig" oder „falsch" reden kann. Die Befunde sagen nur, dass dieser subjektive Interpretationsspielraum sehr durch die Depressivität beeinflusst wird. Aufschlussreich wäre eine Untersuchung, in der man Depressive und Kontrollprobanden auffordert, ihre Selbstbewertungen und interpretativen Urteile zu begründen.

In Kapitel 4 wurde auf die sehr unterschiedliche Wahl von abhängigen Messungen und deren struktureller und raum-zeitlicher Nähe zur dargebotenen Ergebnisinformation hingewiesen. Die Heterogenität und fehlende Systematik in dieser Hinsicht erschwert eine integrative Wertung der Befundlage. Es sollte deshalb künftig auch der strukturelle Bezug von experimentell gegebener Ergebnisinformation zur Handlung beachtet bzw. systematisch variiert werden. In jüngerer Zeit hat man häufiger versucht, wie im Kapitel 4 vorgeschlagen, Beobachter- und Dateneinflüsse zu variieren, um den Einfluss personseitiger (schematischer) und stimulusseitiger Faktoren zu testen (Dykman, Abramson, Alloy, & Hartlage, 1989; Hertel & Rude, 1991; Bodner & Mikulincer, 1998). Dennoch überwiegt bei den experimentellen Untersuchungen zu allen kognitions- psychologischen Bereichen eine einseitige Perspektive bei der Auswahl der Fragestellung und der Interpretation der Befunde. Man möchte durch Vergleich von depressiv Gestimmten und nichtdepressiven Personen ein Defizit depressiver Informationsverarbeitung nachweisen. Sofern man einen Gruppenunterschied findet, wird dieser als Bestätigung für die Defizitannahme interpretiert. Dies erweist sich oft schon dann als voreilig, wenn man die Stabilität des Befundes testet, indem man die Aufgabeneinstellung oder die motivationale Lage Depressi- ver durch geeignete Instruktionen variiert, und zeigen kann, dass der Unterschied verschwindet. Eine solche Forschungsperspektive hemmt wirklichen Erkennt- nisgewinn hinsichtlich der Art und der Funktion depressionstypischer Informa- tionsverarbeitung. Statt dessen verlängern diese Autoren die Liste der kognitiven Fehler oder Verzerrungen Depressiver, die man spekulativerweise als neue Vulnerabilitätsfaktoren für die Depressionsentstehung sehen und untersuchen könnte. Letzteres geschieht fast nie, weil es sehr aufwändig und teuer ist.

Forschung mit einem integrativen theoretischen Rahmen. Die Depressionsfor- schung braucht einen überzeugenden theoretischen Rahmen. Statt der Defizit- annahme könnte man die Frage nach dem funktionalen Nutzen der depressions- typischen Informationsverarbeitung stellen und diese Nutzungsmöglichkeiten theoriegeleitet in das Untersuchungsdesign aufnehmen. Das Modell der de- pressiven BWL bietet die Möglichkeit zur Re-Interpretation von Befunden des kognitiven Verhaltens Depressiver. Dabei wird diesem Verhalten eine potentiell adaptive Funktion zugemessen. Das Modell basiert auf der Auffassung, dass alle

starken Affektlagen mit affektspezifischen Neigungen der Informationsverarbeitung und des Verhaltens verbunden sind und dass diese Neigungen vom
Verhalten in neutraler Stimmungslage abweichen. Für diese Abweichungen wird
jedoch – wie bereits im Kapitel 8 begründet – angenommen, dass sie adaptiven
Wert haben können, aber nicht müssen. Die Möglichkeit zur Re-Interpretation und
zur Integration scheinbar widersprüchlicher Befunde beschränkt sich nicht auf die
Wahrnehmung und Nutzung von Ergebnisinformation.

Die Re-Interpretation bestehender Befunde allein ist keine ausreichende
Bestätigungsbasis für ein Modell der depressiven Bewusstseinslage. Die Frage, in
welchem Maß es geeignet ist, nosologisches Wissen zur Depression zu erweitern
und zu differenzieren und ein weitgehend widerspruchsfreies Bild der Depression
zu zeichnen, kann nur durch gezielte künftige Forschungsarbeiten beantwortet
werden.

Die Vernachlässigung motivationaler Veränderungen bei Depressivität. Die
umfangreiche experimentelle Depressionsforschung hat sich überwiegend auf die
kognitiven Aspekte depressiven Verhaltens konzentriert, nämlich die Wahrnehmung und Verarbeitung selbstbezogener Ergebnisinformation, die Aufmerk-
samkeits- und Gedächtnisleistungen, die Selbstbewertung und Selbstbelohnung
eigener Leistungen, die Bereitschaft zur Enkodierung negativer selbstbeschreiben-
der Information oder das Vorhandensein und die Wirkung dysfunktionaler Schemata und Einstellungen. Einige der genannten kognitiven Verhaltensbereiche
haben zweifellos auch motivationale Bedeutung, wie etwa die Wahrnehmung und
Beurteilung von Handlungsergebnissen oder die Art der Selbstbewertung. Die
motivationalen Aspekte im engeren Sinne, wie etwa die Absichtsentwicklung und
das Entscheidungsverhalten, die Präferenz bei unterschiedlichen Handlungsalternativen oder die Persistenz bei einmal begonnen Handlungen blieben fast
ausnahmslos unberücksichtigt. Dies ist umso erstaunlicher, weil gerade die
motivationalen Symptome wie Antriebsmangel und die damit einhergehende
Aktivitätsarmut sowie auch Entscheidungsschwierigkeiten zu den diagnostischen
Kernsymptomen einer Depression zählen. Eine gewisse Ausnahme bilden die
Untersuchungen zur Selbstverifikationstheorie bei Depressiven (Swann, Wenzlaff,
Krull, & Pelham,1992). Um einen weiteren Schritt zur Schließung der „Motiva-
tionslücke" zu leisten, wurde mit Studie 7 das absichtsbezogene Denken zur
Lösung eines Entschlussproblems bei Depressiven und Nichtdepressiven unter-
sucht. Mit Studie 6 wurde ein weiteres Motivationsparadigma aufgegriffen,

nämlich die Neigung zur symbolischen Selbstergänzung nach der Destabilisierung eines selbstverpflichtenden Identitätsziels. Ein bemerkenswertes Ergebnis dieser Studie ist, dass Depressive unter der Destabilisierungsbedingung keineswegs eine risikolose symbolische Selbstergänzungshandlung bevorzugen, sondern eine, die kompetenzindizierend ist, bei der man also erneut ungünstige Leistungsrückmeldungen erhalten kann, die aber auch Gelegenheit zu einer Kompetenzsteigerung bietet. Diese ersten Ergebnisse sollten Anlass genug sein, auch im Bereich der Motivation kritisch zu prüfen, ob gängige Defizitannahmen für depressives Verhalten aufrechtzuerhalten sind. Dies zu versuchen, drängt sich geradezu hinsichtlich der Annahme der Selbstverifikationstheorie auf. Dort sieht man die Ursache für eine höhere Bereitschaft Depressiver, genauere Information über negative Leistungen oder negative soziale Rückmeldungen einzuholen, in einem Bedürfnis, ihr negatives Selbstbild zu bestätigen. Während man bei sonstigen Theorien kognitiver Defizite von einer Unfähigkeit zur „normalen" bzw. selbstwertsteigernden Informationsverarbeitung Depressiver ausgeht, wird hier – wenn auch nicht ganz explizit – die willentliche Selbstwertschädigung postuliert. Eine provozierende Theorie, die auch schon bald nach ihrer Publikation auf theoretischer Ebene Kritiker fand (Alloy, & Lipman, 1992). Ein starkes empirisches Gegenargument steht jedoch noch aus. Es könnte so aussehen, dass man Depressiven nicht nur Gelegenheit zur eingehenden Beschäftigung mit negativer Rückmeldung gibt, sondern anschließend auch, wie dies in Studie 6 geschehen ist, eine Handlungsmöglichkeit bietet, diese Information zur Verbesserung ihrer Leistungen im betreffenden Bereich oder zur positiven Veränderung ungünstiger sozialer Bewertungen einzusetzen. Sofern Depressive davon bevorzugt Gebrauch machen, wäre es ein Beleg für die Motivation zur Selbstwert- und Kompetenzsteigerung und eine Unterstützung für das Modell der depressiven Bewusstseinslage.

Welche Konsequenzen könnte man aus dem Bewusstseinslagemodell der Depression für die klinisch-therapeutische Praxis ableiten? Diese Frage mag noch vor einer eingehenden empirischen Modelltestung etwas verwegen erscheinen. Aber bereits auf der Basis der bestehenden, modellkonformen Befunde lassen sich durchaus veränderte Perspektiven und Maßnahmen für die klinische Praxis formulieren. Im ersten Teil dieses Kapitels wurde aufgrund eigener und anderer Untersuchungen auf die Notwendigkeit hingewiesen, die Wahrnehmung konkreter Ergebnisinformation und die interpretative Beurteilung der Ergebnisqualität bei Depressiven zu unterscheiden. Diese Unterscheidung scheint mir auch für den Arzt oder Therapeuten im Umgang mit dem Depressiven nützlich. Denn hinsichtlich der Wahrnehmung und des Erinnerns objektiv gegebener konkreter Ergebnis-information haben auch klinisch Depressive offenbar keine Probleme, jedenfalls nicht mehr als Nichtdepressive auch. Wenn es jedoch um die Bewertung eigener Handlungsergebnisse oder um interpretative Selbstbeurteilungen geht, so scheinen Depressive im Vergleich zu Nichtdepressiven wesentlich strengere, und alles andere als selbstgefällige Urteilsmaßstäbe anzulegen. Dieser Unterschied lässt sich auch durch einen von Beck, Rush, Shaw und Emery (1979) veröffentlichten Ausschnitt eines Dialogs zwischen dem Therapeuten (Beck) und einem de-pressiven Patienten verdeutlichen:

(Anmerk. d. Verfassers: Der Patient war aufgefordert, in einem Wochenplan alle Aktivitäten einzutragen und jeweils zu vermerken, ob die Aktivität erfolgreich ausgeführt wurde.)

Therapeut: Warum haben Sie das Tapezieren nicht als Bewältigung beurteilt?

Patient: Weil das Blumenmuster nicht aneinander paßt.

T: Haben Sie die Arbeit tatsächlich beendet?

P: ... Ja

T: Ihre Küche?

P: Nein, ich half einem Nachbarn bei seiner Küche.

T: Machte er die meiste Arbeit?

P: Nein, eigentlich habe ich fast alles gemacht. Er hatte bis dahin noch nie tapeziert.

T: Ging sonst was schief? Haben Sie den Kleister ausgeschüttet? Viel Tapete kaputtgemacht? Eine große Unordnung zurückgelassen?

P: Nein, nein. Das einzige Problem war, daß das Blumenmuster nicht auf Kante gelegt war.

T: Weil es aber nicht perfekt war, war diese Arbeit nicht verdienstvoll?

P: Nun... ja

T: Wie weit waren denn die Blumenmuster auseinander?

P: (hält seine Finger etwa 3 mm auseinander): etwa so viel.

T: Bei jeder Tapetenbahn?

P: Nein ... bei 2 oder 3.

T: Von wie vielen?

P: Etwa 20 bis 25.

T: Hat das sonst jemand bemerkt?

P: Nein. Mein Nachbar dachte eigentlich, es wäre Klasse.

T: Hat es Ihre Frau gesehen?

P: Ja, sie hat die Arbeit bewundert.

T: Konnten Sie den Fehler sehen, wenn Sie zurücktraten und auf die ganze Wand schauten?

P: Nun ... eigentlich nicht.

T: So haben Sie ausschließlich auf einen echten, aber sehr kleinen Fehler bei Ihrer Tapezierarbeit geachtet. Ist es logisch, daß ein so kleiner Fehler Ihr Verdienst zunichte machen muß?

P: Nun, es war nicht so gut, wie es hätte sein sollen.

T: Wenn Ihr Nachbar gleich gute Arbeit in Ihrer Küche geleistet hätte, was würden Sie sagen?

P: ... sehr gute Arbeit!

Es ist wohl nicht allzu spekulativ, wenn man bei diesem Beispiel davon ausgeht, dass der depressive Patient sowohl die Anzahl der nicht perfekt geklebten Tapetenbahnen als auch die Größe der Abweichung und die Reaktionen des Nachbarn und seiner Frau hinreichend realistisch wahrgenommen und wiedergegeben hat. Das Beispiel macht anschaulich, dass ein strenger selbstbezogener Bewertungsmaßstab angewendet wird, der aber nicht für die Bewertung der gleichen Leistung einer anderen Person herangezogen worden wäre. Aus der Perspektive der depressiven Bewusstseinslage ist es bei solchem Verhalten nicht angemessen, von irrationalem Denken oder gar einer verzerrten Wahrnehmung zu sprechen. Dem Arzt und Therapeuten sollte klar sein, dass der depressive Patient lediglich einen höheren Anspruch hat als seine Umgebung. Er könnte dem Patienten, wie hier als Beispiel für die Therapietechnik des sokratischen Dialogs vorgeführt, vermitteln, dass er trotz nicht ganz perfekter Arbeit durchaus Grund hat, ähnlich wie die anderen, mit seiner Arbeit zufrieden zu sein. Ähnlich vorsichtig bzw. differenzierend könnte man als Therapeut mit vielen anderen selbstbewertenden Aussagen Depressiver umgehen. Nun mag man einwenden, dass das Beispiel ja doch einen therapeutischen Korrekturbedarf hinsichtlich der Selbstbewertung aufzeigt, dass aber im Modell der depressiven Bewusstseinslage von einem restitutiven Potential der selbstkritischen Fehlersuche und des strengen Selbstbewertens die Rede ist. Dieses Potential kann für die therapeutisch begleitete Analyse und Korrektur tatsächlichen Scheiterns oder einer lebensgeschichtlich erworbenen Fehleinschätzung der eigenen Möglichkeiten sowie von Anspruchshaltungen und Erwartungen genutzt werden, für die man eine Mitverursachung der Depression vermuten kann. Dieses Vorgehen ist sicherlich in den Augen erfahrener Therapeuten, die ohnehin bei der Therapie Depressiver nach potentiell rückfallbegünstigen Faktoren im Leben des Patienten suchen, nichts grundsätzlich Neues. Aber auch dann könnte bei vermutlich psychoreaktiven oder aufgrund einer anderen psychischer Störungen entstandenen Depressionen dem Patienten ein sinnfälliges Modell seiner Störung vermittelt werden. In gewisser Weise absurd und therapeutisch kaum nutzbar sind die bewusstseinslagetypischen Selbstanalyse- und Urteilstendenzen wohl bei überwiegend biologisch bedingten, sehr schweren Depressionen mit katatonen und psychotischen Merkmalen.

Sind dysfunktionale Denk- und Attributionsstile kausale Faktoren oder Stimmungskorrelat? Mit dem Ankreuzen hoher Zustimmung bei den Items des dysfunktionalen Einstellungsfragebogens, des Attributionsstilfragebogens oder anderen gebräuchlichen Selbstberichtmaßen für kognitive Vulnerabilität erfasst man möglicherweise nur ein Epiphänomen der wirklichen, distalen psychischen Dispositionen einer Person, die eine Depression mitverursachen oder begünstigen. Dies könnte m.E. auch dann der Fall sein, wenn sich in der bereits erwähnten Temple-Wisconsin-Studie (Alloy, Abramson, Hogan, Whitehouse, Rose, Robinson, Kim & Lapkin, 2000) herausstellt, dass Personen mit hohen Werten in einem dieser Masse, im Laufe der Zeit häufiger an einer Depression erkranken als solche mit niedrigen Werten. Gegen einen wirklich kausalen Status der mit diesen Fragebögen erhobenen Verhaltensneigungen sprechen 3 gewichtige Argumente. Das erste ist der bereits im Kapitel 2 (Abschnitt Verursachungstheorien) angesprochene, mehrfach replizierte Befund, dass das selbstberichtete Mass an dysfunktionalen Einstellungen (Dysfunctional Attitude Scale; Weissman & Beck, 1978; Blackburn, Jones & Lewin, 1986), ebenso wie das für einen dysfunktionalen Attributionsstil (Attrubitional Style Questionnaire: ASQ; Seligman, Abramson, Semmel & von Beyer, 1979) stimmungsabhängig ist. Um den fraglichen kausalen Anteil des Antwortverhaltens für die Entstehung von Depressionen überhaupt schätzen zu können, muss auf jeden Fall der Einfluss der gleichzeitig erhobenen Stimmung (Depressivität) herauspartialisiert werden. Es ist keineswegs nur eine methodische Spitzfindigkeit oder eine bloße Vermutung, dass zumindest ein Teil der Personen, die eine behandlungsbedürftige Depression erleiden, vorausgehend immer wieder sub-klinische Phasen depressiver Verstimmungen hatten. Das

Auftreten solcher Phasen kann auf eine biologische Vulnerabilität zurückzuführen sein. Viele Patienten mit einer sehr schweren majoren Depressiven Episoden berichten, dass sie bereits seit der Kindheit immer wieder „unerklärliche" Phasen depressiver Verstimmungen hatten. Aus Untersuchungen zur Chronizität depressiver Störungen stammt der Befund, dass etwa 20 % der Personen mit einem rezidivierenden Verlauf der Depression bereits in der Kindheit ein Dysthymie (andauernde depressive Symptome, ohne die Kriterien einer majoren depressiven Episode zu erreichen) hatten. Daneben gibt es auch psychoreaktive Gründe für das wiederholte Auftreten von sub-klinischen depressiven Verstimmungen. Dazu zählen vor allem langanhaltende psychische Schwierigkeiten einer Person, wie schwere Zwangsstörungen, Panikstörungen, Agoraphobien und die Borderline- oder andere Persönlichkeitsstörungen, bei denen die betreffende Person die Diskrepanz zwischen dem gewünschten privaten und beruflichen Leben und dem Zustand, den die psychische Störung zulässt, so schmerzhaft erlebt, dass sie immer wieder Phasen von depressiven Verstimmungen hat. Solche Depressionen sind dann fast unausweichlich, wenn sich die schweren Beeinträchtigungen des Lebens im Laufe von Jahren verschlimmern, und wenn alle bisherigen Hoffnungen auf Änderung durch eigene oder durch therapeutische Maßnahmen immer wieder enttäuscht wurden. Dass Depressionen nicht nur in seltenen Fällen, sondern sehr häufig als Folge anderer psychischer Störungen auftreten belegt die US National Comorbidity Study. Man fand bei 56 % der Depressiven zusätzlich mindestens noch eine weitere psychische Störung (Blazer, Kessler, McGonagle & Swartz, 1994). Dass Depressionen besonders häufig parallel zu bzw. als Folge einer schweren Angststörungen auftreten, belegt die Untersuchung von Sanderson, Beck und Beck (1990). Einer Überblicksarbeit über Angststörungen entsprechend (Barlow, 1988) leiden etwa 39 % der Patienten mit einer Agoraphobie, 35 % der Patienten mit einer Panikstörung und 17 % derer mit einer generalisierten Angststörung gleichzeitig an einer Depression oder einer Dysthymie. Die Schätzungen für das Vorliegen einer Persönlichkeitsstörung bei einer majoren Depression liegen teilweise noch höher als für Angststörungen. Sie schwanken in verschiedenen Studien zwischen 23 und 87 % (Shea, Widiger & Klein, 1992). Den meisten Studien zufolge überwiegen dabei die sog. dramatisch-emotionalen Persönlichkeitsstörungen (Cluster B-Störungen nach DSM-IV). Ihnen ist eine emotionale Instabilität und eine Neigung zu impulsivem Entscheiden und Verhalten gemeinsam. Personen mit schweren Persönlichkeitsstörungen erleben sehr häufig und über viele Jahre hinweg, dass sie ihre intensiven Gefühle, die damit verbundenen Gedanken und ihr impulsives Verhalten nicht kontrollieren können, selbst dann nicht, wenn es ihnen selbst schadet. Die Folgen sind häufige Schwierigkeiten in privaten Beziehungen und am Arbeitsplatz, die zum Scheitern der Beziehungen und dem Verlust der Arbeitstelle führen können. Bei ihnen ist die deprimierende Kluft zwischen oft unrealistischen (teilweise narzisstischen) Zukunftsphantasien und dem sich wiederholenden Scheitern noch drastischer als bei schweren Angststörungen. Für dieser Sichtweise sprechen die Befunde von Rose, Abramson, Hodulik, und Leff (1994). Sie untersuchten, bei welchen Gruppen von Depressiven die stärkste Neigung zu Gedanken der Hoffnungslosigkeit zu finden ist. Von vielen Gruppierungsvariablen, wie endogene oder nicht endogene Depression, chronischer oder episodischer Verlauf, demographische und biographische Merkmale der Patienten, war das Vorliegen einer Persönlichkeitsstörung, insbesondere einer Borderline Störung am stärksten mit einer Neigung zu Hoffnungslosigkeitsgedanken verbunden.

Wenn man nun, wie in der Temple-Wisconsin Studie geschehen, eine Hochrisikogruppe und eine Niedrigrisikogruppe aufgrund der Werte im DAS oder ASQ für eine Längsschnittstudie auswählt, um in den folgenden Jahren die Inzidenz einer depressiven Episode zu verfolgen, so ist die Wahrscheinlichkeit hoch, dass bei der Hochrisikogruppe Personen sind, die aus den gerade beschriebenen Gründen, bereits viele depressive Verstimmungen hatten. Der hohe Wert für die vermeintlich kognitive Vulnerabilität könnte nun, wie oben begründet, direkte Wirkung einer zum Messzeitpunkt bestehenden depressiven Stimmung sein. Das wäre durch entsprechende Stimmungsmessungen kontrollierbar. Eine beträchtliche Korrelation der Vulnerabilitäts- mit den Stimmungsmaßen würde den kausalen Status der Vulnerabilitätsmessungen schwächen.

Das zweite Argument bezieht sich ebenfalls auf das wiederholte Auftreten von depressiven Affektepisoden. Eine weniger leicht feststellbare Wirkung häufiger depressiver Verstimmungen ist die Festigung affekttypischer, automatischer Gedanken, die dem sehr nahe kommen, was mit den dysfunktionalen Einstellungen erfasst wird. Auch bei milden depressiven Affektlagen wird eine Bereitschaft zur selbstkritischen und pessimistischen Analyse der eigenen Lage ausgelöst. Diese inneren Verbalisierungen haben in der Regel einen hohen Grad an Verallgemeinerung. Sie haben in der Phase der deprimierten Stimmung einen hohen Grad subjektiver Gewissheit. Sie sind, wie alle stark affektiv bedingten Gedanken nicht objektiv oder unparteiisch. Dabei kommt es zu verbalisierenden Gedanken über sich selbst, die streng und schonungslos selbstkritisch sind. Durch die vielen Wiederholungen solcher stimmungsabhängiger Selbstverbalisierungs-episoden festigen sich individuelle verbale Reaktionsmuster im Gedächtnis. Sie werden immer leichter (automatischer) mit der Stimmung oder durch bestimmte Situationen und Gedanken ausgelöst. Sie wirken sich sehr wahrscheinlich auch auf die Intensität und das Andauern der deprimierten Stimmung aus. Mit der Festigung im Gedächtnis und der leichten Auslösbarkeit wird das Vorkommen einer „kritischen Gegenrede" oder eine mentale, selbstverbalisierende Beweisführung durch detaillierte Berücksichtigung relevanter Ereignisepisoden immer seltener. Damit wird der Grad an Irrationalität größer. Damit soll gesagt werden, dass irrationales, absolutistisches und generalisierendes Denken, wie es mit den einschlägigen Selbstreportmaßen – nicht nur in der Depressionsforschung, sondern auch im Rahmen kognitiv-behavioraler Therapien – gemessen wird, als Folge von lebensgeschichtlich begründeten, d.h. eigentlich durchaus angemessenen und nachvollziehbaren, rationalen Bewertungen der unbefriedigenden Lebenslage entstehen kann. Stark gefestigte und automatisierte Denkneigungen dieser Art führen sehr wahrscheinlich auch dann zu höheren Werten in den genannten Fragebögen, wenn gerade keine messbare depressive Verstimmung vorliegt. Diesem Ansatz folgend wären die vor der Depression gemessenen irrationalen Einstellungen selbst beim Nachweis einer stimmungskontrollierten, erhöhten Prävalenz von Depressionen bei der Hochrisikogruppe lediglich ein proximaler Prädiktor für Depression. Der eigentliche distale und kausale Mechanismus wäre in den lebensgeschichtlichen Umständen (den psychischen Störungen und Anpassungsproblemen) zu suchen, die zu wiederholten Phasen depressiver Verstimmungen geführt haben.

Das dritte Argument bezieht sich noch direkter auf die oben eindrücklich belegte Komorbidität von Depressionen mit Persönlichkeits- und Angststörungen. Die hohen Werte für dysfunktionales oder irrationales Denken bei der Hochrisiko-gruppe der gerade laufenden Temple-Wisconsin Längsschnittstudie sind vermutlich in vielen Fällen Bestandteil einer bestehenden psychischen Störung, etwa einer Persönlichkeits- oder einer Angststörung, für die eine hohe Wahr-scheinlichkeit für die Entwicklung einer majoren depressiven Episode besteht. Die vermeintliche kognitive Vulnerabilität für Depression könnte für diese Personen-gruppe ebenso als Bestandteil ihrer Persönlichkeits- oder Angststörung gewertet werden, ohne eine kausale Rolle bei der Entstehung der Depression zu spielen. Will man unter dieser Voraussetzung die kognitive Verursachungstheorie von Depressionen dennoch „retten" und zumindest für einen Teil der Depressionen belegen, so muss man prüfen, für welche Personen der Hochrisikogruppe eine Angst- oder Persönlichkeitsstörung vorliegt, bevor sie depressiv erkranken. Sofern es einen verbleibenden Teil von Personen ohne eine Störung gibt, müsste bei diesen eine erhöhte Inzidenz von Depressivität im Vergleich zur Niedrig-Risikogruppe gegeben sein.

Die hier gemachten Ausführungen sollen deutlich machen, dass eine ätiologische Theorie der Depression das epidemiologische Wissen miteinbeziehen muss, um eine zutreffende Einschätzung der Rolle von kognitiven oder sozialen Wirkfaktoren leisten zu können. Ein zu enges Haften an den paradigmatischen Konzepten des jeweiligen Forschungsansatzes wird dem komplexen Gegenstand der Depressionsentstehung sicher nicht gerecht. Um ätiologische Theorien für psychische Ursachen von Depressionen zu testen, müssen längsschnittliche Untersuchungen durchgeführt werden. Diese sind aufwändig und teuer. Umso mehr sollte man bei der Erhebung bestehendes Wissen aus den verschiedenen Bereichen der Depression beiziehen, sofern es für die ätiologische Fragestellung bedeutsam sein könnte. Im Wesentlichen lassen sich 3 Verursachungstypen unterscheiden ein biologischer, ein kognitiv-psychologischer und ein belastungs- oder stressbezogener. Für alle 3 Typen gilt es, nach verbesserten Erfassungs-methoden zu suchen und diese in Längsschnittstudien einzusetzen. Für eine Testung psychologischer Verursachungstheorien, wie die Diathese-Stress- bzw. kognitiven Vulnerabilitätsmodelle bedarf es meines Erachtens, verbesserte Mess-mittel für die kognitiven Diathesen und für die Stressoren (siehe Kapitel 2). Für beide Maße wäre es gewinnbringend, individuelle, lebensgeschichtliche Zielbezüge herzustellen. Erst mit dem individuellen Zielbezug wird die Wichtig-keit einer individuellen Belastung einschätzbar und die depressogene Wirkung sinnfällig. Außer der längsschnittlichen Sichtung subjektiv bedeutsamer Belas-tungsereignisse gilt es, chronische Belastungssituationen zu beachten, wie sie durch lang andauernde psychische Störungen verursacht werden. Vielleicht würde sich dabei herausstellen, dass die schweren Beeinträchtigungen der Lebenslage und die damit einhergehende Hoffnungslosigkeit bei den schweren Zwangs-, Panik- oder Borderline Störungen die häufigsten Prädiktoren für eine psychoreaktive Depression darstellen. Zumindest legen dies die hohen Komorbiditätsraten nahe. Was die kausale Rolle von irrationalen oder dysfunktionalen Einstellungen und Denkneigungen angeht, so scheint es vielversprechend, deren Rolle in einem übergreifenden Kontext zu untersuchen. Die Tatsache, dass Angststörungen, Persönlichkeitsstörungen und Depressionen einen hohe wechselseitige Komorbidität aufweisen, legt die Vermutung nahe, dass es grundsätzliche (gemeinsame) lebensgeschichtliche Bedingungen für die Begünstigung dieser psychischen Störungen gibt.

Auch wenn die These der Festigung irrationaler Denkneigungen durch wiederholte negative Affektzustände m.W. noch nicht empirisch untersucht ist, so gibt es hierfür in der Literatur zur kognitiven Therapie psychischer Störungen, der Rational-Emotiven-Therapie (RET; Ellis, 1994) und aus epidemiologischen Untersuchungen indirekte Unterstützung. Dort ist gut belegt, dass irrationales Denken (Ellis, 1994) bei ganz verschiedenen psychischen Störungen vorkommt. Irrationale Denkneigungen sind also nicht spezifisch für depressive Störungen. Damit stellt sich die Frage, ob sie nicht eher ein Indikator oder Korrelat einer generellen Neigung für psychische Auffälligkeit sind, wie dies auch für das persönlichkeitspsychologische Konzept des Neurotizismus gilt.

An dieser Stelle möchte ich noch einmal auf die methodische Schwierigkeit bei der Testung von Diathese-Stress-Modellen eingehen (siehe Kapitel 2). Trotz der einfachen und standardisierten Handhabung haben die Fragebögen zur Erhebung der kognitiven Vulnerabilität einen wesentlichen forschungspraktischen Nachteil. Sie erlauben keine gute Passung der kognitiven Vulnerabilität mit individuell bedeutsamen Stressoren. Diese Passung ist aber zentraler Bestandteil sämtlicher psychologischer Diathese-Stress-Theorien der Depression, einschliesslich der modernen, recht komplexen Vulnerabiltitätsmodelle (Abramson, Alloy & Metalsky, 1988). Ein hoher Punktwert in der DAS oder dem ASQ sagt überhaupt nichts darüber aus, welcher Stressor auftreten muss, damit in Verbindung mit dem irrationalen Denken eine Depression entsteht. Eine solche Passung festzustellen, ist nur möglich, wenn man Messmöglichkeiten für die individuellen irrationalen Einstellungen oder dysfunktionalen Schemata (nach Beck, 1976) und gleichzeitig eine Messung individueller Stressoren einsetzt. Dies mag auf den ersten Blick für Forschungszwecke unpraktikabel oder gar unmöglich scheinen. Hierbei könnte die Depressionsforschung allerdings von den Therapiepraktikern lernen und sich der Technik zur Ermittlung von „Musts", „Shoulds" und „Oughts" (Varianten unrealistischer Forderungen an sich selbst, an andere oder an die situativen Bedingungen) bedienen, die im Rahmen von kognitiven Psychotherapien eingesetzt wird. Dabei sammelt man retrospektive oder aktuell fortlaufende, episodische Situationsbeschreibungen, in denen die betreffende Person sehr intensive negative Affekte, wie Enttäuschung, Kränkung, Ärger, Traurigkeit u.a. empfunden hat. Diese enthalten den situativen oder gedanklichen Auslöser, eine Auflistung der wichtigsten

Gedanken, die gleichzeitig oder unmittelbar vor dem intensiven Gefühlserleben aufgetreten sind, eine Beschreibung der Gefühle und ihrer Intensität sowie dadurch stimuliertes Verhalten. Auf dieser Datenbasis können für ähnliche und wiederkehrende Situationen die individuellen irrationalen Einstellungen (s.o.) von klinischen Experten erschlossen werden.

Depressive Verstimmungen und klinische Depressionen: Kontinuum oder verschiedene affektive Zustände? Die Mehrzahl experimenteller Untersuchungen zum kognitiven Verhalten bei Depression wurde mit mild depressiv verstimmten Studierenden durchgeführt. Als diagnostisches Auswahlinstrument wurden Selbstbeurteilungsfragebögen wie das Becksche Depressionsinvantar (BDI, Beck et al. 1961) eingesetzt, bei dem ein Punkterange von 0 bis 63 erreicht werden kann. Als mild depressiv wurden dabei Probanden mit einem Wert von 10 bis 20 betrachtet und in die Untersuchungen aufgenommen. Der über viele Jahre international eingesetzte Becksche Depressionsfragebogen wurde vielen Validierungsstudien unterzogen (Beck, Steer & Garbin, 1988), die ihm insgesamt gute psychometrische Eigenschaften attestierten. Viele Autoren betrachten milde depressive Verstimmungen als legitimes Analog für klinische Depressionen bzw. sehen beide auf einer Intensitätsdimension.

In einer Übersichtsarbeit sammeln Vredenburg, Flett und Krames (1993) für diese Position Argumente aus empirischen Arbeiten. Im Gegenzug kritisiert Coyne (1994) heftig, dass man milde depressive Verstimmungen als Ersatz für klinische Depressionen verwendet und bezweifelt, dass man die Forschungsergebnisse auf klinisch Depressive übertragen könne. Coyne (1994) stützt seine Auffassung allerdings ausschließlich auf rein diagnostische Unterschiede wie Dauer, Art und Schwere der körperlichen Symptome, veränderte Beschreibungen der Stimmung und auf unterschiedliche Prävalenzraten sowie den subjektiven Belastungsgrad. Die genannten Unterschiede können meines Erachtens problemlos als Ausdruck unterschiedlicher Intensität gesehen werden. Für die Untersuchungen zum kognitiven Verhalten Depressiver ist letztlich entscheidend, ob sich zwischen mild depressiv Verstimmten und zwischen klinisch Depressiven nicht nur Intensitäts-, sondern qualitative Unterschiede im kognitiven Verhalten zeigen lassen. In dieser Hinsicht gibt es entsprechend der Sichtung kognitionspsychologischer Untersuchungen durch Vredenburg et al. (1993) überzeugende Evidenz dafür, dass das Verhalten klinisch Depressiver sich nicht qualitativ von mild depressiven Vergleichsgruppen unterscheidet.

Auch in den hier berichteten, eigenen Untersuchungen wurde das kognitive Verhalten depressiv verstimmter Personen mit klinisch Depressiven verglichen (Studien 2, 4 und 7). Studie 2 ist eine modifizierte Replikation von Studie 1 (mild Depressive) zur retrospektiven Erfolgsschätzung bei Serien von Anagrammaufgaben, wobei der Einfluss der vorausgehenden Stimulierung einer offensiven versus defensiven Reaktionsbereitschaft untersucht wurde. Studie 4 ist eine modifizierte Replikation von Studie 3 (mild Depressive) zur retrospektiven Erinnerung von sozialer Rückmeldung in einem beobachteten (Studie 3) bzw. selbst erlebten (Studie 4) Interview, bei dem der Einfluss von non- und paraverbalen Zusätzen bei den Rückmeldungen untersucht wurde. In beiden Fällen zeigen sich keine Hinweise auf unterschiedliche Fähigkeiten zur Wahrnehmung der Ergebnisinformation zwischen klinisch und mild Depressiven. Die Tatsache, dass sich die Induktion einer offensiven Reaktionsbereitschaft bei klinisch Depressiven nicht im Manipulation-Check zeigen ließ und dass sie keinen Einfluss auf die Erfolgsschätzung klinisch Depressiver hatte, wie bei mild Depressiven in Studie 1, spricht nicht für einen qualitativen Unterschied zu mild Depressiven. Es ist plausibel anzunehmen, dass mit zunehmender Depressivität die Induktion einer gegen die Depressivität gerichteten offensiven Reaktionsbereitschaft schwieriger ist. Die Tatsache, dass sich die Offensivitätsstimulation bei klinisch Depressiven leistungssteigernd auswirkte (im Unterschied zu Nichtdepressiven sogar bei der Sequenz Misserfolgsserie zuerst), spricht ebenfalls gegen einen qualitativen Unterschied. Bei den hier berichteten Studien zeigen sich keine substantiellen Unterschiede zu den nichtdepressiven Kontrollgruppen weder bei der Genauigkeit der Ergebniswahrnehmung noch in den Leistungen.

Solange zwischen depressiv Gestimmten und klinisch Depressiven keine strukturellen Unterschiede im kognitiven Verhalten nachgewiesen werden können, spricht nichts dagegen, weiterhin auch mit nichtklinischen Stichproben kognitive Depressionsforschung zu betreiben. Die Kritik von Coyne (1994) verweist auf substantielle Unterschiede mit klinisch-diagnostischer Relevanz, wie Behandlungsbedürftigkeit, Suizidgefahr und somatische Beschwerden bei schweren Depressionen. Sie kann damit aber nicht die Befundlage entkräften, dass bisher fast ausschliesslich überzeugende Belege für ein übereinstimmendes kognitives Verhalten existieren. Damit soll keineswegs gesagt sein, dass man hinsichtlich des kognitiven Verhaltens auf Studien mit schwer Depressiven verzichten kann. Auch wenn man im Einklang mit dem Modell der depressiven Bewusstseinslage davon ausgeht, dass mit einer affektiven Bewusstseinslage immer die affekttypischen, kognitiven und manifesten Verhaltensbereitschaften aktiviert werden, so ist es unverzichtbar, gerade dies für unterschiedliche Affektintensitäten nachzuweisen. Ein meines Erachtens bedenkenswerter Unterschied zwischen den studentischen und den psychiatrischen Stichproben (depressive wie nichtdepressive Kontrollpersonen) liegt in der größeren Heterogenität hinsichtlich Bildung, Alter, Schichtzugehörigkeit und der kognitiven Leistungsfähigkeit. Dies ist besonders bedeutsam, wenn man die Schwierigkeit von Leistungsaufgaben und die Reaktionsbereitschaft auf soziale Situationen an einer studentischen Stichprobe geprüft hat und die entsprechenden Items bei einer nichtstudentischen Stichprobe einsetzen möchte (vgl. Studien 1 und 2).

Literatur

Abramson, L.Y., Alloy, L.B., Hogan, M.E., Whitehouse, W.G., Donovan, P., Rose, D.T., Panzarella, C. & Raniere, D. (2002). Cognitive vulnerability to depression: Theory and evidence. In R.L. Leahy, E.T. Dowd, E. (Eds.). *Clinical advances in cognitive psychotherapy: Theory and Application* (pp. 75-92). New York: Springer.

Abramson, L.Y., Alloy, L.B. & Metalsky, G.I. (1988). The cognitive diathese-stress theories of depression: Toward an adequate evaluation of the theories validities. In L.B. Alloy (Ed.) *Cognitive processes in depression*. New York, London: Guilford.

Abramson, L.Y., Metalsky, G.I. & Alloy, L.B. (1989). Hoplessness depression: A theory-based subtype of depression. *Psychological Review, 96*, 358-372.

Abramson, L.Y., Seligman, M.E.P. & Teasdale, J. (1978). Learned helplessness in humans: Critique and reformulation. *Journal of Abnormal Psychology, 87*, 49-74.

Alloy, L.B. & Abramson, L.Y. (1979). Judgment of contingency in depressed and nondepressed students: Sadder but wiser? *Journal of Experimental Psychology: General, 108,* 441-485.

Alloy, L.B. & Abramson, L.Y. (1988). Depressive realism: Four theoretical perspectives. In L.B. Alloy (Ed.), *Cognitive processes in depression* (pp. 223-265). New York: Guilford Press.

Alloy, L.B., Abramson, L.Y., Hogan, M.E., Whitehouse, W.G., Rose, D.T., Robinson, M.S., Kim, R.S. & Lapkin, J.B. (2000). The Temple-Wisconsin Cognitive Vulnerability to Depression Project: Lifetime history of Axis I psychopathology in individuals at high and low cognitive risk for depression. *Journal of Abnormal Psychology, 109*(3), 403-418.

Alloy, L.B., Abramson, L.Y., Murray, L.A., Whitehouse, W.G., Hogan, M.E. (1997). Self-referent information processing in individuals at high and low risk for depression. *Cognition and Emotion, 11*, 539-568.

Alloy, L.B. & Lipman, A.J. (1992). Depression and selection of positive and negative social feedback: Motivated preference or cognitive balance? *Journal of Abnormal Psychology, 101(2)*, 310-213.

Alloy, L.B., Lipman, A.J. & Abramson, L.Y. (1992). Attributional style as a vulnerability factor for depression: validation by past history of mood disorders. *Cognitive Therapy and Research, 16*, 391-407.

American Psychiatric Association (1994). *Diagnostic and Statistical Manual of Mental Disorders* (4th Ed.). Washington, DC: Author [dt. (1996). *Diagnostisches und statistisches Manual psychischer Störungen. DSM-IV.* Göttingen: Hogrefe].

Barlow, D.H. (1988). *Anxiety and its disorders: The nature and treatment of anxiety and panic.* New York: Guilford.

Barnett, P.A. & Gotlib, I.H. (1990). Cognitive vulnerability to depressive symptoms among men and women. *Cognitive Therapy and Research, 14*, 47-61.

Beck, A.T. (1963). Thinking and depression: I Ideosyncratic content and cognitive distortions. *Archives of General Psychiatry, 9*, 324-333.

Beck, A.T. (1964). Thinking and depression: II Theory and Therapy. *Archives of General Psychiatry, 10*, 561-571.

Beck, A.T. (1967). *Depression: Causes and treatment.* Philadelphia: University of Pennsylvania Press.

Beck, A.T. (1976). *Cognitive therapy and the emotional disorders.* New York: International University Press.

Beck, A.T. (1987). Cognitive models of depression. *Journal of Cognitive Psychotherapy: An International Quarterly, 1*, 5-37.

Beck, A.T., Epstein, N. & Harrison, R. (1983). Cognitions, attitudes and personality dimensions in depression. *British Journal of Cognitive Psychotherapy, 1*, 1-16.

Beck, A.T., Rush, A.J., Shaw, B. & Emery, G. (1979). *Cognitive therapy of depression.* New York: Guilford [dt. (1993). *Kognitive Therapie der Depression.* Weinheim: Psychologische Verlags Union].

Beck, A.T., Steer, R.A. & Garbin, M.G. (1988). Psychometric properties of the Beck Depression Inventory: Twenty years of evaluation. *Clinical Psychology Review, 8*, 77-100.

Beck, A.T., Ward, C.H., Mendelsohn, M., Mock, J. & Erbaugh, J. (1961). An inventory for measuring depression. *Archives of General Psychiatry, 4*, 561-571.

Blackburn, I.M., Jones, S. & Lewin, R.J.P. (1986). Cognitive style in depression. *British Journal of Clinical Psychology, 25*, 241-251.

Blazer, D.G., Kessler, R.C., McGonagle, K.A. & Swartz, M.S. (1994). The prevalence and distribution of major depression in a national community sample: The national comorbidity survey. *American Journal of Psychiatry, 151*, 979-986.

Bodner, E. & Mikulincer, M. (1998). Learned helplessness and the occurrence of depressive-like and paranoid-like responses: The role of attentional focus. *Journal of Personality and Social Psychology, 74*, 1010-1023.

Bradley, B.P. & Mathews, A. (1983). Negative self-schemata in clinical depression. *British Journal of Clinical Psychology, 22*, 173-181.

Breslow, R., Kocsis, J. & Belkin, B. (1981). Contribution of the depressive perspective to memory function in depression. *American Journal of Psychiatry, 138*, 227-230.

Buchwald, A.M. (1977). Depressive mood and estimates of reinforcement frequency. *Journal of Abnormal Psychology, 86,* 443-446.

Burt, D.B., Zembar, M.J., & Niederehe, G. (1995). Depression and memory impairment: A meta-analysis of the association, its pattern, and specificity. *Psychological-Bulletin, 117*, 285-305.

Clark, D.M. & Teasdale, J.D. (1982). Diurnal variation in clinical depression and accessibility of memories of positive and negative experiences. *Journal of Abnormal Psychology, 91*, 87-95.

Clifford, P.I. & Hemsley, D.R. (1987). The influence of depression on the processing of personal attributes. *British Journal of Psychiatry, 150*, 98-103.

Conway, M., Howell, A. & Giannopoulos, C. (1991). Dysphoria and thought suppression. *Cognitive Therapy and Research, 15(2)*, 153-166.

Coyne, J.C. (1976 a). Depression and the response of others. *Journal of Abnormal Psychology, 85*, 186-193.

Coyne, J.C. (1976 b). Toward an interactional description of depression. *Psychiatry, 39*, 28-40.

Coyne, J.C. (1994). Self-reported distress: Analog or ersatz depression? *Psychological Bulletin, 116*, 29-45.

Coyne, J.C. & Gotlib, I.H. (1983). The Role of Cognition in Depression: A critical Appraisal. *Psychological Bulletin, 94,* 472-505.

Coyne, J.C. Gotlib, I.H. (1986). Studying the role of cognition in depression. Well trodden paths and cul-de-sacs. *Cognitive Therapy and Research, 10*, 794-812.

Craighead, W.E., Hickey, K.S. & DeMonbreun, B.G. (1979). Distortion of perception and recall of neutral feedback in depression. *Cognitive Therapy and Research, 3*, 291-298.

Csikszentmihalyi, M. (1975). *Beyond boredom and anxiety*. San Francisco: Jossei-Bass.

DeMonbreun, B.G. & Craighead, W.E. (1977). Distortion of perception and recall of positive and neutral feedback in depression. *Cognitive Therapy and Research, 1*, 311-329.

De-Rivera, J. (1977). A structural theory of the emotions. *Psychological Issues, 10,* (4, whole No.: 178)

Dobson, K.S. & Shaw, B.F. (1987). Specifity and stability of self-referent encoding in clinical depression. *Journal of Abnormal Psychology, 96*, 34-40.

Dunbar, G.C. & Lishman, W.A. (1984). Depression recognition-memory and hedonic tone: A signal detection analysis. *British Journal of Psychiatry. 144*, 376-382.

Dweck, C.S. (1986). Motivational processes affecting learning. *American Psychologist, 41*, 1040-1048.

Dykman, B.M., Abramson, L.Y., Alloy, L.B. & Hartlage, S. (1989). Processing of ambiguous and unambiguous feedback by depressed and nondepressed college students: Schematic biases and their implications for depressive realism. *Journal of Personality and Social Psychology, 56(3)*, 431-445.

Ellis, H.C. & Ashbrook, P.W. (1988). Resource-allocation model of the effects of depressed mood states on memory. In K. Fiedler & J. Forgas (Eds.), *Affect, cognition, and social behavior: new evidence and integrative attempts* (pp. 25-43). Toronto, Zürich, Göttingen: Hogrefe.

Feather, N.T. (1961). The relationship of persistance at a task to expectation of success and achievement related motives. *Journal of Abnormal and Social Psychology, 63*, 552-561.

Fiedler, K. (1985). *Kognitive Strukturierung der sozialen Umwelt: Untersuchungen zur Wahrnehmung kontingenter Ereignisse.* Göttingen, Toronto, Zürich: Hogrefe.

Fiedler, K. & Stroehm, W. (1986). The use of statistical, spatial-temporal, and intensional information in judgements of contingency. *European Journal of Social Psychology, 16*, 385-398.

Fogarty, S.J. & Hemsley, D.R. (1983). Depression and the accessibility of memories: A longitudinal study. *British Journal of Psychiatry, 142*, 232-237.

Forrest, M.S. & Hokanson, J.E. (1975). Depression and autonomic arousal reduction accompanying self-punitive behavior. *Journal of Abnormal Psychology, 84*, 346-357.

Freud, S. (1917). *Trauer und Melancholie (1917[1915]). In Studienausgabe, Bd. III.* Frankfurt a.M. 1975: Fischer.

Gasparikova-Krasnec, M. & Post, R.D. (1984). Motivation to obtain self-relevant feedback in depressed college students. *Journal of Clinical Psychology, 40(5)*, 1190-1193.

Giesler, R.B., Josephs, R.A. & Swann, W.B. (1996). Self-verification in clinical depression: The desire for negative evaluation. *Journal of Abnormal Psychology, 105*, 358-368.

Gollwitzer, P.M. (1991). *Abwägen und Planen: Bewusstseinslagen in verschiedenen Handlungsphasen.* Göttingen, Toronto, Zürich: Hogrefe.

Gollwitzer, P.M., Heckhausen, H. & Ratajczak, H. (1990). From weighing to willing: Approaching a change decision through pre- or postdecional mentation. *Organizational Behavior and Human Decision Processes, 45*, 41-65.

Gotlib, I.H. (1981). Self-reinforcement and recall: Differential deficits in depressed and nondepressed psychiatric inpatients. *Journal of Abnormal Psychology, 90(6), 521-530.*

Gotlib, I.H. (1983). Perception and recall of interpersonal feedback: Negative bias in depression. *Cognitive Therapy and Research, 7*, 399-412.

Haaga, D.A.F. & Beck, A.T. (1994). Perspectives on depressive realism: Implications for cognitive theory of depression. *Behavior Research and Therapy, 33(1)*, 41-48.

Haaga, D.A.F., Dyck, M.J. & Ernst, D. (1991). Empirical status of cognitive theory of depression. *Psychological Bulletin, 110*, 215-236.

Hammen, C.L. & Cochran, S.D. (1981). Cognitive correlates of life stress and depression in college students. *Journal of Abnormal Psychology, 90*, 23-27.

Heckhausen; H. (1987 a).Wünschen – Wählen – Wollen. In H. Heckhausen, P.M. Gollwitzer & F.E. Weinert (Hrsg.). *Jenseits des Rubikon: Der Wille in den Humanwissenschaften* (S. 3-10). Berlin: Springer.

Heckhausen; H. (1987 b). Vorsatz, Wille und Bedürfnis: Lewins frühes Vermächtnis und ein zugeschütteter Rubikon. In H. Heckhausen, P.M.

Gollwitzer & F.E. Weinert (Hrsg.). *Jenseits des Rubikon: Der Wille in den Humanwissenschaften* (S. 86-97). Berlin: Springer.

Heckhausen, H. & Kuhl, J. (1985). From wishes to action: The dead ends and short cuts on the long way to action. In M. Frese & J. Sabini (Eds.), *Goal-directed behavior: Psychological theory and research on action.* Hillsdale, N.J.: Erlbaum.

Heckhausen, H. (1991). *Motivation und Handeln* (2. Aufl.). Berlin, Heidelberg: Springer.

Hertel, P.T. & Rude, S.S. (1991). Depressive deficits in memory: Focusing attention improves subsequent recall. *Journal of Experimental Psychology: General, 120,* 301-309.

Hiroto, D.S. (1974). Locus of control and learned helplessness. *Journal of Experimental Psychology, 102,* 187-193.

Hoehn-Hyde, D., Schlottman, R.S. & Rush, A.J. (1982). Perception of social interaction in depressed psychiatric patients. *Journal of Consulting and Clinical Psychology, 50,* 209-212.

Hokanson, J.E., Willers, K.R. & Koprosak, E. (1968). Modifikation of autonomic responses during aggressive interchange. *Journal of Personality, 36,* 386-404.

Ingram, R.E. (1990). Self-focussed attention in clinical disorders: Review and conceptual model. *Psychological Bulletin, 107,* 156-176.

Ingram, R.E., Lumry, A.E., Cruet, D. & Sieber, W. (1987). Attention processes in depressive disorders. *Cognitive Therapy and Research, 11,* 351-360.

Ingram, R.E., Smith, T.W. & Brehm, S.S. (1983). Depression and information processing: Self-schemata and the encoding of self-referent information. *Journal of Personality and Social Psychology, 45(2),* 412-420.

Izard, C.E. (1999). *Die Emotionen des Menschen: Eine Einführung in die Grundlagen der Emotionspsychologie* (4. Aufl.). Weinheim: Psychologie Verlags Union.

James, W.H. & Rotter, J.B. (1958). Partial and one hundred percent reinforcement under chance and skill conditions. *Journal of Experimental Psychology, 55,* 397-403.

Jenkins, H.M. & Ward, W.C. (1965). Judgment of contingency between responses and outcomes. *Psychological Monographs: General and Applied, 79,* (1, Whole No. 594).

Joiner, T.E., Katz, J. & Lew, A.S. (1997). Self-verification and depression among youth psychiatric inpatients. *Journal of Abnormal Psychology, 106,* 608-618.

Kahneman, D. & Tversky, A (Eds.) (2000). Choices, values, and frames. New York: Cambridge University Press.

Keller, M.B. (1988). Diagnostic issues and clinical course of unipolar illness. In A. Frances & R. Hales (Eds.), *Review of Psychiatry* (Vol. 7). Washington, DC: American Psychiatric Press.

Kendall, P.C., Howard, B.L. & Hays, R.C. (1989). Self-referent speech and psychopathology. The balance of positive and negative thinking. *Cognitive Therapy and Research, 13,* 583-598.

Kennedy, R.E. & Craighead, W.E. (1988). Differential effects of depression and anxiety on recall of feedback in a learning task. *Behavior-Therapy, 19(3),* 437-454.

Kuhl, J. (1981). Motivational and functional helplessness: The moderating effect of state versus action orientation. *Journal of Personality and Social Psychology, 40,* 155-170.

Kuhl, J. & Helle, P. (1986). Motivational and volitional determinants of depression: The degenerated-intention hypotheses. *Journal of Abnormal Psychology, 95,* 247-251.

Kuiper, N.A. (1978). Depression and causal attributions for success and failure. *Journal of Personality and Social Psychology, 36(3),* 236-246.

Lewinsohn, P.M. (1974). A behavioral approach to depression. In R.J. Friedman, & M.M. Katz (Eds.). *The psychology of depression: Contemporary theory and research.* Washington, D.C.: Winston.

Lewinsohn, P.M. (1985). A behavioral approach to depression. In J.C. Coyne (Ed.), *Essential papers in depression.* New York: New York University Press.

Lewinsohn, P.M., Fenn, S.S., Stanton, A.K. & Franklin, J. (1986). Relation of age of onset to duration of episode in unipolar depression. *Journal of Psychology in Aging, 1,* 63-68.

Lewinsohn, P.M., Roberts, R.E., Seeley, J.R., Rohde, P., Gotlib, I.H. & Hops, H. (1994). Adolescent psychopathology: II. Psychosocial risk factors for depression. *Journal of Abnormal Psychology, 103,* 302-315.

Lewinsohn, P.M., Zeiss, A. & Duncan, E. (1986). Probability of relapse after recovery from episode of depression. *Journal of Abnormal Psychology, 98,* 107-116.

Lloyd, G.G. & Lishman, W.A. (1975). Effect of depression on the speed of recall of pleasant and unpleasant experiences. *Psychological Medicine, 5*, 173-180.

Lyubomirsky, S. & Nolen-Hoeksema, S.N. (1995). Effects of self-focussed rumination on the negative thinking and interpersonal problem solving. *Journal of Personality and Social Psychology, 69*, 176-190.

McClelland, D.C. (1958). Risk taking in children with high and low need for achievement. In J.W. Atkinson (Ed.) Motives in fantasy, action and society (pp. 306-321). Princeton: N.J.: Van Nostrand.

McGuffin, P., Katz, R., Watkins, S. & Rutherford, J. (1996). A hospital-based twin register of the heritability of DSM-IV unipolar depression. *Archives of General Psychiatry, 53*, 129-136.

McLeod, C., Tata, P. & Mathews, A. (1987). Perception of emotionally valenced information in depression. *British Journal of Clinical Psychology, 26*, 67-68.

Meyer, W.U. (1984). *Das Konzept der eigenen Begabung*. Bern: Huber.

Metalsky, G.I., Halberstadt, L.J. & Abramson, L.Y. (1987*)*. Vulnerability and invulnerability to depressive mood reactions: Toward a more powerful test of the diathesis-stress and causal mediation components of the reformulated theory of depression. *Journal of Personality and Social Psychology, 52*, 386-393.

Miller, W.R. & Seligman, M.E.P. (1975). Depression and learned helplessness in man. *Journal of Abnormal Psychology, 84*, 228-238.

Miranda, J. & Persons, J.B. (1988). Dysfunctional attitudes are mood-state dependent. *Journal of Abnormal Psychology, 97*, 76-79.

Miranda, J., Persons, J.B., & Byers, C. (1990). Endorsement of dysfunctional beliefs depends on current mood state. *Journal of Abnormal Psychology, 99*, 237-241.

Morris, S.J. (1996). Processing strategies used by dysphoric indivuals: Self derogating, non-self-enhancing or schematic? *Cognitive Therapy and Research, 20(3)*, 213-233.

Myers, J.F., Lynch, P.B. & Bakal, D.A. (1989). Dysthymic and hypomanic self-referent effects associated with depressive illness and recovery. *Cognitive Therapy and Research, 13*, 195-209.

Nelson, R.E. & Craighead, W.E. (1977). Selective recall of positive and negative feedback, self-control behaviors, and depression. *Journal of Abnormal Psychology, 86(4),* 379-388.

Nezu, A.M. (1987). A problem-solving formulation of depression: A literature review and proposal of a pluralistic model. *Clinical Psychology Review, 7,* 121-144.

Nezu, A.M., Nezu, C.M. & Perri, M.G. (1989). *Problem solving therapy for depression: Theory, research, and clinical guidelines.* New York: Wiley.

Nicholls, J.G. (1984). Achievement motivation: Conceptions of ability, subjective experience, task choice and performance. *Psychological Review, 91,* 328-346.

Nolen-Hoeksema, S.N. (1991). Responses to depression and their effects on the duration of depressive episodes. *Journal of Abnormal Psychology, 100,* 569-582.

Nolen-Hoeksema, S.N., Parker, L.E. & Larson, J. (1994). Ruminative coping with depressed mood following loss. *Journal of Personality and Social Psychology, 67,* 92-104.

Orbach, I. & Hadas, Z. (1982). The Elimination of Learned Helplessness Deficits as a Function of Induced Self-Esteem. *Journal of Research in Personality, 16,* 511-523.

Overmier, J.P. & Seligman, M.E.P. (1967). The effects of unescapable shock upon subsequent escape and avoidance learning. *Journal of Comparative and Physiological Psychology, 63,* 28-33.

Peterson, C. & Seligman, M.E.P. (1984). Causal explanations as a risk factor for depression: theory and evidence. *Psychological Review, 91,* 347-374.

Phares, E.J. (1957). Expectancy change in chance and skill situations. *Journal fo Abnormal and Social Psychology, 54,* 339-342.

Phares, E.J. (1962). Perceptual threshold decrements as a function of skill and chance expectancies. *Journal of Psychology, 53,* 399-407.

Powell, M. & Hemsley, D.R. (1984). Depression: A breakdown of perceptual defense? *British Journal of Psychiatry, 145,* 358-362.

Power, M. (1988). Cognitive failures, dysfunctional attitudes and symptomatology: A longitudinal study. *Cognition and Emotion, 2,* 133-143.

Pyszczynski, T. & Greenberg, J. (1987). Self-regulatory perseveration and the depressive self-focussing style: A self-awareness theory of reactive depression. *Psychological Bulletin, 102,* 122-138.

Pyszczynski, T., Hamilton, J.C. & Herring, F.H. (1989). Depression, self-focussed attention, and the negative memory bias. *Journal of Personality and Social Psychology, 57*, 351-357.

Rehm, L.P. (1977). A self-control model of depression. *Behavior Therapy, 8*, 787-804.

Rheinberg, F., Schwarz, N. & Singer, G. (1987). Symbolische Selbstergänzung und Leistungsmotivation. *Zeitschrift für Sozialpsychologie, 18*, 50-58.

Rink, K. (1994). *Motivationale und volitionale Determinanten des Leistungs- handelns.* Aachen: Verlag Shaker.

Rink, K., Babin, I., Lieber, C. (2004). Tatsächliche und erinnerte Leistung bei Depressiven: Motivationale und situative Determinanten retrospektiver Erfolgsschätzungen. (in Vorbereitung).

Rink, K. & Ernst, H.M. (2004). Persistenz und Leistung Depressiver bei unterschiedlichen Handlungen. (in Vorbereitung).

Rink, K., Kaeser, P., Naef, M. (2004). Absichtsbezogenes Denken bei Depressiven: Die entschlussfördernde Wirkung des Abwägens und Planens. (in Vorbereitung).

Rink, K., Wahl, M. & Stäuble, C. (2004). *Recall of and sensitivity for social feedback in depression - the crucial role of episodic information.* (in preparation).

Riskind, J.H. & Gotay, C.C. (1982). Physical posture: Could it have regulatory or feedback effects on motivation an emotion? *Motivation and Emotion, 6(3)*, 273-298.

Roberts, J.E., & Kassel, J.D. (1996). Mood state dependence in cognitive vulnerability to depression: The role of positive and negative affect. *Cognitive Therapy and Research, 20*, 1-12.

Roberts, J.E. & Monroe, S.M. (1994). A multidimensional model of self-esteem in depression. *Clinical Psychology Review, 14*, 161-181.

Robins, C.J. & Block, P. (1989). Cognitive theories of depression viewed from a diathesis-stress perspective. Evaluations of the models of Beck and of Abramson, Seligman & Teasdale. *Cognitive Therapy and Research, 13*, 297-313.

Rose, D.T., Abramson, L.Y., Hodulik, C.J., Halberstadt, L. & Leff, G. (1994). Heterogenity of cognitive style among depressed inpatients. *Journal of Abnormal Psychology, 103*, 419-429.

Roth, D. & Rehm, L.P. (1980). Relationship among self-monitoring process, memory, and depression. *Cognitive Therapy and Research, 4(2)*, 149-157.

Rotter, J.B., Liverant, S. & Crowne, E.P. (1961). The growth and extinction of expectancies in chance controlled and skilled tasks. *Journal of Psychology, 52*, 161-177.

Rude, S.S., Krantz, S.E. & Rosenhan, D.L. (1988). Distinguishing the dimensions of valence and belief consistency in depressive and nondepressive information processing. *Cognitive Therapy and Research, 12*, 391-407.

Sacco, W.P. & Hokanson, J.E. (1978). Expectations of success and anagram performance of depressives in a public an private setting. *Journal of Abnormal Psychology, 37(1)*, 122-130.

Sacco, W.P. & Hokanson, J.E. (1982). Depression and self-reinforcement in a public and private setting. *Journal of Personality and Social Psychology, 42*, 377-385.

Sanderson, W., Beck, A. & Beck, J. (1990). Syndrome comorbidity in patients with major depression or dysthymia: Prevalence and temporal relationships. *American Journal of Psychiatry, 147*, 1025-1028.

Schwartz, B. (1981). Does helplessness cause depression, or do only depressed people become helpless? Comment on Alloy and Abramson. *Journal of Experimental Psychology: General, 110*, 429-435.

Segal, Z.V. & Ingram, R.E. (1994). Mood priming and construct activation in tests of cognitive vulnerability to unipolar depression. *Clinical Psychology Review, 14*, 663-695.

Seligman, M.E.P. (1974). Depression and learned helplessness. In R.J. Friedman & M.M. Katz (Eds.), *The psychology of depression: Contemporary theory and research*. Washington, DC: Winston-Wiley.

Seligman, M.E.P. (1975). *Helplessness: On depression, development and death*. San Francisco: Freeman [dt. (1979). *Erlernte Hilflosigkeit*. München: Urban & Schwarzenberg].

Seligman, M.E.P., Abramson, L.B., Semmel, A. & von Beyer, C. (1979). Depressive attributional style. *Journal of Abnormal Psychology, 88*, 242-248.

Seligman, M.E.P. & Maier, S.F. (1967). Failure to escape traumatic shock. *Journal of Experimental Psychology, 74*, 1-9.

Shea, M.T., Widiger, T.A. & Klein, M.H. (1992). Comorbidity of personality disorders and depression: Implications for treatment. *Journal of Consulting and Clinical Psychology, 60*, 857-868.

Slive, B.D., Miura,S., Thompson, I.W., Shapiro, J.L. & Gallagher, D. (1984). Differential recall as a function of mood disorder in clinically depressed patients: Between- and within-subjects differences. *Journal of Abnormal Psychology, 93*, 391-400.

Smith, A.L. & Weissman, M.M. (1992). Epidemiology. In E.S. Paykel (Ed.), *Handbook of affective disorders*. New York: Guilford.

Swann, W.B., Wenzlaff, R.M., Krull, D.S. & Pelham, B.W. (1992). Allure of negative feedback: Self-verification strivings among depressed persons. *Journal of Abnormal Psychology, 101*, 293-306.

Swann, W.B., Wenzlaff, R.M. & Tafarodi, R.W. (1992). Depression and the search for negative evaluations: More evidence of the role of self-verification strivings. *Journal of Abnormal Psychology, 101*, 314-317.

Thase, M.E. & Kupfer, D.J. (1996). Recent developments in the pharmacotherapy of mood disorders. *Journal of Consulting and Clinical Psychology, 64*, 646-659.

Thornton, J.W. & Jacobs, P.D. (1971). Learned helplessness in human subjects. *Journal of Experimental Psychology, 87*, 369-372.

Vredenburg, K., Flett, G.L. & Krames, L. (1993). Analog versus clinical depression: A clinical reappraisal. *Psychological Bulletin, 113*, 327-344.

Wegner, D.M. & Schneider, D.J. (1989). Mental control: The war of the ghosts in the machine. In J.S. Uleman & J.A. Bargh (Eds.), *Unintended thought*. New York: Guilford Press.

Wegner, D.M., Schneider, D.J., Carter, S., III, & White, L. (1989). Paradoxical effects of thought suppression. *Journal of Personality and Social Psychology, 53,* 5-13.

Weissman, A. & Beck, A.T. (1978). *Development and validation of the Dysfunctional Attitude Scale: A preliminary investigation.* Paper presented at the annual meeting of the American Educational Research Association, Toronto, Canada.

Wener, A.E. & Rehm, L.P. (1975). Depressive Affect: A test of behavioral hypothesis. *Journal of Abnormal Psychology, 84(3),* 221-227.

Wenzlaff, R.M., Wegner, D.M. & Roper, D.W. (1988). Depression and mental control: The resurgence of unwanted negative thoughts. *Journal of Personality and Social Psychology, 55*, 882-892.

Wicklund, R.A. & Gollwitzer, P.M. (1982). Symbolic self completion. Hillsdale, NJ: Erlbaum.

Wicklund, R.A. & Gollwitzer, P.M. (1985). The pursuit of self-defining goals. In J. Kuhl & J. Beckmann (Eds.), *Action control: From cognition to behavior*. Berlin, Heidelberg: Springer.

Wicklund, R.A., Gollwitzer, P.M. & Hilton, J.L. (1982). Admission of failure and symbolic self-completion: Extending Lewinian theory. *Journal of Personality and Social Psychology, 43*, 358-371.

Wise, E.H. & Barnes, D.R. (1986). The relationship among life events, dysfunctional attitudes and depression. *Cognitive Therapy and Research, 10*, 257-266.

Woggon, B. (1998). *Ich kann nicht wollen! Berichte depressiver Patienten*. Bern, Göttingen: Hans Huber.

World Health Organization (1993). *The ICD-10 classification of mental and behavioral disorders: Diagnostic criteria for research*. Geneva, Switzerland: WHO [dt. (1994). *Internationale Klassifikation psychischer Störungen*. Bern: Hans Huber].

Wortman, C.B. & Brehm, J.W. (1975). Responses to uncontrollable outcomes: An integration of the reactance theory and the learned helplessness model. In L. Berkowitz (Ed.), *Advances in social psychology*. New York: Academic Press.

Zerssen, D. v. & Köller, D.M. (1976). *Klinische Selbstbeurteilungs-Skalen (Ksb-S) aus dem Münchener Psychiatrischen Informationszentrum (PSYCHIS München). Allgemeiner Teil*. Weinheim: Beltz.

Anhang

Auflistung der an den Studien zur Habilitationsschrift „Wahrnehmen, Urteilen und Entscheiden bei depressiver Bewusstseinslage" aktiv beteiligten Institutionen und Personen – bei der Rekrutierung der Untersuchungsteilnehmer, dem zur Verfügung stellen von Räumlichkeiten und Hardware und bei der Datenerhebung

Studien in Kooperation mit psychiatrischen Kliniken:

Studie 2:
Motivationale und soziale Einflüsse bei der Erfolgsschätzung Depressiver
Beteiligte Kliniken:
- Kantonale Psychiatrische Klinik Rheinau (Frau Dr. med. Ambühl-Braun, Frau Dr. med. Giaccometti) ,
- Psychiatrische Klinik am Kantonsspital Luzern,
- Forel-Klinik, Ellikon an der Thur (Dr. med. Thomas Meyer, Prof. Dr. Martin Sieber),
- Psychiatrische Klinik Schlössli in Oetwil am See (Dr. med. Schmid, Dr. phil. Kolb).

Datenerhebung: Claudia Lieber, Klaus Rink, Annette Pfeiffer.

Studie 4:
Wahrnehmung sozialer Reaktionen bei Depressiven – zum Einfluss episodischer Information
Beteiligte Kliniken:
- Psychiatrie Zentrum Hard (Dr. med. M. Lanz, lic. phil. Barbara Hochweber),

- Psychiatrische Klinik am Kontonsspital Luzern,
- Sozialpsychiatrische Dienste des Kantons Luzern.

Datenerhebung: Chantal Stäuble.

Studie 7:

Lösung eines Entschlussproblems bei Depressiven – Zur Wirkung abwägenden und planenden Denkens

Beteiligte Kliniken:

- Kantonale Psychiatrische Klinik St. Urban (Luzern),
- Psychiatrische Klinik Meisenberg (Zug),
- Kantonale Psychiatrische Klinik Wil (St. Gallen),
- Kantonale Psychiatrische Klinik Münsterlingen (St. Gallen).

Datenerhebung: Philippe Käser, Monika Näf.

Studien mit depressiv verstimmten Studierenden:

Studie 1:

Motivationale Einflüsse bei der Erfolgsschätzung in depressiver Stimmung – die Wirkung einer offensiven und defensiven Reaktionsbereitschaft

Datenerhebung: Ingrid Babin.

Studie 3:

Wahrnehmung sozialer Reaktionen bei depressiver Stimmung – zum Einfluss episodischer Information

Datenerhebung: Manfred Wahl.

Studie 5:

Vermeidungslernen und Kontingenzwahrnehmung bei depressiver Stimmung

Datenerhebung: Federica Audergon.

Studie 6:

Reaktion auf die Bedrohung eines Identitätsziels bei depressiver Stimmung – symbolische Reparatur oder Kompetenzstreben?

Datenerhebung: Maria Kapossy.